英语教学与研究

王湘云　著

山东大学出版社

图书在版编目(CIP)数据

英语教学与研究/王湘云著．—济南：山东大学出版社，2016.9
ISBN 978-7-5607-5621-9

Ⅰ.①英…　Ⅱ.①王…　Ⅲ.①英语—教学研究　Ⅳ.①H319.3

中国版本图书馆 CIP 数据核字(2016)第 229335 号

责任编辑：张申华
封面设计：张　荔

出版发行：山东大学出版社
　　社　　址　山东省济南市山大南路 20 号
　　邮　　编　250100
　　电　　话　市场部(0531)88364466
经　　销：山东省新华书店
印　　刷：济南新科印务有限公司
规　　格：787 毫米×1092 毫米　1/16
　　　　　16.75 印张　310 千字
版　　次：2016 年 9 月第 1 版
印　　次：2016 年 9 月第 1 次印刷
定　　价：36.00 元

前　言

自1989年在山东大学外国语学院执教以来，我从教近30年了。回想这漫长而又短暂的教学生涯，自有一番感触与心得。30年外语教学与研究在历史长河中只是沧海一粟，却是我个人生活的全部。这部论文集是反思和总结我自己30年外语教学与研究的重要成果之一。本书的内容主要包含3个模块：语言学基础理论研究、英语诗歌基础研究与外语教学、英语文学的教学与研究。这部作品不敢说是“深耕”之作，却可以说是“细作”之品，是我30年的一点心得，记录了我30年教学和研究所走过的心路历程，体现出3个特点：理论性与应用性相结合、专业性与普及性相结合、抽象性和趣味性相结合。

理论性与应用性相结合是本书的首要特点。二语习得、认知语言学和语用学一直是外国语言学及应用语言学基础理论研究中的重要板块。从宏观层面对语言学理论作哲学探索，对经典语言学大家学术思想的渊源和发展作鸟瞰式把握，对于厘清理论语言学基础研究中存在的问题和偏颇、加深对理论语言学重要术语和问题的理解、解决对理论语言学经典术语理解上的误区具有重要意义。对语言学理论的某些性质作某种恰当的阐释和指认是优化外国语言学及应用语言学基础理论研究工作的基础性保障。揭示出语言学经典术语的哲学意蕴，厘清语言哲学思想的学术发展脉络，特别是它们在整个语言学语境中逻辑的、历史的真正含义，都是深化外国语言学及应用语言学基础理论研究的必要步骤。本书第一编聚焦于语言磨蚀现象，厘清了其理论发展的历史脉络，在理论语言学基础研究的框架内运用实证的方法研究中国学生英语学习的磨蚀现象；本编同时涉及语言污染、语言保护及最新的教育技术的发展与应用及由此引发的教师角色和教学理论的重新定位，并把这些研究成果具体运用到二语习得的微观层面，与二语教学的具体实践融为一体。本书第二编专门研究英语诗歌的理论和教学，把诗艺技巧和批评理论与大学课堂教学中诗歌欣赏的具体案例融为一体。本书第三编在宏观上把握英语文学的发展态势，系统分析意识流文学和结构主义的特点，深入挖掘文学作品的审美价值，探讨文学与文化之间的微妙关系，并把英美文学的诗学与中国诗学进行比较，阐释经典文学作品的文化意蕴。

专业性与普及性相结合是本书的第二个特点。首先，语言磨蚀研究是发端于20世纪80年代的一门新兴学科，其所包含的各种理论和假说，如语言磨蚀的机制和模式、回归假说、倒置假说、门槛假说、干扰假说、标记性假说和语言休眠假说等都具有极强的专业性。本书把这些专业性极强的语言学理论放到具体的二语习得实践中，用简明易懂的语言进行了阐释，如语言磨蚀的内部机制与外部机制，语言磨蚀的程度、速率、分布和顺序等，这些研究能为二语习得者提供或多或少的指导。其次，本书中关于诗歌形式的研究是英语诗歌基础理论研究的重要内容之一。诗歌基础理论的三大核心内容是诗歌的形式、技巧和批评理论。但这三个方面的任何一项内容都不是一本专著可以解决的问题。本书只是专门针对中国大学生英语学习过程中接触频率相对比较大的一些诗歌专业术语和理论展开阐释，如英语诗歌的基本要素、英语诗歌的形式、英语诗歌的体裁、英语诗歌的语言特点与英语诗歌的修辞等。这些专业性极强的术语与理论是诗歌技巧和诗歌批评理论的基础内容，同时这些内容能够为我国的英语诗歌爱好者和研究者，尤其是英语专业的学生提供借鉴，为英语诗歌的欣赏普及和英语诗歌的深入研究奠定一定的基础。再次，本书第三编的内容专业性更强，对英国文学的鸟瞰式的宏观把握、意识流文学、济慈的美学思想、《尤利西斯》等都涉及英语文学领域中的专业问题；同时，本书所选定的这些内容又都是英语文学中最为基本的问题，是中国英语专业学生都应该了解和把握的基础内容。故本书在处理这些问题时始终坚持专业问题难度适中这个尺度，既考虑了研究问题的专业性，又兼顾研究问题的普及程度。所以这部分的内容既能为英语文学研究者提供一定的参考价值，又能够帮助英语文学爱好者和中国大学生，尤其是英语专业的学生拓展视野、提升自身的英语文学基本素养。

抽象性和趣味性相结合是本书的一个特点。本书的理论性和专业性在某种程度上决定了本书的抽象性，同时，本书的应用性和普及性成就了本书的趣味性。语言磨蚀、英语诗歌和本书所涉及的英语文学的各种流派及各种批评理论都具有极强的理论性和专业性，这对于大多数普通读者而言具有很强的抽象性，甚至会让人产生一种枯燥无味的感觉。这种专业性和抽象性要求读者要具有相应厚实的专业基础，从而在一定程度上限制了这种专业知识在社会上的推广和普及。为了打破这种专业性、抽象性的藩篱，本书特意精心编排了三编内容。第一编的内容把与语言磨蚀相关的各种抽象理论和假说融入到具体的语言学习和语言教学的微观行为中，把抽象的语言学基本理论融入到具体的语言保护政策中、融入到网络技术的运用中、融入到教学理论和教师角色的重新审视中、融入到具体的大学外语类文化课程建设中。这种做法既从理论的高度对每个个体二语习得过程中的语言磨蚀现象作出了合理的阐释，又在微观层面找到了语言磨蚀理论和假设的实践基础和支撑，把语言磨蚀理论与具体的二语习得过程中的趣味性结合在一起。第二编的内容把英语诗歌的高雅形式、专业技巧和抽象的诗歌批评理论融入到经典诗歌和现代诗歌的解读和赏析中；把英语诗歌的各种音韵、格律、韵步、修辞等枯燥的基本知识的解释融入到莎士比亚、弥尔顿等经典名家名作的优秀范例中；把诗歌艰涩的语言融入到生动具体的英语诗歌教学之中；把英语诗歌的形式艺术融入到诗歌主题意蕴的阐释之中；把索绪尔经典语言学理论融入到诗歌的解读之中；把格莱斯语用学理论、后格莱斯语用学理论及现代修辞认知语言学理论融入到英语诗歌的理解和具体教学课堂中。这种融合使得最让人难以理解的英语诗歌变得具体，突显出诗歌理解的趣味性。本书第三编的内容涉及西方文艺理论的各种流派，如结构主义、意识流文学、现代主义和后现代主义、意象主义诗论和文化研究等。这些理论的抽象程度不言而喻。但是本书对这些抽象文艺理论的阐释并不是局限在纯理论层面的剖析，而是全部都深入到每一部作品的具体解读和阐释中。这种做法可以使读者在领略西方文艺理论的博大精深的同时，更能感悟到文学作品解读的新奇与乐趣。

本书3个领域所触及的理论问题涉及诸多学术问题和诸多学科，研究工作的面广量大，是一本书远远无法全面覆盖的。由于本人水平有限，对以上3个领域的研究有一种力不从心的感觉。尽管本人花费近30年的时间和精力在努力，错误之处在所难免，本书只是抛砖引玉而已，恳请专家和读者不吝指教，在此，本人先致以谢忱。

王湘云
2016年9月10日

目　录

第一编　英语语言学理论与教学

二语习得者特质的新认知

摘要　在二语习得者大脑中同时存在着二语和母语两个语言系统，它们之间的双向迁移丰富并改变着这两个语言系统。这两个共存的、相互增进的语言系统赋予了习得者更宽广的语言应用范围，也提高了他们的概念化能力。这样，二语习得者在二语（过渡语）系统、母语系统、二语应用和认知思维方面便拥有了操单语者所不可企及的特质。这些特质构成了我们二语教学新的认知基础，也是我们进行二语教学改革的立足点和出发点。

关键词　二语习得者；二语系统；母语系统；二语应用；认知和思维

桂诗春认为，二语教学问题不仅是二语教学的方法问题，更是一个包括二语教育政策、培养目标、学习者、教师、教学大纲、教学方法、教材、教具、测验等诸多环节的复杂过程。这些环节环环相扣，互相制约和促进，构成一个有机的整体，共同决定着二语教学的成败（见图 1）。我们从图 1 中也不难看出，二语习得者是二语教学的中心环节和最活跃的因素，是其他因素发挥作用的媒介，也是"对如何界定学习者成败拥有最终发言权的主体"（Allwright, 2005）。因此，要搞好二语教学，首先要明白二语习得者的本质特点。

令人遗憾的是，在谈到二语习得者特点的时候，学者们往往倾向于将一个习得者与另一个习得者进行比较，而且在这种比较过程中他们也只注重研究习得者以二语观点、情感状态、年龄大小、学习能力、学习策略、学习动机和个人性格等为主的内部因素（Ellis, 1994: 467-567; Cook, 2000: 95-117），鲜有学者将二语习得者个人因素与操单语者个人因素进行比较，更没有人对二语习得者在二语系统、母语系统、二语应用和认知思维方面的特点进行探讨，并基于这种新探讨提出一种更适合于二语习得者特点的科学的二语教学的新思路。因此，我们有必要而且必须弄清二语习得者的特质。

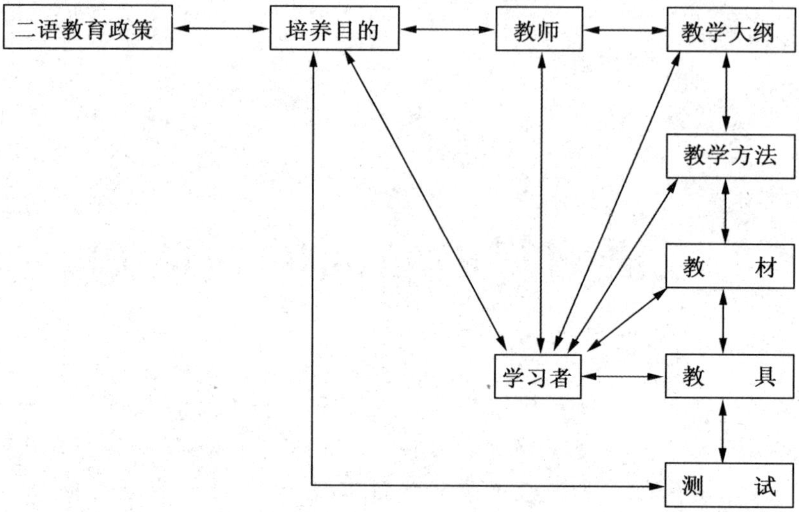

图1 二语教学过程中诸因素的关系(桂诗春,1997:220)

一、二语系统:过渡语"动态"本质和"趋近"性

长期以来,人们对为数极少的准本族语者(near-native speaker)能否真正像操单语者一样运用语言的问题争论不休。Bongaerts (1999)发现,少数习得过 12 年法语或英语的荷兰人能够不带任何口音地讲法语或英语,他们的口音已经和操单语者没有什么区别了。但是,Coppetiers 的"语法性判断"调查问卷发现,本族语者对问卷的回答表现出相当的一致性,而大量的准本族语者却表现出很大差异,他们中没有一个人能够像本族语者那样回答问卷。由此看来,极个别的习得者能够不带任何口音地使用二语并不能说明他们具有和操母语者相同的语言能力和特质,更不用说绝大多数普普通通的二语习得者了。

Cook(1991)指出,操单语者只有一个语言系统,那就是他们的母语系统。二语习得者却在自己的大脑中同时拥有母语和二语两个语言系统(103-117)(绝大多数习得者的二语系统在某种意义上只能称为"过渡语")。这种作为由母语向目的语过渡的语言系统有三个突出特点:

第一,系统性。过渡语是一个相对独立的语言系统,同习得者的母语一样,它也具备一套独特的语音、词汇、句法和语用规则系统。习得者正是基于这套自己建立起来的系统运用目的语从事各种交际活动。Ellis(1994)认为,尽管过渡语是动态变化着的,但是习得者对过渡语的运用却是有规则的、可预测的。(416-417)Cook(1969)认为,习得者的过渡语自成系统,它既

不同于习得者的母语系统，也与其目的语系统有别。(207-216)

第二，渗透性。二语习得过程是一个开放的过程，其间习得者的过渡语不断受到来自习得者母语和目的语规则和形式上的渗透，例如母语的迁移、过度概括等。在这种渗透过程中，过渡语错误也不断得到修正，从而更接近目的语。

第三，动态性。作为二语习得者在二语能力发展过程中按照自己所建构的目的语系统来使用的语言系统，过渡语反映出了语言习得者的语言能力向目的语系统"趋近"的动态本质。因此，我们可以把二语习得过程看成二语知识日积月累的过程，整个过程构成一个连续体，每个阶段可以用连续体上的某个点来表示(Selinker, 1972)(见图 2)。

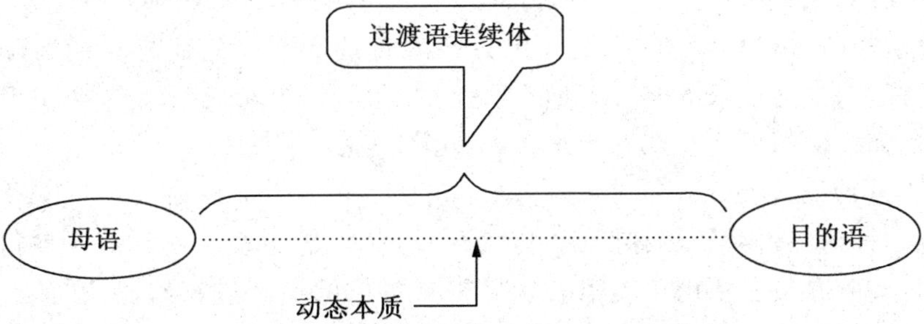

图 2　过渡语连续体(Interlanguage Continuum)

从过渡语的三个特点，尤其是其"动态性"特点，我们不难看出过渡语系统在母语和目的语的双重渗透和习得者自我修正过程中表现出向目的语系统"趋近"的倾向，但是这种"趋近"并不等于"习得"。Selinker(1972)的研究还发现，95%的二语习得者最终未能达到目的语水平，也就是说，他们中的绝大多数人的过渡语没能到达连续体的终点。所以说，二语习得者的二语(即"过渡语")系统与操单语者的母语系统有着显著差异。

我们需要明白的是，二语习得者这种在语言系统方面表现出来的与操单语者的差别并不是什么缺陷，人们不应该将二语习得者同时拥有两个语言系统的大脑的复杂状态与操单语者的相对简易的单语系统相比量；同时，二语习得者的学习目标也只能是像二语习得者一样使用第二语言，而不是要努力成为操本族语者。如果习得者能够在习得过程中充分表达自我，即使有时表达方法有悖于目的语规范，也都应该得到鼓励而不是批评。

认识到过渡语的特点对于我们的二语教学意义非凡，它实际上是纠正我们以往试图将二语习得者训练成操单语者一样使用语言的教学目标的理论基础。

二、母语系统：源于双向迁移

早在20世纪中期，Weinreich(1953)就谈到了母语对二语习得的干扰，他把这种干扰称作"出现在双语者话语中的背离二语和母语规范的事例"，也就是后来所谓的"语言迁移"。在此后的50多年中，关于母语是如何影响二语习得、二语应用的研究可谓遍地开花。(Cook，2003：1-18)然而，直到21世纪初才有学者开始研究另一种迁移，即二语知识向母语系统的迁移，这是一种与母语知识向二语系统迁移的方向相反的迁移，是一种反向迁移(reverse transfer)。这种迁移虽然不如母语知识向二语系统的迁移明显，但也的的确确在很多方面、相当程度上改变了习得者的母语知识。

词汇方面，Laufer(2003)通过对习得希伯来语的俄罗斯人研究发现，希伯来语对习得者母语的"词汇知识方面的直接影响是显而易见的"：随着时间的推移，二语知识的丰富，他们母语的词汇量却越来越小了，在用俄语表达自己时，他们反而会感到嘴笨舌拙，力不从心。(19-31)

语用方面，Pavlenko(2003)指出，习得过英语的俄罗斯人在概念化过程中有一种向二语系统转移的倾向，"这种转移在情感概念化方面表现得尤为突出，实验参与者求助于英语表达法来对自己的情感进行编码，在此过程中他们突破了俄语的句法和语义制约"，"其中一些实验参与者还逐渐意识到英语成了他们表达自我情感的首选方式"(32-61)。

句法结构方面，Cook(2003)等人的调查发现，日语中不存在主语和谓语的数的一致性问题，"只有习得过外语的人才有复数概念"。因此和那些不懂英语的日本人比起来，习得过英语的日本人更喜欢用复数作主语，这已经成了他们的"一个显著特点"。(193-253)MacKay & Flege(2004)的研究表明，习得过英语的意大利人在讲母语时更倾向于使用长句子。(373-396)

文体复杂性方面，Kecskes & Papp(2000)的研究发现，在接受了将近三年的"沉浸式教学法"或"强化式教学法"的教育后，那些习得英语、法语或俄语的匈牙利孩子在用匈牙利语写作时，他们的文本在句法和文体方面要比对照组的孩子的文本更复杂，也更灵活。(16-36)

母语的丧失。一些二语习得者，尤其是年少的二语习得者，由于长期"沉浸"在二语环境中而很少使用母语，以至于完全丧失了母语知识和技能。(Seliger & Vago，1991：3-15)

由此可见，在二语习得过程中，习得者的母语系统和二语系统之间存在着相互影响、相互迁移的关系，这种影响和迁移不像过去人们认为的那样是单向的，而是双向的。二语向母语方向迁移的新研究成果至少可以为我们的二语教学提供以下两个方面的启示：第一，二语课堂教学中母语的重要性。二语习得者由于习得二语而在母语方面的力不从心乃至对母语的淡忘和对母语句式的改变，实际上说明了“沉浸式教学法”的负面效应，从而间接地说明了二语课堂教学中适量使用母语的必要性，因为二语习得的目标绝对不是建立在对母语的忘却或对母语使用水平的降低的代价之上的。第二，二语习得之于改变习得者思维方式的可能性的存在。二语习得者在二语习得的过程中对目的语文化、概念、情感认知、思维模式的吸收，实际上间接地说明了二语教学中对习得者文化知识、情感陶冶、思维能力的拓展等方面培养的可能性和必要性。

三、二语应用：延展了的语言应用系统

在二语应用方面，二语习得者和操单语者最显著的不同首先表现在前者具有“语码选择”“语码转换”和“翻译”的能力。Richards, Platt & Platt (2003)指出，二语习得者“在与他人进行交际时，如果有不止一种语码可供选择，那么他们在某些地方与某些人交际时通常会有目的地选择一种语码，而在另一些地方与另一些人交际时则可能有目的地选择另一种语码”(72)。Paradis(1997)把二语习得者的这种语码转换能力看成是对操单语者“释义”和“文体转换”能力的延展。(331-354)Cook(2003)则从另一个视角把操单语者的语言能力看作是二语习得者语言能力的一个“有限版本”(a limited version)(5)。在二语教学中，二语习得者的这种语码选择、语码转换和翻译能力，应该被看作是一种具有积极意义的能力，是优于操单语者的一种素质，这也从侧面说明了二语习得者将像操母语者那样使用语言作为二语习得目标的不合理性。

另外，即使在相同的交际环境中，二语习得者和操母语者的语言运用方式也有着显著的差异。只要有二语习得者在场，交际参与者之间的关系就会发生一些微妙的变化。一方面，二语习得者的语言会变得比操母语者更礼貌。例如在表达对别人的谢忱时，他们不会简简单单道一声“Thanks”，而是要不厌其烦地说一句“Thank you very much indeed”。(Cook, 1985: 177-196)另一方面，操本族语者在与二语习得者交流时会“调整他们的语言和会话以适应非本族语者”(桂诗春，2005 年，第 243 页)，他们也并不期望二语习得者能够像自己一样讲自己的母语(Ellis, 1994: 128, 265)，因此，在二语习得者用“Thank you very much indeed”这样的句子来表示谢意时，操本族语者也并不觉得有什么奇怪的了。二语习得者与交际对象间的交际态度的这种微妙变化也从另一个侧面说明，将像操母语者那样使用语言作为二语习

得目标是没有必要的，这对大多数习得者来说也是不切实际的。因为，一方面不同的母语者之间的微妙文化差异是一种现实存在，它不可避免地会反映到语言之中，使二语习得者不可避免地运用一些与操母语者稍有差异的表达；另一方面，操母语者对二语习得者的调适态度使二语习得者所操的、与操母语者的母语稍有差异的表达在操母语者眼中成了一种期待中的合理化表达。

四、认知和思维：借助两种语言系统的概念化过程

二语习得者集双（多）语系统于一身，多项能力的影响已经远远超出了语言技能领域，过去50多年的语言教学研究已经证实了二语习得对学习者认知和思维能力的影响。

首先，二语习得者的思维更为敏锐。不仅他们的智力与操单语者比较起来毫不逊色，而且在"思维/认知适应性"方面要明显优于操单语者。早在40年前，Lambert(1975)的研究就表明，"增益双语"教学不仅可以使学生熟练掌握一门语言，而且有助于学生认知和语言能力的发展。(55-83) Dr. Bialystok(2001)也指出，"操双语的儿童比操单语的同伴更具有稳定优势的领域之一就是元语言学意识领域"(134)。

其次，二语习得者的读写能力更胜一筹。Lombardi(1986)的研究表明，在中学就习得二语的学生要比没有习得二语的孩子能够更快地发展其读写能力。这种观点似乎不合乎我们的本能直觉。但是，人们发现在小学就习得二语的孩子并没有让他们的二语学习经历把自己搞得晕头转向；相反，他们的学习却因此得到大幅度提高。(103-114) Yelland et al.(1993)进一步指出，些许的二语习得经历也足以对孩子们的读写能力发展产生积极的影响。(423-444)

再次，二语习得者的概念化能力更强。在学生习得二语的初期，习得者如果要理解某个概念所表示的意义，唯一的途径就是通过翻译法找出母语中的对应词，这就是Kroll & Stewart(1994)所谓的"与字词连结模型"(word association model)。(149-174)然而，随着习得者二语流利程度的提高，其概念化的方式和过程也会发生相应变化，逐渐开始接受通过二语获得的知识和概念，从而越来越少地依赖母语词汇连结去理解概念含义。(Cook, 2003: 250)

所以，语言习得者的语言决定着他们的思维和认知：语言不同，认知和思维方式也就不同。二语习得者由于二语的习得而改变了自己的认知和思维方式，以至于他们在认知和概念化过程中采用一种既不同于母语、又与二语有差别的认知和思维方式。

总之，二语习得者在二语系统、母语系统、二语应用、认知和思维方面与操母语的单语者存在着显著差异，他们是有着既不同于操本族语者、又有着与操目的语者相异的特质的“第三族群”(a third ethnicity)。这个第三族群在二语习得目标方面、在对教师教学目标确立的要求方面、在课堂语言选用的要求方面以及对教师素质的要求方面都有别于操母语的单语者，是我们二语言教学改革的立足点和出发点。

(原文载于《山东大学学报》2006 年第 5 期，有改动)

论语言磨蚀机制与模式

摘要 语言磨蚀研究语言技能的丢失和衰减，在欧美已得到学术界广泛重视。研究语言磨蚀产生的机制和磨蚀模式对于提高语言保持效果意义非凡。对语言使用者而言，语言磨蚀产生的内部因素包括使用者的语言态度、学习动机、文化程度以及其与目的语接触的频率；语言磨蚀产生的外部因素主要包括目的语的文化氛围以及不同语言之间的干扰。语言磨蚀在程度、分布、速率和顺序等方面表现出一定的规律性。语言磨蚀的内外部因素共同决定着语言磨蚀的模式。

关键词 语言磨蚀；语言使用者；目的语；语言保持；磨蚀模式

作为一种动态的自足体系，语言可以习得、保持、迁移及干扰，同时也可以忘却或磨蚀。当今语言磨蚀学界主要关注语言习得者或学习者在停止习得或学习一段时间后的目的语遗忘情况。根据被磨蚀语种的不同以及发生磨蚀的语言环境的差异，语言磨蚀可分为四种类型：母语环境中的母语磨蚀、外语环境中的母语磨蚀、母语环境中的外语磨蚀和外语环境中的外语磨蚀。目前，国外语言磨蚀研究主要集中在外语环境中的母语磨蚀和母语环境中的外语磨蚀方面，国内的部分学者也开始关注语言磨蚀问题。本文将着重就语言磨蚀的内部机制和外部机制以及由它们共同决定的磨蚀模式进行研究。

一、语言磨蚀的内部机制

语言磨蚀产生的内部机制非常复杂，是使用者对目的语态度与学习动机、使用者文化程度以及使用者与目的语接触频率等因素相互影响、共同作用的结果。

（一）态度与动机：态度越积极，动机越强烈，磨蚀程度和速率越低

语言态度是与语言使用者所属群体和所处社会环境紧密相关的一系列

价值观。这些价值观对第二语言习得和对母语的记忆会产生深远的影响，这种影响可分为正面和负面两种。Ben-Rafael与Schmid发现，与政治、经济等因素相关的语言态度对语言磨蚀有很大影响。(Ben-Rafael & Schmid，2007：205-226)他们对移居以色列的移民进行的研究表明，在来自法语国家的移民中，其母语(法语)磨蚀程度非常高。究其原因，对这些人来说，讲希伯来语已经成了一种上升到意识形态高度的诉求，也就是说，他们对讲希伯来语怀有一种深厚的民族情感，而对讲法语则怀有一种消极态度，这种情感和态度在自觉或不自觉的情况下降低了他们使用法语的频率，结果是其母语法语的磨蚀在所难免。而对于来自俄罗斯的移民，其母语(俄语)磨蚀程度却很低，原因是对这些人来说，希伯来语只是他们在外谋生的经济手段，俄语才是他们的民族语言，负载着他们的民族情怀，因此他们在家中与人交流时总是选择使用俄语，因此俄语的磨蚀就被降低到最低限。

除与政治、经济等因素相关的语言态度外，文化动机对语言磨蚀也有深刻的影响。如，一个人是否把说好每种语言看作是一种必要是把语码转换看作双语交际码，还是反对语言混杂？是把母语的磨蚀看作融入第二语言文化的标志，还是看作个人文化身份的丧失？这些问题都对语言磨蚀产生一定的影响。如果一个人对某种语言具有负面的看法或刻意抵制这种语言的使用，那么他在这种语言上的磨蚀就会很严重。一些学者曾分别对从俄罗斯、乌克兰和中国来到美国的孤儿做过调查，发现这些孩子虽然起初非常排斥讲英语，但很快又转而只讲英语而拒讲母语，其英语进步神速，母语却被忘得一干二净。究其原因，这些孩子渴望融入美国文化，将英语与其新结识的人和地方联系起来，进而选择只说英语；或者是由于他们渴望忘却沦为孤儿的创伤性记忆，进而在潜意识中选择放弃母语。从上述分析可以得出如下结论：对一种语言的忘却与一个人要忘却的某种负面记忆相关。如果与目的语相关的文化内涵能够给语言使用者以愉悦感，那么这种语言的磨蚀程度就会降低；而如果与目的语相关的文化内涵使语言使用者感到压抑或不舒服，那么这种语言的磨蚀程度就会增高。

(二)文化程度：文化程度越高，读写能力越强，语言保持越好

一般来说，使用者文化水平高，具有较强的读写能力，就能够比较有效地减少目的语的磨蚀。Olshtain(1986)曾以语言使用者的语言水平作为对抗语言磨蚀的因素之一作过一项研究，结果发现那些英语语言水平达到了以英语为母语者的读写能力的以色列人，比那些没有英语读写能力的以色列人，英语磨蚀要少得多，因为前者尽管听说英语的机会有限，但是他们较强的英语阅读和写作能力能够使他们经常接触英语，尤其是书面英语，从而

有效地防止了对英语的遗忘。(187-204)另外,较强的英语读写能力也可以使那些英语使用者产生保持对较高英语水平的渴望,甚至心生再次访问英语国家的强烈愿望。

语言使用者的文化程度对目的语保持的作用主要表现在以下三个方面:首先,从社会语言学视角来看,语言使用者较高的文化程度可以使他们通过阅读来印证和巩固目的语知识,从而有助于目的语的保持;其次,同样从社会语言学视角来看,对能够读懂目的语书面材料的渴望可以增强语言使用者保持目的语水平的动机,从而防止遗忘;最后,从神经功能和心理语言学层面上讲,语言使用者的读写能力可以在其记忆中增加文字的图像表达和新的神经突出连接,从而可以"固化"其大脑中原有的语言知识。因此,尽管在语言磨蚀研究中,以读写水平为主的语言使用者的文化程度很难与使用者的年龄以及他们与目的语的接触频率等因素截然分开,但毋庸置疑,提高使用者的文化程度,尤其是提高他们的读写水平是对抗语言磨蚀的有效途径之一。

(三)与目的语接触频率:频率越高,磨蚀越少

一般而言,语言使用者如果在语言学习结束后不再接触或很少接触目的语,就会发生目的语的磨蚀,而增加与目的语的接触则会抑制或减少磨蚀。根据接触方式的不同,语言使用者与目的语的接触可以分为两大类:自然接触和人工置入式接触。

很明显,与目的语自然接触的频率过低会增加目的语的磨蚀,而频繁地与目的语自然接触则有利于语言的保持。Edwards(1977)曾对加拿大455位公职人员(英语或法语为其第二语言)的听力、口语、阅读、写作进行过调查,结果发现,那些一直学习、使用英语的人并未产生语言磨蚀现象,而把法语作为二语使用的人却产生了明显的语言磨蚀。造成这种差别的原因是:在加拿大某些省份,有些人将法语作为母语来学习和使用,而大多数人则将英语当作母语来学习和使用。显然,那些母语是法语而第二语言是英语的人比起那些母语是英语而第二语言是法语的人,有更多机会接触目的语(英语),因此其第二语言也就会得到更持久的保持。这就说明高频率地与目的语自然接触会使储存于语言使用者大脑记忆中的语言知识一次又一次地被激活和强化,从而有效防止了记忆中知识的休眠、淡忘和丢失。因此,与目的语接触频率越高,目的语磨蚀率就越低;反之亦然。

人工置入式接触对语言的保持也有显著作用。美国陆军语言署、中央情报局等部门通过对使用外语的雇员定期进行测试、实行补贴、奖励成绩优异者等措施,人为地增加雇员们使用外语的机会,激发其使用外语的热情,

以减少语言磨蚀，收效相当明显。日本的一些民间组织也通过为那些从英语国家归国的人员提供与英语母语者一对一深入接触的机会，来减少这些人员的英语磨蚀。结果表明，每月数小时的人工置入式语言接触可以有效减缓这些归国人员的英语磨蚀。

与目的语的自然接触和人工置入式接触都可以通过强化语言使用者已经获得的语言技能进而使其得到保持，从而有效抵制语言磨蚀。二者孰优孰劣，则取决于多种因素。就前者而言，其在很大程度上取决于二语在使用者的日常生活与工作中的重要性（即接触频率），因为这与使用者对周围环境与生活的满足感以及事业上的成就感密切相关，而满足感和成就感又能促进语言使用者形成积极的语言学习态度，从而增加使用者学习语言的动力，这明显有助于抵制语言磨蚀。而就后者而言，它既可以为语言使用者提供优良的客观学习条件，又能为使用者提供足够的外部刺激（如升迁、物质奖励等），极大地调动了使用者学习的主观能动性，增强了使用者主动学习的主观愿望，这些都可以有效抵抗磨蚀。

二、语言磨蚀的外部机制

语言使用者的使用动机与态度、文化程度、与目的语的接触频率等，固然是造成语言磨蚀的关键原因，而语言使用者所处的目的语文化氛围及其他语言的干扰等也是不可忽略的重要因素。它们相互影响、相互作用，也在一定程度上造成了语言的磨蚀。

（一）目的语文化氛围：氛围越浓，磨蚀越少

语言磨蚀和语言习得一样，与语言使用者的大脑机制和认知过程密切相关。然而，大脑机制和认知过程只是提供语言学习和保持的潜质，而这种潜质能否发挥作用在很大程度上取决于语言使用者的目的语文化背景和语言环境，目的语文化氛围的欠缺同样是语言磨蚀产生的重要因素。

目的语文化氛围之于语言磨蚀的重要作用主要源于“社会认知因果链”（social cognitive causal chains）的作用机制。社会认知因果链是一个因果事件连续体，指由发生在某一语言社区成员中的一系列前因后果的事件或次事件组成的认知过程。在这个认知过程中，施事者的意图就是起点，事件结果即为终点。正由于施事者有通过使用语言做某事或达到某目的的意图，才会有特定结果的出现。在语言习得和语言磨蚀的过程中，社会认知因果链可帮助人们确立人际间的语义关系，对既定语言社区内的特定表达和语言规范的确立、保持和巩固起着关键作用。所以，那些脱离目的语社会认知因果链的语言使用者由于缺少了语言保持其稳定性的证据，因此他们的语

言将会变得极易磨蚀。

作为位于社会认知因果链起始端的目的语文化氛围，它对语言磨蚀的作用主要表现在两个方面：一方面，语言使用者如果在其语言社区中无法获得足够的语言输入，无法从该社团中得到任何积极的印证，那么其目的语保持就会受到很大局限，他们就仅能在生活、学习和工作中通过书籍、电视、报纸和网络与其他目的语使用者进行非常有限的单向接触，因此与目的语相关的社会认知因果链就会越来越弱，该语言也会变得越来越难以保持。在这种情况下，语言磨蚀，尤其是输出性语言技能的磨蚀就不可避免了。另一方面，语言使用者如果拥有很多使用目的语和验证新的社会认知因果链证据的机会，那么即使在语言学习结束后，他们仍能够继续接收到各种各样的来自目的语的语言输入。除了诸如书籍、报纸、电视和网络等输入性资源之外，他们还可以在俱乐部、教堂等场所与其他使用者接触，进行面对面的双向交流，这些都有助于他们提高运用该语言的灵活性，从而更有效地对抗语言磨蚀。

（二）语言干扰：消解与磨蚀处劣势地位的语言

“语言干扰”，也称“语言影响”或“语言迁移”，是指操双语或多语者的不同语言间相互影响的现象，其过程表现为语言使用者在习得二语之前或之后所学习、记忆与处理的其他语言信息与二语争夺认知资源，结果是，其中一种语言明显处于优势地位，且使用频率增加，从而消解和磨蚀另一种处劣势地位的语言。

就磨蚀程度来讲，如果被磨蚀语言在结构特征上与优势语言存在明显差异，那么这些差异将会导致磨蚀程度增加。相反，如果两种语言结构特征相似，被磨蚀语言的磨蚀程度就会减少。也就是说，两种语言在语言分类和语用规范上的相似性有助于目的语能力的保持，而两者的差异容易导致语言干扰和语言磨蚀的发生。如汉语和英语分别属于汉藏语系和印欧语系，两种语言在语言类型、语言结构和语言规范等方面存在显著差异，因此极易导致处于劣势地位语言的磨蚀。（王湘云，2010）

就表现形式而言，语言干扰不仅表现在语言使用者的劣势语言技能的遗忘或丢失，还表现在他们的劣势语言在语言结构上对优势语言的借用（语码转换）、直译、语义拓展、语义相关替代，以及由此而导致的被磨蚀语言在词汇多样性、准确性、灵活性等的降低上，同时还表现在，在处于优势地位语言的干扰下，被磨蚀语言在构词法则上的简化、替代和忽略上。以上种种表现就是所谓的语言迁移。

就语言迁移的作用机制而言，当优势语言在结构上无标记性（unmarked)而劣势语言在结构上有标记性(marked)时,就可能发生优势语言的语言特征向劣势语言迁移;反之,语言迁移发生的可能性则会很小。当然,并不是两种语言间的所有差异都会导致语言迁移,只有当劣势语言的结构标记性更强时才可能发生语言迁移。从心理类型学上来说,语言使用者对劣势语言和优势语言的心理距离感,即语言使用者是否愿意将其预先习得的优势语言的特征迁移到后习得的劣势语言中去,会直接影响使用者对劣势语言的学习与保持。优势语言中的那些常见的、规则的、在语义或结构上清晰的、无标记性语言特征最容易迁移到劣势语言中。相反,优势语言中的那些鲜见的、不规则的、在语义或结构上含混不清的、有标记性的语言特征最不容易迁移到劣势语言中。语言迁移实质上是优势语言对劣势语言的语言特征的消解,是劣势语言的磨蚀。

三、语言磨蚀模式

经过长时间的观察与调查,我们发现语言磨蚀在磨蚀程度、磨蚀对象的选择性、磨蚀速率和磨蚀顺序上具有较强的规律性。

(一)磨蚀程度:习得水平越高,磨蚀水平越低

磨蚀前的目的语终极水平是影响语言磨蚀的关键性因素。传统心理学认为,语言使用者的语言磨蚀在整个知识框架中所占的比例是固定的,因此,与目的语终极水平低的语言使用者相比,目的语终极水平高的语言使用者在停止学习目的语后会遗忘得更多。而事实是,语言使用者目的语的终极水平与磨蚀速度会呈现出一种"倒置关系"。随着语言使用者目的语水平的提高,语言使用者的语言磨蚀在整个知识框架中所占的比例却会逐渐缩小,磨蚀前的终极语言水平与磨蚀率成反比,即达到的水平越高,磨蚀率就越低。也就是说,学得越多,忘得越少。

需要特别强调的是,在受蚀者的终极语言水平中间存在着一条明显的分界线,终极语言水平处于分界线上方和下方的语言使用者的语言磨蚀速度和程度有着明显的差别。这条分界线就是所谓的"关键门槛"(critical threshold)。如果语言使用者的终极语言水平没有达到关键门槛,那么由于其语言知识水平低,知识结构就会孤立和零散,磨蚀也就容易发生,语言磨蚀速度也会加快,磨蚀范围也会加大。如果语言使用者的终极语言水平达到或超过这一关键门槛,那么由于他们的语言知识水平高,目的语知识就会呈现出系统性,各种语言技能之间的关系就会紧密,记忆也就会牢固,所以其目的语磨蚀水平就会低。另外,达到或越过关键门槛的语言使用者大脑中的网络思维图式也达到了一种稳定平衡的状态,对语言磨蚀有强烈的阻

抗力。

（二）磨蚀对象的选择性：语言技能不同，其磨蚀速度不同

根据语言技能分类标准的不同，受磨蚀语言技能呈现以下三种不同的选择性。

首先，根据使用者对语言信息处理方式的不同，语言技能可分为接受性语言技能(receptive skills)和输出性语言技能(productive skills)，前者主要包括语言使用者的听力和阅读理解能力，后者则主要指他们的口语表达和写作能力。与接受性语言技能相比，输出性语言技能对磨蚀更为敏感，磨蚀的速度也更快。产生这种磨蚀现象的原因有二：一是语言使用者在应用输出性语言技能时，在语言的计划和协调上需要动用更多的认知资源；二是由于受蚀者掌握的语言信息处于休眠状态，这种状态可导致暂时的通达困难。如果能提供正确的通达路径，语言使用者仍可以检索到此类信息。（倪传斌，2007）

其次，根据局部与整体的关系，语言技能又可分为整体语言技能和具体语言技能。在语言习得过程结束后，随着时间的推移，使用者的低层次的具体语言技能不断衰减，而整体技能不但磨蚀现象不明显，而且有些人还会有所提高。这个发现似乎与人们的直觉相矛盾，但如果将各语言间的相似性、语言使用者对其他语言的继续学习及其不断增长的考试技巧等考虑在内的话，关于整体语言技能会与日俱增的观点也就顺理成章了。

再次，根据研究方法的可行性和便利性，语言磨蚀主要研究语言使用者的听力理解技能、词汇知识和阅读理解技能。在这三种具体的语言技能中，词汇知识的磨蚀程度最为明显，其次是阅读理解技能，而听力理解技能的磨蚀程度则最小。词汇知识对磨蚀的敏感性主要是由于词汇知识通常是在孤立的情况下习得的，这些彼此间缺乏联系的词汇知识最易磨蚀。听力理解技能之所以表现出较强的抗磨蚀性，主要是因为听力理解不只是单向的自下而上的理解过程，而是一个结合了自下而上和自上而下两个过程的、更加复杂的双向理解过程。在这样一个复杂的理解过程中，很多“冗余而且系统的”信息被添加了进来，这些“冗余而且系统的”信息在听力理解技能的保持中起到了关键作用。（王湘云，2010）

（三）磨蚀速率：前快—中慢—后快

在正规学习结束后，语言使用者的目的语磨蚀就会随之出现，但是磨蚀速度并不是呈直线性的递减，而是呈现出快慢相间的非均衡性。传统的遗忘曲线理论认为，磨蚀在学习过程中断后马上就会发生，几年之后慢下来，再往后磨蚀就会停止，语言技能在此期间会平稳地保持很长时间。

但如果从一个相对较短的时间(数月至数年)考察语言磨蚀,语言使用者的语言水平在学习过程结束后的六七个月甚至数年内保持稳定。在语言学习结束后使用者语言水平保持相对稳定的这段时间就是所谓的"初始平台"(initial plateau),这个时间段结束后语言磨蚀才会真正开始。

而如果从一个更长的时间(数十年)考察,语言磨蚀的速度则遵从"前快—中慢—后快"的模式。一般来讲,在语言学习结束的最初5年里,语言使用者的目的语磨蚀速度很快;在随后的20年里,他们的语言技能保持稳定不变;而在这之后的25年里,磨蚀又快速发展。如果我们忽略上述第一个阶段,那么第二个阶段和第三个阶段就正好符合初始平台假说;如果我们忽略第三个阶段,那么第一个阶段和第二个阶段则正好与遗忘曲线相一致。无论怎样,我们可以作出以下推断:如果语言使用者已达到较高的终极语言水平,他们较高水平的语言技能的抗磨蚀期就会覆盖其第一阶段的快速遗忘期,这个时期就会与第二个稳定期连在一起共同构成所谓的初始平台期;如果语言使用者的终极语言水平未达到足够高的水平,语言学习结束后就会出现一个快速遗忘时期。

(四)磨蚀顺序:后学先忘,先学后忘;难学易忘,易学难忘

语言磨蚀与语言习得的模式非常相近,但顺序却恰好相反:先习得的语言技能后磨蚀,后习得的语言技能先磨蚀,即语言磨蚀呈现出一个与语言习得模式相同但顺序却相反的镜像特征。同时,由于语言技能的习得总是遵循这样一个顺序:简单的、容易掌握的技能先习得;复杂的、难以掌握的技能后习得,因此磨蚀顺序还表现为:难学易忘,易学难忘。(王湘云,2010)

语言磨蚀所表现出的后学先忘、先学后忘与难学易忘、易学难忘的镜像特征仍然可以用认知门槛假说解释。那些最后习得的、最复杂的、最难以掌握的语言技能都是些支离破碎的技能,尚未融入已习得的语言知识架构中,即并未达到认知的关键门槛,因此最先被磨蚀;相反,那些最先习得的、最简单的、最易于掌握的语言技能已牢牢嵌入语言使用者固有的语言知识架构中,已经与其他语言能力融为一体且达到或超过了认知的关键门槛,并在使用者大脑中形成了一种图式,因此此类语言技能可以保持得最久。

四、结语

综上所述,我们不难看出语言磨蚀诸多因素和模式之间存在如下关系:(1)磨蚀模式是内部因素和外部因素相互作用而形成的。内部因素是关键,外部因素通过内部机制起作用,内部因素最终决定着语言磨蚀在磨蚀水平、速度、分布、顺序等方面的模式。(2)诸因素之间,包括内部因素之间和外部

因素之间，并不是孤立存在的，而是相互关联、相互影响的。例如使用者的语言态度和学习动机会影响他们接触目的语的频率，而使用者所感受到的目的语的文化氛围又会反作用于他们对待目的语的态度和学习动机，同时也会影响他们接触目的语的频率。而使用者的语言水平又能强化或验证使用者对待目的语的态度和对文化氛围的感受。没有任何因素可以脱离其他因素独自发挥作用。(3)不同的因素产生影响的路径不同。有些因素如文化程度、目的语文化氛围和语言干扰等决定着被磨蚀语言技能的种类，而另外一些因素如目的语的接触频率、使用者语言态度和学习动机等则影响着语言磨蚀的程度。

（原文载于《山东大学学报》2011 年第 2 期，有改动）

语言磨蚀原因与应对策略

摘要　语言磨蚀研究学习者语言技能的丢失和衰减，在欧美已得到学术界广泛重视。国外研究发现，与目的语接触频率、教学方法、学习者的年龄、对目的语的态度与学习动机、母语文化程度、目的语文化氛围、不同语言之间的干扰等，均是影响语言磨蚀的因素。外语教育工作者应该对此有深刻的认识，在教学中通过提高学生与目的语接触的频率、采取明示教学法、充分利用语言学习者不同年龄阶段的优势、增加读写在教学中的比重、重视文化教学、培养学生用外语思考等策略，来应对语言磨蚀。

关键词　语言磨蚀；影响因素；应对策略

作为一种自足的体系，语言可以习得、保持、迁移及干扰，同时也可以磨蚀、忘却。因此，语言磨蚀研究与当下逐渐成为显学的语言习得和语言保持研究一样具有重要意义。但是，语言磨蚀研究在国内并未引起应有的重视，即便在国外也仅发端于 20 世纪 80 年代，直至 21 世纪初才逐渐发展起来。因此，对于规模宏大的中国的外语教学工作者们而言，应当重视语言磨蚀现象，特别是影响语言磨蚀因素的研究，找出应对语言磨蚀的策略，提高外语教学的效果。

一、语言磨蚀的界定

关于语言磨蚀，目前最受学界认同的当属 Freed(1982)在其《语言丢失：当今思潮和未来方向》中所下的定义：

> 广义上说，语言磨蚀可以指任何个人或群体对任何一种语言或语言任一部分的遗忘。也可以指在双语环境下，或在少数族裔的语言交流中，由于政治或社会因素，一种语言逐渐代替了另一种语言，从而造成对母语语言使用技能的衰减；它还可以指大脑神经损毁造成的语言

技能的降低或年老引起的对某种语言使用技能的衰减。另外，语言磨蚀还可以指整个语言的消亡。语言磨蚀的另一层含义至今未受到应有的重视，那就是一些学习过外语的人在中断外语学习后对外语语言技能的丢失。(1)

第一种是广义的定义，涵盖后面三种情况；第二种定义关注的是母语语言技能的丧失；第三种定义关注的是病理性或生理性的语言磨蚀，属于医学范畴；第四种才是外语教师应重点关注的对象，其研究成果之于外语教与学的意义也最大，因为它关注的是外语学习的最终效果。

二、影响语言磨蚀的因素

国外相关研究发现，影响语言磨蚀的因素主要包括学习者与目的语接触的频度、学习者年龄、语言学习态度与动机、母语文化程度、目的语文化氛围以及其他语种的干扰等。

(一)与目的语接触频率

一般而言，如果学习者在语言学习结束后就不再接触或很少接触目的语，那么目的语的磨蚀就会发生，而与目的语的频繁接触则会减少或抑制磨蚀。学习者与目的语的接触可分为两大类：自然接触和人为置入式接触。

自然接触指学习者在自然的语言交际环境中对目的语的使用，这种接触可以不断激活和强化他们大脑中的语言知识，从而有效防止语言知识的休眠、淡忘和丢失。Edwards(1977)曾对455位加拿大公职人员(其第二语言为英语或法语)的听力、口语、阅读、写作进行过调查，结果发现：那些一直在学习、使用英语的人身上并未产生语言磨蚀现象，而把法语作第二语言使用的人身上却产生了明显的语言磨蚀。(256)造成这种差别的原因是：尽管在加拿大某些省份，有一些人将法语作为母语来学习和使用，但是大多数人都将英语当作母语来学习和使用。这就意味着那些母语为法语、第二语言为英语的人比那些母语为英语、第二语言为法语的人，有更多机会接触目的语(英语)，因此其第二语言也就会得到更持久的保持。

人工置入式接触则指学习者通过参加各种语言学习项目，人为增加使用目的语的频率，以提高对目的语的保持率。美国陆军语言署和中央情报局等部门通过对使用外语的人员定期进行测试、实行补贴、奖励成绩优异者等政策，人为地增加其使用外语的机会，激发其使用外语的热情，以减少语言磨蚀，收效比较明显。日本的一些民间组织也通过为那些从英语国家归国的人员提供一对一的与英语母语者深入接触的机会，来减少这些人员的英语磨蚀。研究结果表明，每月数小时的语言接触就可以有效减缓这些归国人员的英语磨蚀。

上述两种语言接触方式都有助于强化学习者已经获得的语言知识，并进而使其得到有效保持，孰优孰劣，取决于多种因素。就前者而言，其在很大程度上取决于二语在日常生活与工作的重要性（即接触频率），因为这与一个人对周围环境与生活的满足感以及事业上的成就感密切相关；而就后者而言，一是客观条件，二是学习者的主观能动性。也就是说，如果有足够的外部刺激（如升迁、物质奖励等），加上强烈的主观愿望与努力，则保持的效果最佳。

（二）明示教学法与沉浸教学法

选择适当的教学方法也可以有效地帮助学习者减少语言磨蚀。尽管有学者曾经指出，没有任何实证证据表明，运用某些特殊的教学方法，可以使外语水平保持得更长久，但仍有研究表明，某些教学方法的确能有效地抵抗磨蚀。Burling(1978：54-75)和其他研究者发现，儿童在自然环境中习得二语，一旦回到母语环境，其二语语法知识的磨蚀既迅速又彻底。其原因可能是，他们在学前没有接受过明示语法教学。为了验证不同教学方法对语言磨蚀的影响，Nagasawa(1999)对 7 位美国大学日语学习者进行了调查，结果发现，对在初级阶段接受过正规课堂教学的成年学习者而言，其二语磨蚀比那些在初级阶段未接受过正规课堂教学者要少，这表明明示教学法比沉浸教学法在对抗语言磨蚀中具有更积极的作用。(169-199)

道理非常简单：前者不仅让学习者知其然而且知其所以然，而后者则仅仅使其知其然。母语一旦获得，因在日常生活与工作中不可或缺，除了因大脑病变或者老龄化会丢失外，一般都能得到保持；相反在自然环境中习得的第二语言，一旦脱离了语言使用的环境，因为没有通过理性的正规教学建立起来的语言网络极其脆弱，因此容易受到干扰，极易磨蚀。

（三）年龄差异

年龄也是影响语言磨蚀的一个重要因素。学习者开始学习第二语言的年龄越小其语言磨蚀反而越快。例如，Hansen & Reetz-Kurashige(1999)自1980 年就对两位美国学前儿童进行跟踪调查。这两个孩子曾随母亲三次去南亚次大陆度假，其印度—乌尔都语几乎达到母语者水平，而其母亲的印度—乌尔都语则要差得多。但回美国后，两个孩子几乎全然忘记了印度—乌尔都语，而其母亲则保持得非常好。20 年后，两个孩子都 20 多岁了，在听他们自己 20 年前用印度—乌尔都语录制的对话时，一个词也听不明白，而他们的母亲仍能听懂大部分内容。(3-20)Cohen (1989：135-150) 和 Koike (1990)等人的研究也发现，孩子的年龄越小，其语言磨蚀速度就越快。

为什么儿童习得的第二语言一旦脱离原来的语言环境反而比成年人更容易磨蚀呢？这可以从两个方面来解释：一是习得的方式有别，二是同伴的影响。一般来说，儿童多是在自然环境中通过日常交流潜移默化地习得目的语，对其规则的掌握没有上升到理性高度，而且从心理学的角度来说，儿童极容易受到同伴的影响(既然伙伴们都说自己的母语，为什么我还要说原来的语言呢?)。相反，成年人则更理性，不易受同龄人的影响。

(四)态度与动机

态度与语言使用者所属群体和所处的社会环境所赋予语言的一系列价值观念紧密相关。这些价值观对第二语言习得和对母语的记忆会产生深远的影响，这种影响可分为正面和负面两种。Ben-Rafael & Schmid (2007)发现，政治、经济等因素会对语言磨蚀有很大影响。他们对移居以色列的移民进行研究后发现，来自法语国家的移民的母语磨蚀度非常高。其原因是，对这些人来说，讲希伯来语已经成了一种上升到意识形态高度的诉求；而来自俄罗斯的移民的母语磨蚀度却很低，其原因是对这些人来说，希伯来语只是他们在外谋生的经济手段，他们的母语俄语则是他们在家中与家人交流时所仰赖的工具。(205-226)

除政治、经济因素外，文化动机对语言磨蚀也有深刻的影响。例如：一个人是否把说好每种语言看作一种必要？是把语码转换看作是双语交际码，还是反对语言混杂？是把母语的磨蚀看作融入第二语言文化的标志，还是看作是个人文化身份的丧失？这些问题都对语言磨蚀产生一定的影响。如果一个人对某种语言抱有负面的看法或刻意抵制这种语言的使用，那么他在这种语言上的磨蚀就严重。Isurin(2000)、Nicoladis & Grabois(2002)以及 Saville-Troike et al.(1995)分别对自俄罗斯、乌克兰和中国来到美国的孤儿作过调查，发现这些孩子一开始对英语十分排斥，但很快又转而只说英语而拒说母语，其英语进步神速，最后把母语忘得一干二净。究其原因，可能是这些孩子渴望融入美国文化，将英语与其新结识的人和地方联系起来，进而选择只说英语；也可能是因为他们想忘却成为孤儿的创伤性记忆，进而在潜意识中选择放弃母语。Kouritzin(1999)也进行过类似研究，发现对一种语言的忘却与一个人要忘却某种负面的记忆相关。

(五)文化程度

文化水平也是影响语言磨蚀的重要因素之一。首先，从社会语言学层面来看，读写能力可以使语言使用者通过阅读来印证目的语知识，从而有助于目的语的保持；其次，对能够读懂目的语书面材料的渴望可以增强语言学习者保持目的语水平的动机，从而防止遗忘；最后，从神经语言学和心理语言学层面上讲，读写能力能够在语言使用者的记忆中增加文字图像表达和新的神经突出连接，从而可以加固语言知识基础。

基于以上原因，可以推断出，如果一个人有机会获得目的语的读写能力，特别是能经常用目的语阅读和写作，就能有效地减少语言磨蚀。Olshtain(1986)曾以读写水平作为对抗语言磨蚀的因素之一作过一项研究，结果发现那些在英语语言上达到以英语为母语者的读写能力的以色列人，比那些没有英语读写能力的以色列人，英语磨蚀要少得多，因为前者的英语阅读能力使他们能够经常接触英语，从而有效地防止遗忘，尽管他们听与说英语的机会很有限。另外，英语读写能力也使得那些英语使用者更有保持较高的英语水平的渴望，甚至有再次访问英语国家的愿望。尽管读写水平之于对抗语言磨蚀的作用很难与年龄等因素分开，但是，毋庸置疑，读写水平的确是影响语言磨蚀的有效因素之一。

（六）目的语文化氛围

目的语文化氛围同样是影响语言磨蚀的重要因素。Sperber & Hirschfeld(2007)认为，文化主要源自"社会认知因果链"(social cognitive causal chains)，而社会认知因果链有助于人际间语义关系的确立，对既定群体内的表达和惯例的确立具有很大作用。这与 Sharwood-Smith & van Buren (1991)关于语言习得者语言变化的理论相一致，因为后者认为语言变化的原因不是语言使用的缺乏，而是语言保持其稳定性的证据的缺乏。因此，语言磨蚀的关键性因素来自于群体目的语输入的缺乏。

文化氛围和语言氛围对于语言磨蚀的作用有两个方面的表现。一方面，如果一个外语学习者无法在其语言社群中使用该语言，无法从该社群中得到任何正面的印证，那么其外语习得就受到很大局限，只能在生活、学习和工作中通过书籍、电视、报纸和网络同目的语使用者进行非常有限的接触，所以其与该语言的社会认知因果链就会越来越弱，该语言对他而言也变得越来越难以习得。在这种情况下，语言磨蚀，尤其是输出性语言技能的磨蚀就不可避免了。另一方面，如果一个语言学习者拥有很多使用该语言和验证新的社会认知因果链证据的机会，那么即便是在语言的学习过程结束后，他也能够继续接受各种类型的目的语的语言输入。除了诸如书籍、报纸、电视和网络等输入性资源之外，还可以在俱乐部、教堂等场所与其他学习者接触，进行面对面的交流，这些都有助于提高其灵活运用该语言的能力，进而更有效地对抗语言磨蚀。

（七）语言干扰

"语言干扰"，也称"语言影响"或"语言迁移"，是语言学习者在学习目的语之前或之后所学习、记忆与处理的语言信息，是母语与目的语争夺认知资源所致。它可以指母语对外语的干扰，也可以指外语对母语的干扰，还可以指一门外语对另一门外语的干扰。就表现形式而言，语言干扰不仅表现在语言使用者的劣势语言技能的遗忘或丢失上，还表现在他们的劣势语言在语言结构上对优势语言的借用（语码转换）、直译、语义拓展、语义相关替代上，以及由此而导致的被磨蚀语言在词汇多样性、准确性、灵活性等的降低上，同时还表现在，在处于优势地位语言的干扰下被磨蚀语言在构词法则上的简化、替代和忽略上。

就语言迁移的作用机制而言，处于优势语言中的那些常见的、规则的、在语义或结构上清晰的、无标记性的语言特征最容易迁移到劣势语言中。相反，优势语言中的那些鲜见的、不规则的、在语义或结构上含混不清的、有标记性的语言特征最不容易迁移到劣势语言中。语言迁移实质上是优势语言对劣势语言的语言特征的消解，是劣势语言的磨蚀。

三、启示

从以上论述可以看出，造成语言磨蚀的原因多种多样，因此应对的策略也因人而异，因情景而异，因时间与条件而异。但是，总的来说，可以从如下几个方面来入手：

首先，根据语言磨蚀和与目的语接触频率的关系，可以采取如下措施来对抗外语磨蚀：(1)采用灵活多样的方式，如外语沙龙、外语角、商务活动等，增加外语学习者自然接触外语的频率；(2)教育行政部门可以合理运用考试这根指挥棒，来“迫使”学生给外语学习更多的投入，社会团体甚至政府部门也可以通过举办各种外语大赛、颁发奖励以及规定某些特殊行业人员定期参加考试等措施来增加学习者置入式接触外语的频率，帮助他们对抗磨蚀。

第二，根据外语教学方法方面的研究发现，外语教师应当及时纠正只迷信交际教学法和沉浸式教学法的弊端，将明示教学法请回外语课堂。学校教学管理部门也应改变评估体制，纠正只重视表面上师生交谈的互动教学模式，允许甚至鼓励教师使用实际上能够形成内在的师生互动的明示教学法，而且在初级阶段，允许外语教师采用汉语进行明示教学，因为只使用外语进行明示教学对外语初学者而言并非什么“明示”，而是“天书”。

第三，语言磨蚀与年龄关系的研究表明，应当摒弃所谓年龄越小学习外语越容易的神话，同时抛弃年龄越大外语学习越难的偏见，积极开展各年龄阶段外语学习特点的研究，然后根据各年龄阶段外语学习的特点，编写与之相适应的教材，制定适合于不同年龄阶段的教学方案，有效开发和利用不同年龄阶段的人学习外语的优势，对抗语言磨蚀。例如，少年儿童学得快忘得也快，所以其学习速度可以快些，但要加大引导他们复习的频度；年龄偏大的学习者学得慢忘得也慢，所以应当放慢学习的进程，复习的间距也可大一些。

第四，要想对抗语言磨蚀，还必须提高我国外语学习者学习外语的积极性，加强他们学习外语的动机。外语教育工作者应向学习者强调外语之于他们寻找工作、拓展视野、汲取外国先进科技知识等的重要性。另外，因为语言的磨蚀与记忆愉快与否相关，所以外语教育工作者还应努力创造愉快的学习氛围，提高学习内容的趣味性，活跃课堂气氛，对学习上有困难的学习者要有耐心，对所有学生要体现出关心和爱心，将考试难度控制在大多数学习者感觉愉悦的范围内等，尽量不要让他们将外语学习与不愉快记忆联系起来。

第五，从语言磨蚀研究者对于读写水平与语言磨蚀之间关系的研究成果来看，外语教育工作者除了应鼓励外语学习者多听多说以外，更重要的是加大外语学习者阅读外语资料和用外语写作的数量。这点似乎与当下外语界提倡的“听说优先论”相悖，但读写之于外语学习者对抗磨蚀的重要意义已被证实，而且读写相对于听说而言，操作起来似乎更简单，学习者更容易在阅读过程中印证自己的语言知识，发现问题。写作亦然，学习者在写作过程中更易发现学习的难点。同时，写作有助于教师发现学习者的问题，并予以纠正。因此，外语教育工作者适当偏重于读写是可行的。另外，由于阅读能够加深学生的形象记忆，所以外语教育工作者应当重视使用板书、课件等来加深学生对单词拼写、语法知识等的直观印象。当然，采用听写的方式，鼓励学生多做笔记也不失为对抗语言磨蚀的有效途径。

第六，文化氛围之于对抗语言磨蚀的重要性告诉我们，外语教育工作者应当在语言教学中加大文化教学的分量，尽量多地为外语学习者提供接触外国文化的机会。在课堂上，应当借助电视、电影、网络等现代化手段，在外语教学中融入对异域的社会、经济、政治、民俗、宗教、文学、传统等的介绍，把语言教学改革为语文教学；在课下，应鼓励学生多看原版书籍、电视、电影，多与母语者交流，以了解异国的风土人情。

最后，根据语言干扰对语言磨蚀的影响，外语教育工作者应注意以下两个方面的问题：(1)尽管在外语学习的初级阶段应鼓励教师部分采用母语进行明示教学，但在中、高级阶段应尽量减少母语的使用，鼓励学生用外语来思考和表达，以减少母语对外语的干扰，减少汉语化外语的产生；(2)重视外语学习者汉语表达的标准化和规范化，提醒他们避免使用一些带有明显外语特点的不符合汉语表达习惯的句子，以保持他们的汉语水平。

（原文载于《东北师范大学学报》2010 年第 3 期，有改动）

语言磨蚀假说综述

摘要　关于语言磨蚀的回归假说认为，先习得的知识后磨蚀；倒置假说认为，习得最好的知识后磨蚀；门槛假说认为，超越了关键门槛的知识不易磨蚀；干扰假说认为，某一语言的磨蚀主要源于另一居于优势地位的语言与其争夺认知资源；标记性假说认为，标记性语言知识更易受磨蚀；语言休眠假说认为，所谓语言的磨蚀并非遗忘，而是被隐藏在习得者的大脑中，处于休眠状态。这些假说既从不同的角度揭示了语言磨蚀的部分本质属性，同时也有顾此失彼不完善之嫌。

关键词　语言磨蚀；假说；述评

作为一种动态的自足体系，语言可以习得、保持、迁移及干扰，同时也可以忘却或磨蚀。当今语言磨蚀学界主要关注语言习得者或学习者在停止习得或学习一段时间后的目的语遗忘情况。作为一门发端于 20 世纪 80 年代的新兴学科，语言磨蚀研究经历了一个从建立到发展，再逐渐成熟的过程，在这一过程中，为揭示语言磨蚀的本质属性，研究者们提出了若干假说，其中影响较大的有回归假说、倒置假说、门槛假说、干扰假说、标记性假说和语言休眠假说。

一、回归假说

回归假说(the regression hypothesis)认为，语言磨蚀与语言习得的模式非常相近，但顺序却恰好相反：先习得的语言技能后磨蚀，后习得的语言技能先磨蚀，即语言磨蚀呈现出一个与语言习得模式相同但顺序却相反的镜像特征。

回归假说是最早的关于语言磨蚀与语言习得关系的假说之一。人们对语言遗忘与习得的关系的思考可以追溯到 19 世纪。Ribot(1881)在 19 世纪

80 年代就指出，最近习得的语言表征最易遗忘，这就是后人所谓的"里勃特法则"（the rule of Ribot）。弗洛伊德于 1891 年在他的《论失语症》（*On Aphasia*）一书中引述了 Ribot 的观点，并首次使用"回归"（regression）一词，用以指代失语症患者的语言向早期语言回归的现象。根据弗洛伊德的观点，最近习得的、最复杂的语言表征将会最先被遗忘。1941 年，雅格布逊在研究音位学的过程中首次将回归假说用于非病理性的语言遗忘研究，并且指出语言遗忘模式"以相反的顺序复制儿童语言习得模式"，即语言遗忘是语言习得的镜像（mirror image）。（Jakobson，1941）Freed 在 1982 年将回归假说引入语言磨蚀研究，并将语言磨蚀现象命名为"雅格布逊回归现象"，因此回归假说也被称为"雅格布逊回归理论"（Jakobson's regression theory）。长期以来，大多数研究者都接受回归假说，都认为回归假说可以深刻地揭示母语磨蚀的规律（Andersen，1982；Berko-Gleason，1982；Seliger & Vago 1991）。

然而，回归假说也面临着不少实证研究的挑战。Jordens，de Bot 和 Trapman（1989）对受蚀者德语的格标记进行了专门研究，尽管德语的格通常是按照固定顺序习得的，他们却发现被试对德语格标记的遗忘顺序与习得顺序并不完全相反，没有表现出明显的回归性特征。无独有偶，Hakansson（1995）对移居国外的瑞典人的句法和构词进行了研究，发现他们的瑞典语磨蚀顺序与习得顺序并无镜像对应。

回归假说不仅受到了实证研究的挑战，而且从理论上也让人怀疑该假说的有效性。根据乔姆斯基的先验论和皮亚杰的认知论，语言能力随交际能力的提高而不断增长，因此，我们可以推导出来，既然在非病理学语言磨蚀中，人们的交际能力没有受到影响，受影响的仅仅是其词汇和语法系统，那么一个人的语言磨蚀过程与其语言习得过程就不可能是互逆的。

Gass & Selinker（2008）和 Hawkins（2001）的研究发现，儿童在习得了抽象的有关于词汇形态的规则后，对具体形式的控制则在很大程度上取决于他们零星习得的诸如词汇定义的语言知识，而且这种控制也会受到语言加工过程的制约，也就是说，语言习得并不是按照一个固定的顺序发展的，因此语言磨蚀过程和语言习得过程根本就不具有可比性。这进一步挑战了回归假说的合理性。

因此，回归假说只适用于语言的某些层面或某些有限的语言成分，并不能普遍应用于语言所有层面和所有语言成分。语言磨蚀不单纯与语言习得的顺序有关，而是受到其他许多因素的制约，如与目的语的接触频率、磨蚀者的年龄及整体语言水平、被蚀语言的标记性、目的语文化氛围等（王湘云，

2011b)。这些都促使研究者进一步提出新的理论假设。1983年Pitres提出了另外一个语言遗忘的模型,他认为,语言磨蚀顺序与语言习得的时间先后无关,那些习得最好的语言形式,掌握得最牢,最不容易遗忘,这就是所谓的"倒置假说"(Pitres,1983)。

二、倒置假说

与回归假说关于磨蚀顺序的先学后忘、后学先忘的观点不同,倒置假说(the inverse hypothesis)认为,磨蚀前的目的语终极水平是影响语言磨蚀的关键性因素,语言使用者目的语的终极水平与磨蚀速度会呈现出一种"倒置关系",即学得越好,忘得越少。最不易受磨蚀的语言技能不是习得最早的技能,而是习得最好的技能,也就是那些得到过反复巩固的技能。

传统心理学也认为,语言使用者的语言遗忘在整个知识框架中所占比例是固定的,因此,与目的语终极水平较低的语言使用者相比,目的语终极水平较高的语言使用者在停止学习目的语后会遗忘得更多,也就是说,学得越多,遗忘得也就越多。倒置假说则认为,随着语言使用者目的语水平的提高,语言使用者的语言磨蚀在整个知识框架中所占的比例会逐渐缩小,磨蚀前的终极语言水平与磨蚀率成反比,即蚀前语言达到的水平越高,磨蚀率就越低;也就是说,学得越多,忘得越少。

很多研究都证明了倒置假说的正确性。Godsall-Myers(1981)在其博士论文中宣称,德语语言水平越高,记忆得越牢,一个人的语言水平与他的语言磨蚀成反比。Bahrick(1984)也指出,"随着培训水平的提高,语言习得者的语言磨蚀在整个知识框架中所占的比例逐渐缩小",而且在训练结束后的几年里磨蚀出现高峰后存留下来的语言知识,包括阅读、词汇、短语、语法、词序等都没有再被磨蚀。Smythe et al. (1973)及Weltens et al. (1989)的研究结论不但证实了倒置假说的正确性,同时也推翻了传统心理学所认为的遗忘内容在整个习得的知识体系中占据的比例是固定的观点。

Olshtain(1986)作过一项以读写水平作为对抗语言磨蚀因素的专门研究,结果表明那些能够像母语者一样用英语阅读和写作的以色列人,与那些不具备英语读写能力的以色列人比较起来,英语磨蚀要少得多,因为尽管前者听说英语的机会更有限,但他们较高的英语阅读能力可以使他们能够经常接触英语,进而有效地防止遗忘。此外,英语读写能力也使那些英语使用者产生保持较高英语水平的渴望,甚至心生再次访问英语国家的强烈愿望。尽管读写水平之于对抗语言磨蚀的作用很难与年龄等因素分开,但是,毋庸置疑,提高读写水平的确是对抗语言磨蚀的有效途径之一。

倒置假说不但揭示了语言使用者在语言磨蚀前的语言水平和习得量与磨蚀量之间的关系，同时也暗示在受蚀者的终极语言水平中间存在着一条明显的分界线，终极语言水平处于分界线上下的语言使用者的语言磨蚀速度和程度有着明显的不同。这条分界线就是 Neisser(1984)提出的"关键门槛"(the critical threshold)。

三、门槛假说

门槛假说(the threshold hypothesis)认为，在语言使用者的目的语语言水平中间存在一个门槛，也就是语言磨蚀和语言保持的分界线。语言使用者对目的语语言技能的掌握一旦超过了这个门槛，那么他们的目的语就不会受到磨蚀的影响，对磨蚀具有了免疫力。门槛假说主要包括 Neisser(1984)提出的较具概括性的"关键门槛假说"(the critical threshold hypothesis)和后来 Paradis(2007)从心理语言学视角提出的"激活门槛假说"(the activation threshold hypothesis)。

Neisser(1984)认为，在语言学习过程中很可能有一个关键门槛，如果语言使用者的终极语言水平没有达到这个门槛，由于他们的语言知识水平低、知识结构孤立和零散，磨蚀也就容易发生，语言磨蚀速度也会加快，磨蚀范围也会加大。如果语言使用者的终极语言水平达到或超过这一关键门槛，由于他们的语言知识水平高，目的语知识就会呈现出系统性，各种语言技能之间紧密相连，记忆也就会牢固，语言磨蚀水平就会越低。另外，达到或越过关键门槛的语言使用者的大脑中的网络思维图式(schema)也达到了一种稳定平衡的状态，可对语言磨蚀产生强烈的阻抗作用。

Bahrick(1984)对停用西班牙语 25 年的学习者的西班牙语保持的研究有力地支持了关键门槛假说，他发现，被试最初选修的西班牙语课程越多，其语言知识量就越大，目的语保持得就越完整、越长久。尽管在停止语言学习的最初的 5 年中，他们的语言遗忘与他们原来的训练水平密切相关，但是那些最初习得水平最高的被试，语言磨蚀量却是最少的。这一语言保持现象可以利用关键门槛假说给予合理解释，那些语言保持最好的被试的西班牙语能力已经越过了关键门槛，已经可以抵御长时间(25 年)对语言的磨蚀了。

Paradis(2007)的激活门槛假说源于对失语症患者的研究，他发现，失语症患者能否对语言表征重新激活取决于或至少部分取决于患者在大脑受伤前的语言使用频率。他认为，患者受伤前语言使用频率越低，伤后激活门槛就越高，因此需要越多的刺激来重新激活那些被遗忘的语言表征；相反，患者受伤前语言使用频率越高，伤后激活门槛就越低，只需要较少的刺激，就可以重新激活那些被遗忘的语言表征。相对于关键门槛假说而言，激活门槛假说主要源于失语症研究，是一个较为狭窄的概念，对二语磨蚀研究的影响相对较小。

门槛假说对语言磨蚀研究者有很大的吸引力，但作为一个较具概括性的假说，这个假说有其先天不足。首先，陈述性记忆（declarative memory）支持的语言子系统（如心理词库）要比程序性记忆（procedural memory）支持的子系统（如句法和音系）更易受使用频率的影响。因此，从语言习得角度看，门槛假说则未必适用于语法的磨蚀（Paradis，2007）。其次，一些针对儿童母语磨蚀的研究发现，虽然他们都已经习得过并完全掌握了母语的句法和语音规则，而且他们输出的语言完美且一致，但是他们的母语在停用一段时间后还是会受到磨蚀的影响（Bardovi-Harlig & Stringer，2010）。第三，要检测门槛假说正确与否，首先必须确定某一具体规则或某一具体语言表征是如何习得的，在此之前，不可能测试习得者对语言的保持程度，更不用说检验门槛假说的准确性了。

门槛假说的三个不足，尤其是第二个不足表明，该假说注重语言使用者语言水平高低与语言磨蚀程度和速度的关系，却忽视了对语言学习者语言使用环境的研究，尤其忽视了多语环境下居于优势地位语言对处于劣势地位语言的干扰。

四、干扰假说

语言干扰也称“语言影响”或“语言迁移”，是指操双语或多语者的不同语言间相互影响的现象，其过程表现为语言使用者在习得二语之前或之后所学习、记忆与处理的其他语言信息与二语争夺认知资源，结果是，其中一种语言明显处于优势地位，且使用频率增加，从而消解和磨蚀另一种处劣势地位的语言，这就是干扰假说（the interference hypothesis）。

就磨蚀程度而言，如果被磨蚀语言在结构特征上与优势语言存在明显差异，那么这些差异将会导致磨蚀程度增加。相反，如果两种语言结构特征相似，被磨蚀语言的磨蚀程度就会减少。也就是说，两种语言在语言分类和语用规范上的相似性有助于目的语能力的保持，而两者的差异容易导致语言干扰和语言磨蚀的发生。例如，汉语和英语分别属于汉藏语系和印欧语系，两种语言在语言类型、语言结构和语言规范等方面存在显著差异，因此极易导致处于劣势地位语言的磨蚀。

就表现形式而言，语言干扰不仅表现在语言使用者的劣势语言技能的遗忘或丢失，还表现在他们的劣势语言在语言结构上对优势语言的借用(语码转换)、直译、语义拓展、语义相关替代，以及由此而导致的被磨蚀语言在词汇多样性、准确性、灵活性等方面的下降上，同时还表现在，在处于优势地位语言的干扰下，被磨蚀语言在构词法则上的简化、替代和忽略上，以上种种表现均是优势语言对劣势语言的干扰。

就语言干扰的作用机制而言，当优势语言在结构上无标记性(unmarked)而劣势语言在结构上有标记性(marked)时，就可能发生优势语言的语言特征向劣势语言迁移；反之，语言迁移发生的可能性则会很小。当然，并不是两种语言间的所有差异都会导致语言迁移，只有当劣势语言的结构标记性更强时才可能发生语言迁移。从心理类型学上来说，语言使用者对劣势语言和优势语言的心理距离感，即语言使用者是否愿意将其预先习得的优势语言的特征迁移到后习得的劣势语言中去，会直接影响使用者对劣势语言的学习与保持。优势语言中的那些常见的、规则的、在语义或结构上清晰的、无标记性的语言特征最容易迁移到劣势语言中。相反，优势语言中的那些鲜见的、不规则的、在语义或结构上含混不清的、有标记性的语言特征最不容易迁移到劣势语言中。语言迁移实质上是优势语言对劣势语言的语言特征的消解，是对劣势语言的磨蚀。

尽管干扰假说能够比较合理地解释处于优势地位语言对处于劣势地位语言的消解和磨蚀，但是却不能令人信服地解释被磨蚀语言的一些规则和表征比另一些规则和表征更容易受磨蚀。因此有必要提出与受磨蚀语言规则和表征的特性相关的磨蚀假说，以解释被蚀语言的某些方面比其他方面更易受磨蚀，并描绘出语言磨蚀的特殊顺序。标记性假说就是关于语言磨蚀与被蚀语言的语言规则和表征特性之间关系的假说。

五、标记性假说

标记性和非标记性是语言中众多呈不对称关系的对立现象之一。标记性假说认为，在某一语言中，一些语言成分是简单的、核心的、原型的，是无标记的(unmarked)，而另一些语言成分则是复杂的、边缘的、例外的，是有标记的(marked)。语言标记性问题的研究始于布拉格学派的特鲁别茨柯依和雅格布逊，其后以乔姆斯基为代表的普遍语法的倡导者继承了雅格布逊的二分法原则，并结合他的普遍语法，发展和完善了标记性概念。乔氏认为，每个人大脑的认知系统都有一个相同而且独立的语言功能，这种天赋的语言官能使人们生来就具有掌握那些概括的、抽象性的语法“原则”(principles)和设置默认值的“参数”(parameters)的能力，因而无须习得；人们习得一门语言只不过是习得这门语言的参数值和边缘语法。乔氏还认为,默认参数都是常见的,在正常情况下会成为首选,是无标记的;而其他参数则是不常见的,需要某种条件才会出现,是有标记的。鉴于乔氏将标记性假说与以"原则"和"参数"为核心的普通语法结合在一起,标记性假说也被称为"参数假说"。

标记性/参数假说认为,语言磨蚀不是对语言结构的随机遗忘,而是受原则和参数控制的,表现为标记性参数的非标记化过程。Håkansson(1995)和 Sharwood-Smith(1989)认为语言磨蚀的过程就是对那些原本被赋予了标记性参数的非标记化,具体地说,由于语言参数都有其默认值,因此在长时间缺乏语言输入的情况下,那些被赋予了特定值的语言参数就会产生向这个默认值趋同的趋势,也就是非标记化的趋势,这种趋势发展的必然结果就是语言的磨蚀。由此可见,这个与受磨蚀语言规则和表征的特性相关的标记性假说,可以在某种程度上解释语言的某些方面比其他方面更易受磨蚀,也可以帮助人们预见,非标记性语言成分不受磨蚀,标记性语言成分容易被磨蚀,标记性语言成分被磨蚀的过程就是标记性参数被重新赋予非标记性值(即默认值)的过程。

然而,对标记性假说感兴趣的语言磨蚀研究者往往都停留在理论的思辨上,却很少有人通过实证研究给予佐证。究其原因,在 20 世纪 80 年代以后,人们对普遍语法理论渐渐失去了研究兴趣,因此,在普遍语法理论的研究重点未有转移的背景下,对标记性假说的研究也就不太可能进一步深入。

六、语言休眠假说

上述五个关于语言磨蚀的假说,都是基于被磨蚀语言或语言成分或语言成分的某些表征被完全遗忘的基础提出的,但是长期以来人们一直质疑这个基础的牢固性,一些语言磨蚀研究人员也在试图弄清楚,语言磨蚀究竟是指特定语言知识的"彻底遗忘",还是指这些知识仍然存储在受蚀者的潜意识之中,只不过是受蚀者暂时难以"提取"。

Pallier et al.(2003)采用功能性磁振造影(fMRI)技术对语言磨蚀进行了研究,发现在长时间缺乏目的语输入的情况下,受蚀者的语言印迹(trace)似乎在大脑中被完全抹除了。这一实验结论一经提出便受到了 Oh et al.(2003, 2009)的强烈质疑。Oh et al. 调查了一些目的语使用者在长时间缺乏语言输入后语言再学习的情况,发现他们大脑中仍然有目的语知识的残留,而之所以 Pallier et al. 在功能性磁振造影中未发现这一点,主要是因为这些目的语知识的残留在被试大脑中处于休眠状态,这一结论有力地驳斥

Pallier et al.“磨蚀即遗忘”的结论。Footnick(2007)发现,那些在儿童期习得过但后来被“遗忘掉”的语言知识,可以通过“年龄倒退催眠术”(age-regression hypnosis)重新唤醒。Oh et al.和Footnick的发现都有力地说明了被蚀语言并不是完全被“遗忘”(forgotten),而是被“隐藏”(hidden)起来了,或者说都“休眠”了,语言学习者一时难以“提取”(retrieve)而已,这就是语言休眠假说(the dormant language hypothesis)的核心内容。

早前关于语言“再学习”(relearning)的研究结果也可以说明,被蚀语言知识不是被遗忘,而是休眠了。Tees & Werker(1984)的研究有两组被试,实验组由10位早年曾学习过印度语的操英语的成年人组成,对照组则由18位第一次学习印度语的操英语的成年人组成。两组印度语学习者在一段时间的学习之后,都参加了研究者设计的语言测试,他们的印度语成绩表明,再学习印度语比第一次学习印度语要快得多,也容易得多。研究者认为,其背后的原因是,那些似乎被遗忘的语言知识和似乎被抹掉的语言印迹其实都处于休眠状态,它们仍然存储在学习者的潜意识中,重新学习可以帮助受蚀者快速重新掌握和使用这些知识。

语言休眠假说为语言再学习的可能性提供了理论支持,也为语言习得研究开辟了一个新领域,那就是如何提取那些处于休眠状态的语言知识。

作为一门诞生于20世纪80年代初的新兴学科,语言磨蚀研究还有一些不完善之处,研究者提出的若干假说都只能从某个视角揭示语言磨蚀本质的个别方面,要提出一个能够全面系统概括语言磨蚀本质的假说还需要研究者付出更多的努力。

(原文载于《山东外语教学》2014年第6期,有改动)

英语中的语言污染探源

摘要 本文旨在探讨英语中语言污染的来源和造成这种污染的原因。英语语言污染大多数来源于委婉语、攻击性语言和行话，委婉语的泛滥主要是因为人们怯于面对现实的脆弱心理、政客的文过饰非和商业中的利益驱动；攻击性语言的使用主要出于种族偏见、阶级偏见和性别歧视；而行话中的新闻行话主要用来制造新奇的轰动的新知效应，过时的法律行话主要是因为要保持法律的尊严，而广告用语中的语言污染则是出于吸引听众或观众的目的。

关键词 语言污染；委婉语；攻击性语言；偏见；歧视；行话

作为国际语言之一的英语，越来越受到世界语言学界以及广大的外语工作者及爱好者的重视，其活力和优势自不必多论，但是同世界上其他许多语言一样，随着西方工业化的发展、政治的腐败和商业化的腐蚀，英语语言本身也受到了越来越多的污染，其内部的"垃圾"也越来越多，净化英语的呼声也就愈来愈高了。

要想清除语言垃圾，首先应搞清楚什么是语言垃圾，其根源又是什么，然后才可能把它清除掉。从西方英语界来看，语言垃圾还没有一个约定俗成而又明确合理的定义。"语言垃圾"(literary garbage)较早出于18世纪哲学家 Jeremy Bentham 之口，此后常被一些语言学家所提及。顾名思义，语言垃圾是有害而且应被清除的语言现象。目前在西方语言学界，英语中最臭名昭著的语言垃圾大多来源于委婉语、带有偏见或歧视性的语言以及某些频频出现于日常生活中的而又容易引起误解的术语，这些语言现象通常带有双重弊病，它既容易引起误解，给受话者(the addressee)带来不便，同时又给所指者(the signified)带来伤害，故而应列在被清除之列的首位。

一、某些委婉语

一提到“委婉语”(euphemism),人们马上就会将其与“好听的话”联系起来,对委婉语的定义也恰恰说明了这一点。委婉语是一种用来替代粗俗的、令人不快的或带有侮辱性的词汇的一种温和的、令人愉快的或圆滑的词汇(mild, agreeable, or roundabout words used in place of coarse, painful, or offensive ones),其前缀 eu-的意思就是“优美的,良好的”。要使用委婉语,使用者首先应觉得委婉语替代的词不好听,换句话讲,使用者应首先认为它所指代的东西不太好。这样一来,某些委婉语就出现问题了——有些人并不认为某事可耻,但你对某事使用了委婉语,就说明你对某事有偏见,而你的委婉语实际上就成了一种侮辱性的语言(insulting language)。譬如,有些胖女士并不以胖为耻,却被人称为“big, beautiful women”,对此她们大为光火。“fat”之所以被称为“big”,而且还加了个“beautiful”,一定是说话者认为“fat”不仅不如“big”好,而且还很丑,一点也不“beautiful”。

还有些委婉语不仅给所指代者造成伤害,而且还把使用者带入尴尬的境地。美国有一个服装品牌叫“Queen Size”。Queen Size 在意义上虽与 King Size 基本一致,但明眼人一看就知道它不能与 King Size 互换,因为它只能指那些仅仅供肥胖女人穿着的衣服。有些胖女士对此十分反感,因为她们认为自己胖归胖,但还达不到 Queen Size 的地步(Queen Size 意味着 the largest or biggest size)。认为胖不美已经是够令她们厌恶的了,再认为她们胖到了无与伦比的地步,则是可恶之至。所以她们宁肯花更多的钱去买其他品牌的衣服,也不买 Queen Size。这与商家的初衷恰恰相反。商家本想用 Queen Size 来暗示胖女人只要穿上它家的衣服,便会显出女王风采,哪怕是世界上最肥胖的女人。这下子可真是弄巧成拙了。

委婉语的使用不仅会给使用者和所指者带来麻烦,而且还会引起受话者的误解。如对“情人”的称谓,一开始是“mistress”,慢慢地被“委婉”成了“great and good friend”和“constant companion”,进而又被叫作“roommate”和“live-in lover”;同性恋者不叫“homosexual”,而被称为“fairy”或“gay”,而且他们“have no close female friend”。这样一来好像全世界的 roommates 之间都是情夫情妇关系,全世界不交女性密友者都是同性恋者似的,让不了解底细的人感到莫名其妙。

如果说 roommate 之类的委婉语仅仅是让人感到迷惑的话,那么还有一些委婉语则成了政客们文过饰非的工具。美国人在越战中不把“强制遣送”称为“forcible evacuation”,而叫作“pacification”,好像他们不是用武力杀戮,而是在献身和平运动;又如,“地毯式轰炸”不叫“carpet bombing”,而被美化为“weapon delivery”,好像地毯式的轰炸不是破坏性的行为,倒成了给敌对国家运送武器的善举。而用武力镇压别人的行为则成了他们自己处于 defensive position 时被迫采取的自卫行为了。“穷人”不叫作“the poor”,而被称为“the economically marginalized”,“无家可归者”不叫“the homeless”,而叫“the underhoused”,好像穷人手中还有些钱,无家可归者也有些房子可住似的,又好像统治者手下没有穷人,其政绩卓著。

害人害己和文过饰非的委婉语自然应当列在被清除之列,而另一些起初听上去令人愉悦的委婉语也不应被全盘接受,因为很多好的委婉语已沾染上了被替代词的意义与色彩。比如老年人听到 senior citizen 时并不感到年轻,儿子听说父亲 went to sleep 或 passed away,甚至仅是 departed 时,他不会认为自己的父亲去休息了或去旅游了。因为这些委婉语与它们所代替的词一样带上了“老”或“死”的阴影了。因此,对这些委婉语也要尽量避免过多、过滥地使用。

因此说,委婉语产生的根源是人们不愿意正视某些令人不快现实的心理、商家利用这种心理对商品进行的炒作以及政客们利用这种心理而进行的政治骗局。要清除委婉语中的垃圾并非易事,除了要辨清某些委婉语的误导性(misleading quality)甚至欺骗性,还要研究人的心理,搞清楚哪些是令人乐意接受的,哪些是令人不快的,以决定使用中的取舍;同时还要求商家以真诚的服务以及货真价实的商品来占领市场,少玩些玄虚的文字游戏,以免弄巧成拙;更要求人们明辨是非,识破政客们利用语言玩弄的政治把戏。

二、攻击性的语言

攻击性的语言(offensive language)主要是指带有偏见性的语言(biased language)、骂人的脏话(dirty words or language)等。

带有偏见性的语言是指对别人进行诋毁的语言。这种语言是因他人的性别、种族、民族、阶级、倾向性、年龄的不同或因他人身有残疾而对其进行诋毁的语言。在英语国家里,特别是在美国,这种语言的偏见性突出地表现在种族、性别、阶级等方面。

西方的种族问题一直是社会矛盾的主要表现之一,而作为文化现象之一的语言同样不可避免地被打上了这种矛盾的烙印。黑人不叫“the Black”,而被某些人称为“Negro”,甚至“Nigger”;日本人不叫“Japanese”,而被某些人叫作“Jap”;中国人则被叫作“Chinks”。Negro, Nigger, Jap 和

Chinks 都是些带有明显的轻蔑意味的词，是典型的 biased language。最可怜的当数美国的印第安人了，他们不是 Indian American 而是 American Indian，好像在美洲美国人才是正宗的美洲人，印第安人却成了外来户。不仅如此，连日常用语也要拿印第安人开涮，如“The only good Indian is a dead Indian”。还有一些短语，如“drunken Indian”“dumb Indian”则似乎在暗示印第安人全是酒鬼和笨蛋。印第安人与美国政府的矛盾好像全是由印第安人的过错而引起的，因为这种矛盾被政府称作“Indian problem”，这类带有偏见性的语言带有明显的攻击性。如果说 nigger 这类词在出自一个朋友之口时，会多少有那么一点亲切的意味的话，那么 dumb Indian 即使是出自上帝之口，也不会让印第安人听后感到高兴。

另外一种表现比较普遍的带有偏见性的语言是性别歧视语言(generic language)。虽然许多语言学家指出语言学界的女权运动是无事生非，但某些带有攻击性的词汇却应当作为语言垃圾予以清除。同大多数语言一样，英语也带有明显的男性色彩，如人类是 man 或 human，主席是 chairman 等，但是要把所有这类词汇都清除掉既不现实也没必要，因为这类词俯拾即是，而且有些词若被替换掉，英语就会失去其应有的魅力。如人们总不能把“All the king's men”说成“All the ruler's people”，把“Birdman of Alcatraz”说成“Birdperson of Alcatraz”，把“The Iceman Cometh”说成“The Ice Route Driver Cometh”。同样耶稣只能被叫作“the son of God”，而不能被称为“the daughter of God”。夏娃(Eve)是由亚当(Adam)的一根肋骨做成的，人们总不至于为了使语言避免男性倾向而改写《圣经》。但话又说回来，对某些容易引起误解的或带有明显的性别歧视而又易于用别的词来代替的词，我们不妨把它们替换掉。比如，我们可以用“act and think sensitively and clearly”来代替“act like a lady and think like a man”，用“Dear Sir/ Madam”代替“Dear Sir”，用“be brave”代替“act like a man”等，因为并不是所有的男人都是勇敢、理智、礼貌和权力的化身，也并不是所有的女人都是非理性的载体、都是看孩子的仆人和供男人享乐的玩偶。用上述词或短语来替代原来的词或短语，不仅原来的意味没有丧失，而且还增强了语言的准确性，因为并非所有的人都明白 woman's page 的确切含义。

关于英语中的性别歧视现象，国外语言学界尚存在许多争议，英语中既存在着以男性为中心的表示方式，也存在着以女性为中心的表达方式，而目前争论的焦点主要集中在前者，但后者也不容忽视。“mammal”一词就是典型的以女性为中心的词汇，其意思为“能够哺乳后代的动物”，即“哺乳动物”。如果说“mankind”是排除女性的话，那么“mammal”则是将男性排除掉了,因为并非所有的哺乳动物都是会喂奶的,至少雄性的哺乳动物不会产奶,难道它们就不是哺乳动物了吗? motherland 等也属于同类的表达方式。另外,表面上是排斥女性的词,但因使用者或受话者的理解角度不同,被歧视的对象也就不同。如一般人认为 manly 是歧视女性的词,但是 manly 实际上包含"不能流泪,在困难面前不能表现出一点软弱"的意思。为什么男性就应该被剥夺"流泪"等权利呢?从这一点上看,这个词还有点对男性不公的色彩。因此说,人们能在多大程度上避免语言中的性别歧视现象,还有待于语言学家进一步探讨。

另外,英语同其他许多语言一样,也存在着阶级偏见现象。而这种偏见性主要表现在政治上的歧视性和语言的侮辱性上,如美国等西方国家在历史上曾把前苏联称为"evil empire",把马克思主义叫作"virus"。这种叫法一度成为固定的表达方法,只要有人说 virus,人们就马上联想到马克思主义。这种表达方式并非是当时西方的统治者为了追求语言的新奇和生动而创造的,而是他们处心积虑地强加给英语的,因为 evil empire 和 virus 能让人们觉得革除这种"邪恶"是天经地义的。实质上这是资产阶级向无产阶级开刀的一种信号,就像希特勒把犹太人称作"vermin"一样,这是在言明革除的必要性。如果这类表达方式随着国际形势的变化会逐渐消失,而且也比较容易辨别的话,另一种带有阶级歧视性的例子则具有一定的隐蔽性。如美国总统里根曾在一个公共场合发表过这样一番带有幽默色彩的高论:如果有1700 万人上床时空着肚子(without meals)的话,他敢肯定这些人都在 go on diet。实际上,里根这里是在对"贫穷"这个严肃的社会问题轻描淡写,表现出了他对穷人的轻蔑。统治者听了这则笑话可能会大笑,而饿着肚子上床的穷人听后肯定会有比减肥痛苦得多的感受。对于这些出于政治上的恶意而进行丑化和攻击的表达方式,我们一方面要加以辨别,另一方面要避免人云亦云,否则就会把"Robin Hood"称作"outlaw",把他的手下人称为"mobs"。

种族问题、性别歧视问题以及阶级差别仍是长期困扰英语国家的大问题,一句带有偏见的话,乃至一个词,或许使用者根本没有意识到其中的侮辱成分,但可能会大大激怒受话人或所指的群体,甚至造成一场冲突。所以要消除偏见,而且清除这些语言垃圾,就要求语言工作者和新闻工作者,特别是我们这些把英语作为外语的人在选词造句时要慎重,既要了解一些词汇的起源、发展历史,更要了解它们的现代含义,以免因语言带有攻击性而引发不必要的争端。

三、某些行话

英语中存在着大量的行话，这些行话有许多已逐渐成为我们的日常用语，连小孩也能理解其含义了，但也有一些行话，尤其是专业性极强又与人们日常生活密切相关的行业的某些行话，由于其固有的弊端或由于其过于容易引起人们的误解而变成了语言垃圾。最典型的恐怕要数某些新闻行话、广告用语和法律用语了。

（一）新闻行话（journalese）

由于西方新闻界竞争的日益激烈，各家报纸、杂志竞相创造出许多吸引人的高招，其中主要是发明、使用新奇的词汇。这些新词汇为现代英语增色不少，但同时也留下了许多不易清除的语言垃圾。这些语言垃圾对于广大的不了解内情的普通读者来说简直成了天书。

如果一般读者在报纸上见到“ruddy-faced”一词，他肯定认为这是一种健康的红扑扑的脸色，但这个词作为一种新闻行话意思则成了“喝醉了的”，类似的新闻行话还有：

描述人的外貌	imposing	喜欢争执的
或性格的词汇	statuesque	（女性）高大肥胖的
	feisty	（男性）矮而精力旺盛且易发火的
	outspoken	过于高大的
	petite	高而瘦小的（如同老鼠，多指女性）
	steadfast	愚蠢的
	exceptional	愚蠢的
指代国际区域的词汇	strife-torn place	中东地区
	oil rich	科威特一带产油地区
	peace-maker	去海湾打仗的士兵
指代政治人物的词汇	militant	狂热的（＝fantastic）
	strongman	独裁者（＝dictator）
	black sheep	受排挤者（＝outcast）
指代团体名称的词汇	Mop-Pop Quartet	甲壳虫乐队（＝the Beatles）
指代政治形势的词汇	crisis	麻烦（＝trouble）
	revolution	变化（＝change）
	blackmail	暗中进行的贿赂（＝payola）
指代某些动物的词汇	black eye	老鼠（＝mouse）

这些行话大大超出了普通读者的理解能力，除非是了解内情的人，否则

有几个人能知道"exceptional"是"stupid"的意思,"blackmail"意为"payola"呢？不仅如此,有些词还起到了文过饰非的作用,如独裁者在报纸上就成了"strongman",无家可归者成了"the underhoused",这些词完全可以用更明了更简单的词来表达,除非使用者要故意炫耀自己的博学或故弄玄虚,否则实在没有多少存在的必要。

所以说,新闻行话的产生主要源于新闻工作者对新闻轰动效应和新奇效应的追逐。要清除这类语言垃圾,还需要大批实事求是的记者和庞大的、冷静的、不为新闻炒作所动的读者群。

(二)法律用语(legalese)

法律用语也是现代社会中与人们日常生活密切相关的行话之一,也是最令人感到迷惑的语言现象之一,因为它不仅有许多容易令人误解的词汇,而且还有许多啰里啰唆的表达方法。正如Jonathan Swift所说的那样,法律用语是一种"no other mortal can understand"的语言。

法律用语中有许多表面上是日常用语而实际上是法律术语的词汇,很容易引起人们的误解,如:

法律用语	意义
to made a motion	apply for a court order
executed	signed and delivered
instrument	legal document
prayer	request to a court
without prejudice	without loss of legal rights
specialty	sealed contract
plead	file papers in a lawsuit
consideration	essential ingredient of a contract

如果说上述词作为法律术语的意思与作为日常用语的意思大相径庭且容易引起误解的话,那么法律术语中的另一些词则令受话者感到莫名其妙。这些词便是一些意思十分模糊的词。法律文本中常出现类似于reasonable length of time或substantial argument等的模糊的表达方式。什么是reasonable length,什么又不是reasonable length呢？很难有一个界定的标准,这在对每个词都要求有明确定义的法律语言中是十分奇怪的,但更奇怪的是这类用法在法律条文中却十分普遍。

法律术语中另一些普遍存在的令普通人感到困惑的词汇是某些拉丁语词汇。毋庸置疑,法律术语中的一些拉丁语在英语中还找不到与之相对应的词汇,故而很有保留的必要,例如,"Habeas Corpus"的英文意思是"an ancient order or writ which commands that a person be brought before a judge to determine if he is being legally detained”,而“Corpus”大体上相当于“body of crime”。这类词不易译成英文,但说英语的人大都能明白其含义。但法律术语中的大多数拉丁语是能够很容易地被翻译成英文的。如:

拉丁语	英语
ab initro	from the beginning
amicus curiae	a friend of the court
causa mortis	in contemplation of death
cestui que trust	the beneficiary of a trust
caveat emptor	let the buyer beware
et al.	and others
caveat venditor	let the seller beware
flagrante delicto	caught in the act

除非是法律专业的教授或法官,否则大多数人是很难不经查字典就知道上述拉丁语的确切含义的。这类词之所以仍然留存在法律术语中,其原因有二:一是要给法律行文增加一种庄严的外表;二是只有这种正规行文的外表才会让主管审批法律条款的人觉得这才是真正的法律行文,否则很可能就得不到批准。但细想起来这两个原因都同样的荒唐,听众听都听不懂的法律行文,怎么才能让人感受到其庄严之势呢?字里行间充斥着这么多让人感到莫名其妙的外语字眼,法律的威严又何在?

法律术语中的语言垃圾不仅存在于词汇中,也普遍存在于语法当中。在法律行文中,“false”成了“false and untrue”,“separate”成了“separate and apart”,“every”成了“each and every”,“to have”成了“to have and hold”,“from”成了“from and after”,“for”成了“for and during”。而且似乎还必须在句子中间加进一些啰里啰唆的词才觉得过瘾,于是 thereforth, hereinafter, theretofore, therewith, hereinbefore 等词便随处可见了。这样后似乎还嫌啰唆的程度不够,于是又把一个很简单的句子拉得长长的,长到连法官们自己可能也看不懂了。下面是美国法律协会前主席 Charles A. Beardsley 为了讽刺那些无用的法律术语而故意模仿律师们的语言发表的一通讲话:

> In the name of God, Amen. I, Charles A. Beardsley, of the City of Oakland, County of Alameda, State of California, being of sound and disposing mind and memory, and not acting under any fraud, duress, or any undue influence of any person, whatsoever, do make, publish, and declare this my last will and testament, in the manner

following.

这么长的一个句子的意思其实用下面这样一个很简短的句子就可以很好地表达了：

I, Charles A. Beardsley, make my will as follows.

所以，现在英语界有许多有识之士都建议法律学校停止教授这类离现实生活越来越远的法律用语，法官们停止使用自己不知所云的而且受话者也感到莫名其妙的行话。如果法官们接受这一建议，那么这至少可以造福于法官的舌头、听众的耳朵和书记员的笔墨了。

不难看出，这种语言问题产生的根源是法律界对法律外在形式的庄严性的追求，既然这种语言不能使法律显得庄严却反而使法律显得滑稽，那么它也就没有了存在的理由，而且那种简洁准确的法律用语在节奏日益加快的社会里便应运而生了。

(三)广告用语

随着商品经济的发展，广告越来越多地渗入到人们的日常生活中，因而某些广告用语对英语的污染也越来越严重。

广告用语中的语言垃圾大体可分三类：一是脏话(dirty language)；二是书面噪音(printed noise)；三是容易引起误解的词(misleading words)。

1. 脏话

为了增加广告的刺激性，有些商家不惜使用带有淫秽色彩的字眼。这类字眼频频在媒体上亮相，引起了许多把开放引以为豪的西方人的反感。如一家化妆品公司的产品品牌叫"sexy"，其广告用语把 sexy 中的 x 重写了四次，以示其具有"性感魅力"，如"find everything you need for the sexxxxiest..."，"sexxxxy goodies includes Lip Sexxxxiest Lip Color, Sunxxxxiest liquid Bronzes"等，似乎全世界除了 sex 便没有任何有意义的东西了。

2. 噪音

为了使自己的产品更受欢迎，许多商家便做起了文字游戏，把普通的词儿语化，以使它们听起来如天真的孩童般可爱，而这实际上却使自己的产品听起来像儿童玩具，使成年人羞于使用这些产品。有一种冰淇淋叫"Hot Fudge Nutty Buddy"，实际上就是一种"巧克力圣代"。还有一种叫"Yumbo"的冰淇淋，这两种品牌的冰淇淋都被儿语化了。据说一位绅士进了一家冷饮店要买一盒冰淇淋，店员问他是要 Hot Fudge Nutty Buddy 还是要 Yumbo，这位绅士因羞于说这些儿语化的词汇而无法作答。一个要问，一个不答，最后买卖只好告吹，这位绅士也只好到大街上享受热风去了。但他觉得享受热风也比说 Yumbo 或 Hot Fudge Nutty Buddy 要舒服得多。可见那些看起来好像很高明的儿语品牌实际上对商品的促销无多大益处，反而给这个环境日益恶化的世界增加了另一种污染——噪声污染。

3. 容易引起误解的词

英语广告中还存在着大量的容易被误解的词汇。这当然是商家为了商业目的有意而为之的，但却给受话者带来了不少麻烦，使得他们买非所需，常有大上其当的感觉。有的顾客买了 Surf' N Turf，原想大饱吃鱼的口福，见识一下马肉的滋味，却发现 Surf' N Turf 原来是一些 lobster 和 beef，方知 surf 与鱼无关，turf 与马不相及。许多顾客怎么也不理解什么是 clams "fried to order"，难道商家只有在你订购了 clams "fried to order"之后才会给你 fry clams 吗？natural cut of sirloin 引发的误解更多。什么是 natural cut，什么又是 unnatural cut 呢？还有 liver with smothered onions，这道菜是只焖烧洋葱还是只烧动物肝，还是两样一块烧呢？恐怕一般顾客都知道。

如果让人误解、上当还有情可原，那么误人子弟则罪不可恕，而目前的英语广告却经常干后一类勾当。如有则广告上说"With Nice' N Easy, it's color so natural. The closer he gets, the better you get"，意思是说这种品牌你用得越多(he 指这种品牌)，你就会变得越美。但不明个中奥妙的孩子们看了就很可能仿照类似的语法结构写出这样的句子：The harder a person studies，the better you study。这种错误和中国小学生把"有志之士"写成"有痔之士"，把"有口皆碑"写成"有口皆杯"有同样的危害，其根源也是相同的。

所以说，广告用语造成的语言垃圾源于商家对商业利益的追逐，但它的确在一定程度上有伤风化，而且还有误人子弟之嫌，况且有时也使商家吃了不少苦头，所以清除这类语言垃圾的迫切性是不言而喻的，其途径自然应当是商家、消费者和全社会的联手共同行动。

因此，我们认为，虽然目前英语仍旧是世界上活力最强的语言之一，其内在的垃圾也是瑕不掩瑜的，但是如果任那些垃圾四处蔓延，总有一天这一伟大的语言会失去活力。这种规律对任何一种语言恐怕都是适用的。所以说，讨论英语语言的污染问题并非本文的根本目的所在，本文的根本目的则是从中吸取教训，以利于我们汉语的语言净化。

（原文载于《山东大学学报》1999 年 4 期，有改动）

英国少数民族语言的保护与启示

摘要　威尔士威尔士语、苏格兰盖尔语和北爱尔兰爱尔兰语是英国的少数民族语言，代表着英国语言生态的多样性。在过去的二三十年间，英国政府和地方当局出台的一系列有关少数民族语言的法案和政策，对抢救、保护和发展这些濒危的少数民族语言、对保护语言生态的多样性起到了重要作用。宗教团体和媒体也在这些少数民族语言的保护和发展中发挥着不可替代的作用。而对少数民族语言的保护和发展措施和努力反过来促进了英国各民族和谐关系的确立与发展。

关键词　英国；少数民族；语言；保护；和谐

在当今世界，经济发展的全球化、科学技术的标准化，特别是信息通信的网络化把整个世界连成了一个不可分割的有机整体，形成了地球村。在世界经济全球化的背景下，一些强势文化遍布世界的各个角落，大有一统天下之势，而一些弱势文化却越来越无立足之地，只能在强势文化的夹缝中求生存，文化多样性面临着空前挑战。作为文化重要元素之一的语言在全球化过程中同样也遇到了诸多问题，问题之一就是一些强势语言，如英语，获得了更加广泛的应用，相反一些处于弱势地位的少数民族语言由于使用人数少，在经历进化、发展之后，濒临消亡。难怪有人惊呼，现在必须采取切实可行的行动，通过适当的语言政策，鼓励少数民族在学校和社区使用他们自己的语言，否则当今语言的80%在21世纪都可能在世界上消亡。（Watson，1999）

欧洲人已经认识到了保护少数民族语言的必要性，欧洲议会设立了“较少使用语言办公室”，并起草了《欧洲地方方言和少数民族语言宪章》。该宪章要求，所有欧盟国家都应该建立并完善以少数民族语言和地方方言为教学语言的学校，向操这些语言的人们提供从幼儿园到小学、中学、大学直至成人教育等各个层次的教育。这项要求的目的是承认和保护受教育者的语言选择权,保护和发展欧洲丰富的语言遗产和文化传统。

英国作为欧盟的重要国家,由于政治、文化、历史和宗教等方面的原因,在语言生态方面呈现出特有的多样性。在当今英国6000多万人口中,除了95%的英国人操英语外,150万人讲苏格兰语,61万人说威尔士语,10万多人会爱尔兰语,还有6万人的母语为苏格兰盖尔语。除此之外,1.2万人讲曼岛语,500多人以康沃尔语为第一语言。[①] 更为可喜的是,在政治、经济和文化日益全球化的今天,以少数民族语言为母语者占英国总人口的比例不但没有降低,反而还有少许提高。英国语言的这种独特多样性以及操少数民族语言人口比例的不降反升现象,与英国对少数民族语言以及对操少数民族语言者的尊重、英国政府和地方当局的少数民族语言政策、教会的影响和媒体的支持密不可分。下面就结合英国的三大土著语言——威尔士语、苏格兰盖尔语和北爱尔兰爱尔兰语——来介绍一下英国的语言政策。

一、威尔士对威尔士语的保护

尽管威尔士早在1536年就加入了英格兰,并历经18和19世纪主流社会对英语的推广和对威尔士语的打压,但是威尔士教会通过将《圣经》翻译成威尔士语、用威尔士语向"主日学校"儿童讲经布道,很好地保护了威尔士语。因此,尽管在20世纪80年代后期威尔士语的地位有所下降,但是仍然有18%的威尔士人操这一语言。(Callaghan, 1993)

当然,对保护和复兴威尔士语起关键作用的当属英国政府和地方当局在20世纪八九十年代颁布的一系列旨在保护威尔士语的教育法案。1988年颁布实施的《英格兰和威尔士教育改革法案》是第一部保护和复兴威尔士语的地方性法规,该法案不但要求那些以威尔士语为教学语言的中小学除开设数学、英语和科学三门核心课程外,还必须开设威尔士语作为第四门核心课程;还要求那些以英语为授课语言的学校把威尔士语作为除历史、地理、技术、音乐、艺术和体育以外的第七门必修基础课。1993年颁布的《威尔士语言法案》则进一步巩固了威尔士语作为教学语言的地位,在法律上明确了威尔士语与英语在中小学校教育中的同等地位。该法案要求威尔士的所有中小学学生都必须接受威尔士语义务教育直至16周岁,这就意味着即使是移民到威尔士的操英语的孩子也必须接受威尔士语教育。这一措施巩固了威尔士语的地位,并在某种程度上扭转了威尔士语流行度下降的趋势。

① Wikipedia. *Demography of the United Kingdom*. Retrieved from http://www.wiki.cn/wiki/Demography_of_the_United_Kingdom.

1998年威尔士实施的《威尔士政府法案》,除再次明确要求所有威尔士中小学校都必须把威尔士语作为母语或第二语言来教授外,还首次要求威尔士境内的所有大学都要向学生开设一定数目的用威尔士语授课的课程。此外,该法案还要求威尔士国民大会和地方议会将威尔士语作为官方语言向民众颁布法案、发布公文,并在威尔士境内同时用威尔士语和英语标注所有公路路标。

时至今日,尽管威尔士语作为教学语言的作用还不能与英语相提并论,但却得到了明显加强。截至1997年,在475069名威尔士中小学生中,46950名小学生和20962名中学生都在接受以威尔士语为主的教育。威尔士语的地位还可以从最近的初中毕业生参加的"普通中等教育证书"(GSCE)的报名考试中略见一斑。1998年报名参加威尔士语、威尔士文学和将威尔士语作为第二语言考试的考生分别为3907人、3032人和8132人。这些数据尽管不很高,但如果结合当年报考法语考试人数(10788人)和威尔士仅有的200万人口考虑,威尔士语考生的比例已经相当高了。(Sutherland, 2000)

威尔士政府还通过各种各样的规划项目,拨出相当多的政府资金支持电视台和无线电台开办威尔士语节目。早在1977年,英国广播公司(BBC)就开办了"威尔士无线电台"(Radio Cymru),随后又在1982年开设了"威尔士第四频道电视"(Sianel Pedwar Cymru),该电视频道每年都会得到政府固定数额的行政拨款。此外,该电视台还能够从播放商业广告和BBC的节目中获取丰厚利润,用来进一步改善其资金供给状况,以便更好地做好威尔士语的保护和复兴事业。虽然目前在威尔士还没有一份威尔士语日报,但是《威尔士周报》(*Y Cymro*)却在整个威尔士家喻户晓。

政府对学校教育改革的效果如何,对传媒的资金支持能否取得预期成效,还有待时间的检验,然而,有一点是显而易见的,那就是越来越多的儿童和青年人,甚至越来越多的成年人乐于使用威尔士语。2004年的"威尔士语应用状况调查"显示,有21.7%的威尔士人操威尔士语,比2001年的20.5%和1991年的18.5%均有稳步提高。(Welsh Language Board)

二、苏格兰对盖尔语的保护

苏格兰盖尔语属于凯尔特语系,在公元3世纪前后首先出现于苏格兰。到了5世纪,在古罗马结束对英国的占领时,盖尔语已成为苏格兰大多数人的语言。同时随着一波又一波操盖尔语的移民从海峡彼岸的爱尔兰涌入,盖尔语在苏格兰的传播速度加快。在13世纪初,盖尔语成为大半个苏格兰地区的语言,各种盖尔语文献也成为欧洲最古老的文献之一。

但是，苏格兰政府早期执行的一些教育政策非但没有起到保护盖尔语的作用；相反，有些还加速了盖尔语的衰亡。1872 年颁布实施的《教育法案》虽然赋予了苏格兰儿童接受义务教育的权利，但却规定苏格兰境内的学校只能向学生提供以英语作为教学语言的教育，禁止学生在教室里讲盖尔语，还赋予了教师对违反此项规定的学生进行体罚的权力。这一法案的实施虽起到了推广中小学义务教育的作用，但是却加速了盖尔语的衰亡。20 世纪初，苏格兰政府认识到这一教育政策的偏颇，开始加以修正。1918 年的《教育法案》就开始明确规定，地方当局必须向盖尔语地区的学生提供以盖尔语为教学语言的教育，但一些地方当局却没有采取任何响应这项法案的具体行动。苏格兰教育咨询委员会在 1947 年向政府提交了一份报告，也倡议操盖尔语的学生都应该系统地学习盖尔语，并提议为盖尔语地区每所中学配备至少一名称职的盖尔语教师。但是在当时的情况下，要找到称职的盖尔语教师几乎是不可能的事情。

直到 20 世纪 80 年代中期，对盖尔语的保护和推广措施才开始步入正轨。政府的措施之一就是成立了盖尔语语言学会(Comunn na Gàidhlig)，统筹协调各个盖尔语推广机构之间的工作；此外，1985 年苏格兰政府与苏格兰地方官员会议组织达成协议，并在 1986 年起草了一系列切实可行的行政制度。随着这些有关盖尔语的协议的达成以及行政制度的实施，盖尔语教育的推广才取得了有限的进展。截至 2006 年，在苏格兰共有 61 所盖尔语小学，有 2092 名小学生在这些盖尔语小学接受为期两年的“盖尔语沉浸式”教学课程。在另外一些以盖尔语为第二语言的小学里，每周都有优秀的盖尔语教师为学生讲授盖尔语。在中学教育阶段，尽管没有足够的操盖尔语的教师，但是仍然有 7 所中学用盖尔语为学生开设了历史、地理、个人与社会教育、数学、科学、家政、技术和艺术等课程。苏格兰中学毕业生必须参加的“苏格兰教育证书”(SCE)考试向考生提供用盖尔语命题的历史、地理和数学试卷。

盖尔语的保护也得到了传媒的大力支持。BBC 在 1988 年开办了盖尔语电台“高地电台”(Radio nan Gàidheal)，并开始在它的电视频道中播放带有英语字幕的盖尔语电视节目，同时英国独立电视台(ITV)也开始播送带英语字幕的盖尔语节目。1990 年苏格兰成立了苏格兰盖尔语广播委员会(Comataidh Craolaidh Gàidhlig)，负责管理和协调各传媒机构的盖尔语保护工作。在政府的资金扶持和传媒的努力下，苏格兰人一天二十四小时都能够收听收看到盖尔语的教育和娱乐节目。最有名的语言教育节目是《讲我们自己的语言》(*Speaking Our Language*)，最有名的电视肥皂剧非《海滩》

(*Machair*)莫属。更令人振奋的是,BBC 将在 2008 年 3 月开办相当于威尔士第四频道电视的盖尔语数字电视台,向电视观众提供免费的盖尔语电视节目。

尽管苏格兰盖尔语的保护和推广得到了政府的积极干预、地方当局和志愿者组织的积极参与和大众传媒的鼎力支持,但是苏格兰盖尔语的形势并不容乐观。2001 年,全英人口普查的结果显示,苏格兰有 58652 操盖尔语者,比 10 年前的 65978 人减少了 700 多人;2001 年操盖尔语者占苏格兰 3 岁以上人口的 1.2%,比 10 年前的 1.4%降低了 0.2%。[①] 这一状况让苏格兰当局彻底认识到拯救和保护盖尔语的紧迫性。苏格兰议会在 2005 年一致通过了《盖尔语(苏格兰)法案》,第一次明确了盖尔语和英语的同等地位。该法案要求苏格兰成立盖尔语发展处 (Bòrd na Gàidhlig),作为推广盖尔语的专门机构,为苏格兰政府各部部长起草《全国盖尔语计划书》,并为教育当局提供盖尔语发展咨询和指导。该法案还规定苏格兰境内的所有政府机构都要将盖尔语作为一门官方语言,并起草本部门的盖尔语发展规划。相信这部法律的实施能够对苏格兰盖尔语的保护和复兴起到积极有效的作用。

三、北爱尔兰对爱尔兰语的保护

威尔士和苏格兰土著语言的保护与发展主要得益于政府的干预措施,而北爱尔兰的语言生态却深受宗教和政治的影响。从亨利八世(1509～1547 年在位)到 19 世纪,英国人在北爱尔兰强行推行英国化政策,把爱尔兰语与破坏统一的分裂分子等同起来,时时处处打压爱尔兰语和讲爱尔兰语的人,使 19 世纪的爱尔兰社会分裂为民族派和联合派,民族派多是主张建立独立的爱尔兰共和国的天主教徒,而联合派则多为支持留在联合王国的新教徒。爱尔兰人在宗教信仰和政治观念上的差异,最终导致了爱尔兰学校设置的大分裂,并逐渐形成了教育的双轨制,新教徒子女首选以英语作为教学语言的私立学校,天主教子女更青睐得到天主教当局支持的、以爱尔兰语为教学语言的天主教教会学校。1922 年,爱尔兰分裂为独立的爱尔兰共和国和从属英国的北爱尔兰,北爱尔兰联合派与民主派频发政治与宗教冲突,随着联合派大批移居大不列颠,新教徒的比例降低,天主教徒的比例得以提高,因此以爱尔兰语为教学语言的学校得以增加,为爱尔兰语的保护与推广起到了决定性作用。

自 20 世纪 80 年代起,北爱尔兰政府也从保护爱尔兰语文化和尊重受教

---

① Wikipedia. *Scottish Gaelic*. Retrieved from http://en.wikipedia.org/wiki/Scottish_Gaelic_language.

育者语言选择权的角度出发,采取了一系列保护和复兴爱尔兰语的措施。作为政府的干预措施之一,1989年的《地方议会令》要求所有中学将爱尔兰语与法语、德语、西班牙语和意大利一起作为现代语言教授。1998年英国与爱尔兰共和国签署《受难日协议》(*Good Friday Agreement*),正式承认爱尔兰语的官方语言地位,建立了"爱尔兰语委员会"(Foras na Gaeilge),统筹爱尔兰共和国和北爱尔兰的爱尔兰语推广工作。1998年的《北爱尔兰教育令》明确规定,教育部有义务鼓励并简化以爱尔兰语为教育语言的教育。英国教育部在2000年成立了爱尔兰语言授课信托基金会(Comhairle na Gaelscolaiochta),来发展以爱尔兰语为教育语言的幼儿园教育、小学教育和中学教育。在2004~2005学年,在北爱尔兰共有44所爱尔兰语幼儿园、32所爱尔兰语小学和3所爱尔兰语中学,在校人数分别为855人、2328人、530人。在2004年,2630名初中毕业生以爱尔兰语为母语参加了"普通中等教育证书"(GCSE)考试,比1999年的56人提高了数十倍![①]

由于历史、宗教和政治等方面的原因,北爱尔兰对爱尔兰语的保护比威尔士对威尔士语的保护和苏格兰对盖尔语的保护要好得多,2001年的全英人口普查的结果显示,在北爱尔兰有167487人对爱尔兰语有某种程度了解,占全部人口的10.4%,比1991年的9.5%提高了0.9个百分点。[②]

总之,在过去的二三十年间,英国政府及地方当局以保护语言多样性和文化多元性、维护民族和谐为目的,从尊重少数民族教育权和语言选择权出发,制定了一系列的法案,并在财政上提供了大量的资金支持,再加上历史原因和宗教影响,以及媒体的大力推广,英国在少数民族语言保护和发展方面取得一定进展,这在政治、经济和文化全球化的今天实属不易。

四、对中国少数民族语言保护的启示

英国从落实少数人权利、促进自身的民族和谐、保护文化多样性等角度出发,构建的多元语言主义框架下的少数民族语言保护与促进政策有利于消除少数民族人口在全球化和现代化进程中的语言边缘感,有助于增强其文化归属感和生活幸福感,同时也为包括中国在内的多民族国家和地区在抢救、保护和发展濒危的少数民族语言,促进各民族和睦相处,构建和谐社会方面提供了丰富的启示和借鉴意义。

---

① Wikipedia. *Irish language in Northern Ireland*. Retrieved from http://en.wikipedia.org/wiki/Irish_language_in_Northern_Ireland.

② Wikipedia. *Irish language in Northern Ireland*. Retrieved from http://en.wikipedia.org/wiki/Irish_language_in_Northern_Ireland.

(一)认识保护少数民族语言的重要性与必要性

充分认识到我国少数民族语言面临的濒危形势是对其加以保护的第一步。首先,在市场经济的冲击下,我国的一些少数民族语言日益衰落,并快速“边缘化”“遗产化”和“碎片化”,从而使得一些少数民族产生文化失落感和疏离感,同时也使得部分少数民族人口对自己的民族语言、民族传统文化认同感下降。而对本民族语言和本民族传统文化认同感的下降又必将导致少数民族语言面临传承危机,并对我国的文化多样性提出了新挑战。其次,跨境民族的存在使少数民族语言成为相邻国家间争夺影响力的阵地。我国现有三十多个少数民族属于跨境民族,只有积极保护、发展这些民族的传统语言和文化,才能增强这些少数民族的人口在语言、文化上的对祖国的认同感,并扩大我国文化的对外影响力。再次,在法理和道义上,国家有义务通过适当立法、优惠政策、特别措施、资源支持等方法,促进多元文化教育和跨文化教育,全面推进少数民族语言的抢救、保护和发展。(周勇,2002:41-47)

(二)创造少数民族语言保护和发展的语言环境

少数民族语言保护和发展的目的是保持与增强其活力,提供良好的语言环境是保护少数民族语言的必要条件。首先,国家有义务在司法、行政、传媒、教育培训和公共服务等社会生活领域为少数民族语言文字提供更多的应用空间,还有责任鼓励民族地区的人口相互学习彼此的语言,增进民族地区各族人口之间的相互理解和交融,为少数民族语言注入更多的活力。其次,在现阶段,我国民族地区的经济和文化发展水平相对滞后,民族工作的最主要任务是加快民族地区的整体发展。少数民族语言的保护和促进只有与民族地区政治、经济、文化和社会生活的整体发展结合起来,才能取得实质效果。这要求加快民族地区经济、社会的发展速度,不断缩小少数民族人口与国内发达地区人口之间的物质生活和文化生活水平差距,激发少数民族人口对本民族语言、文化的自豪感以及学习使用本民族语言的意愿。

(三)完善双语教育体系

在我国的双语教育体系中,汉语作为国家通用语言可提高少数民族人口对国家历史的认同感和社会归属感,并在心理上、情感上和价值观念上将本民族与其他各民族人民紧紧凝聚在一起,从而巩固中华民族“多元一体”的文化格局,而各少数民族语言关系到少数民族人口民族文化身份的归属感和幸福感,并肩负着传承少数民族文化和凝聚民族情感的关键作用。因此,要从增强少数民族人口发展竞争的文化资本、增强国家凝聚力和文化认同感的战略高度,加快完善民族地区的双语教育制度。虽然我国在少数民族双语教育体系建设上已经取得了累累硕果,但是由于各方面的原因,也存在着不少问题，目前急需解决的问题主要有：(1)统一思想，提高认识：我国少数民族的双语教育是一项巨大的社会实践工程，涉及民族、人口、社会、政治、经济、文化、语言使用、教育基础等方方面面的问题，实施起来有一定的困难；要进一步宣传、落实党的民族语文政策，充分认识母语在基础教育中的重要作用，正确处理民族语文教学和汉语教学的关系，明确我国双语教育的长期性。(2)加强管理，制定规划：我国少数民族的双语教育任重道远，统一的领导、科学规范的管理是双语教育健康发展的重要保证；为加强全国双语教育的统一领导和管理，从中央到地方应根据不同情况分级设置管理部门，这样有利于从不同地区、不同民族、不同语言的使用实际出发，因地制宜地建立不同层次的双语教学体制。(3)培训师资，更新教材：师资和教材是实施教学的两大硬件，是影响教育发展的重要因素。长期以来，我国双语教学师资量少、质弱、结构不合理的问题一直比较突出，要解决这一问题，就需要办好师范教育，保证源源不断地为民族地区输送大批双语师资；加强教师培训，重视继续教育；提高教师的待遇，落实相关政策，稳定、发展和壮大现有的师资队伍；同时，及时编写和更新针对不同民族、不同层次的各种类型的双语教材，也是提高教学质量和办学效益的中心环节之一。(4)加强科研，建设学科：双语教育既是一门实践性学科，也是一门理论性学科，其发展既需要长时间的实践探索与经验积累，也需要理论指导；为推动双语教育学科的发展，应有计划地开展一些相关课题的研究，不断壮大我国双语教育的科研队伍，逐渐形成和发展具有中国特色的少数民族双语教育理论体系和方法论基础，建设我国少数民族双语教育学科。(5)发展电化教学，推进双语教育现代化：为加快双语教育现代化、科学化进程，各地应努力创造条件，运用现代化教学工具与手段大力发展电化双语教学；随着我国民族地区经济、文化、科学事业的发展，各种电教设备已逐步进入双语教学课堂，今后还将有更大的发展；目前，应着重研制双语教学的软件以及符合各民族双语教学特点的电化教学内容和方法体系，尽快编写出各种类型的与文字教材相配套的音像教材，全面推进双语教学的科学化、现代化。(丁文楼，2005)

(原文载于《山东外语教学》2009 年第 1 期，有改动)

谁才是"理想的英语教师"

——基于英语专业四年级大学生的调查

摘要 针对操本族语英语教师和非操本族语英语教师的差异而进行的对比研究引起了西方二语习得专家们的极大兴趣。我们针对外籍英语教师和中国英语教师，在中国数百名在校英语专业四年级大学生中进行了调查。调查表明中国英语教师在很多方面，尤其是在"个人性格特点""目的语文化知识""语言掌握""课堂组织能力""实施课堂教学能力"以及"对学生成绩的反馈"等六个方面，要优于他们的外国同行。中国英语教师更有可能成为"理想的英语教师"，这是因为他们是英语学习的典范、英语元语言知识的专家、教学机构的了解者、中西两种文化的兼容者、正确的教学方法的实施者。

关键词 中国英语教师；外籍英语教师；对比研究；英语专业学生

一、引言

1994年，Medgyes出版了他的专著《非操本族语教师》，该书集中讨论了非操本族语英语教师所具有的"教师—学习者"的双重身份，具体对比研究了操本族语(Native Speaker，以下简称NS)英语教师和非操本族语(Non-Native Speaker，以下简称NNS)英语教师在教学态度方面的差异，并就这两类教师各自的问题、优势和缺点进行了实事求是的评估。该书的出版引起了第二语言教学界的极大兴趣，由此展开了NS英语教师和NNS英语教师孰优孰劣的大讨论。

这次大讨论以Medgyes为导线，以1996年Braine在TESOL第30届年会上宣读的题为《从事TESOL的非操本族语英语教师，请用你们自己的声音讲话》的论文为起点，在国外已经轰轰烈烈地开展了10多年，专家学者们就此发表了50多篇论文，出版了3部论文集(Braine，1999；Kamhi-Stein，2004；Llurda，2005)，还有4篇博士论文和5篇硕士论文问世。这些科研成果对NS英语教师和NNS英语教师各自的优势和缺点进行了比较全面、深入和细致的对比研究。这些研究的研究对象都是一致的，都是NNS英语教师，但调查对象却不尽相同，有的是NNS英语教师自己，有的是学生，还有的是教学管理人员。幸运的是，这种调查对象的差异也为我们划分这段研究史提供了依据，我们可以根据这些研究调查对象的不同，将这10多年大致划分为两个阶段。

第一阶段(1996～2000年)研究的调查对象主要是NNS英语教师。学者们(Amin，1997；Cook，1999；Medgyes，1994；Reves & Medgyes，1994；Brutt-Griffler & Samimy，1999；Tang，1997)重点研究了NNS英语教师对他们自己的语言知识和语言技能的自我评估，也就是研究了NNS英语教师所操英语的可信性，也就是他们的非本族语者身份会在多大程度上影响到他们所操英语在学生心目中的“地道性”。(Amin，1999；Braine，1999；Thomas，1999)第二阶段(2001～2006年)将调查对象转向了NNS英语教师每天所面对的学生和教学管理人员，调查的重点有两个：(1)何为NNS英语教师，对他们身份的准确认定有什么重要意义？(Hansen，2004；Inbar，2001；Liu，2004)(2)学生和教学管理人员对NNS英语教师的看法如何？(Cheung，2002；Kelch & Santana-Williamson，2002；Lasagabaster & Sierra，2002；Liang，2002；Mahboob，2004；Mahboob et al.，2004；Moussu，2002)

通过第一阶段的研究，学者们发现，NNS英语教师不仅认为自己能够像NS英语教师那样将自己的语言技能和教学方法带进课堂，展示给学生们，而且他们还坚信，自己拥有NS英语教师所无法企及的优势：一方面，他们的英语元语言知识更系统，也更实用；另一方面，NNS英语教师本身就是一个成功的英语习得者，他们有能力同时也愿意和学生分享自己成功的学习经历，并乐于在教学中投入更多的激情。(Braine，1999)

第二阶段的研究表明，学生对NNS英语教师的评估显示，英语口语的优劣在教学中并不起决定性作用，NNS英语教师要想成为一名“理想的英语教师”，并不一定非得要操一口纯正、流利的口语。(Liang，2002)而在对待NS英语教师上，学生只是希望跟他们学发音、练口语和提高听力水平，并通过他们更多地了解目的语方面的文化知识(Kelch & Santana-Williamson，2002；Lasagabaster & Sierra，2002；Mahboob，2004)，学生从不寄希望于NS英语教师能够在元语言知识上让自己有所提高。(Cheung，2002；Kelch

& Santana-Williamson, 2002; Lasagabaster & Sierra, 2002; Mahboob, 2004; Moussu, 2002)这一阶段的研究还表明,大部分教学管理人员对 NNS 英语教师抱有不同程度的偏见。他们在招聘外语教师时,除了强调教学经历和名师力荐外,格外注重应聘人员的"英语母语身份"。(Mahboob et al., 2004)在 NNS 英语教师被招聘进来后,教学管理人员对他们的能力仍旧充满疑虑,他们会不厌其烦地对其进行长时间的岗前培训。(Brinton,2004; Brutt-Griffler & Samimy, 1999; Kamhi-Stein, 2000; Lee & Lew, 2001; Morita, 2000; Pessoa & Sacchi, 2002)在 NNS 英语教师上岗的初期,教学管理人员也只允许他们做 NS 英语教师的助手,而且还要对他们进行没完没了的各种评估。(Lu, 2005)结果,NNS 英语教师会时时觉察到来自管理层的歧视,处处感受到工作中的压力,有些人不免心灰意冷,丧失了提高自己语言水平和教学技能的动力和信心。(Lu, 2005; Ghosn et al., 2004)然而,与此形成鲜明对比的是,教学管理人员对 NS 英语教师的学术背景、学术水平、工作经历和教学方法不提或很少提出明确要求。结果是,一些原先研究历史学、经济学、计算机科学的人,有的甚至是一些在异国他乡求学的学子,只是因为英语是他们的母语,便可在没有接受任何上岗培训的情况下,带着不同的目的,享受数倍于 NNS 英语教师的工资,走上英语教学的讲台。(Lu, 2005; Ghosn et al., 2004)

然而,尽管国外学者在过去 10 年中已经对 NNS 英语教师和 NS 英语教师的差异进行了比较深入细致的研究,但是这些研究主要是以 NNS 英语教师作为被试来进行的,因此所得出的结论就不可避免地带有对 NNS 英语教师的主观偏见。虽然目前也有一些研究者开始以学生为被试进行调查研究,但是这些研究仍处于初始阶段,尚未充分展开。(Cheung,2002; Liang, 2002; Moussu,2002)另外,从地域上看,以往这方面的研究主要集中在北美洲和澳大利亚,而在中国大陆还尚未开展这方面的系统研究,对 NNS 英语教师和 NS 英语教师差异的对比研究目前仍然是一个空白。

因此,将学生作为被试来对 NNS 英语教师进行系统的调查研究,就可以弥补这方面研究的欠缺。同时,对中国大学生心目中的 NNS 英语教师和 NS 英语教师进行对比研究,不但可以填补我国在这方面研究的空白,而且还可以为我国大专院校在外语教师的聘用、培训、评估等方面提供决策依据。

二、实验程序

(一)被试

为做好本次调查,我们在全国范围内选取了 12 所大学。在对这些大学的选取过程中，我们既注意区别各个大学的学术层次（其中6所部属重点大学，6所地方院校），又注重所选取院校在地域分布上的代表性（6所沿海大学，5所内陆大学，1所西部地区大学）。调查对象全部是英语专业四年级在校大学生，他们年龄绝大多数都在21～22岁之间，都有三年以上的英语专业学习经历，对NNS英语教师和NS英语教师有较长时间接触，因而对他们的优势和不足有比较深入的了解。

（二）实验工具

在参考了多个相关课题的文献（Nemtchinova，2005；Lasagabaster & Sierra，2002）后我们认为，要获得学生对NNS英语教师和NS英语教师全面同时又客观公正的评价，调查重点应该锁定在教师的"个人性格特点""目的语文化知识""语言掌握""课堂组织能力""实施课堂教学能力"以及"对学生成绩的反馈"等六个方面，然后再将每个方面细化为若干个小问题。问卷采用5级Likert标度法，分为"非常满意""基本满意""中性""有些不满"和"非常不满"，对应的分值为5～1，要求被试在仔细阅读问卷后，在代表满意度的分值前的"方框"（□）中打"×"。为了得到学生对NNS英语教师和NS英语教师的整体评价，我们不但在问卷的"导言"中一再强调，而且在学生开始填答问卷前再三重申：本次调查希望得到学生们对NNS英语教师和NS英语教师的整体评价，而不局限于某一门课程、某一位NNS英语教师或NS英语教师。

（三）实验方法

为了保证问卷的可靠性和有效性，在正式调查以前进行了一次由35名学生和8名教师参加的先导研究。在他们通读问卷并作答后，与他们进行了面谈，向他们了解了"问卷设计是否合理、全面""行文表达是否清楚""卷面设计是否利于阅读"等问题，然后根据他们的反馈意见，对问卷的行文和卷面进行了进一步修改和完善。

三周之后的2008年4月中下旬，我们对所选取的12所大学的247位大学生进行了问卷调查，发出问卷247份，收回246份，有效问卷244份。

三、调查发现

本调查旨在探究NS和NNS英语教师在"个人性格特点""目的语文化知识""语言掌握""课堂组织能力""实施课堂教学能力"以及"对学生成绩的反馈"等六个方面的差别。

（一）“个人性格特点”调查发现

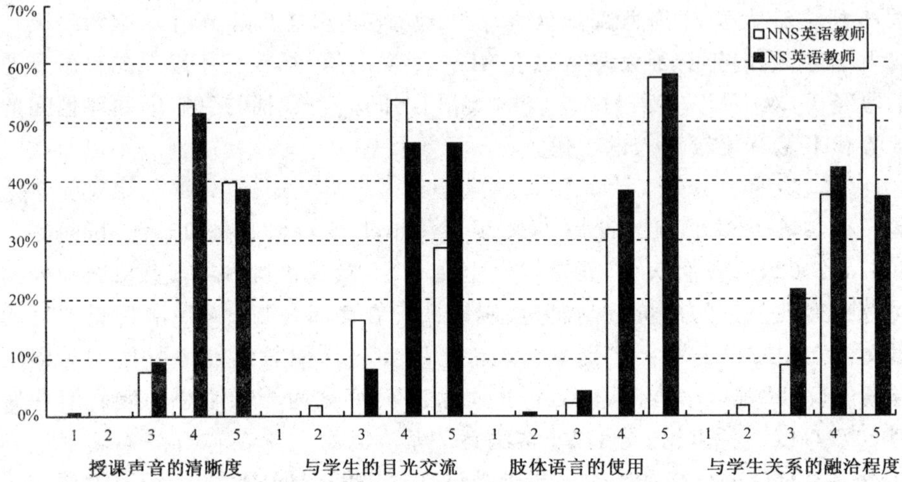

图 1 “个人性格特点”调查结果

图 1 表明，学生对 NNS 英语教师和 NS 英语教师的个人素质持普遍的肯定态度，满意率（指“基本满意率”和“非常满意率”之和，下同）都超过 80%，这表明，今天的高校中的 NNS 英语教师的素质有了普遍提高。有趣的是，我们过去都想当然地认为，NS 英语教师在“与学生的目光交流”和“肢体语言的使用”上比 NNS 英语教师具有明显优势。但是本调查表明，虽然 NS 英语教师在这方面的优势依然存在，但已经不那么明显了，满意率分别比 NNS 英语教师仅多 10 个和 6 个百分点。这也间接表明，随着自身素质的提高，教学经验的不断累积，NNS 英语教师对自己越来越有信心，在讲台上越来越游刃有余。

特别值得一提的是，学生对 NNS 英语教师在“与学生关系的融洽程度”上的非常满意率高达 52.5%，比 NS 英语教师高出 15.6 个百分点。这使 NNS 英语教师在组织教学、实施教学目标以及对学生学习进行适当反馈方面具有 NS 英语教师不可企及的优势。

（二）“目的语文化知识”调查发现

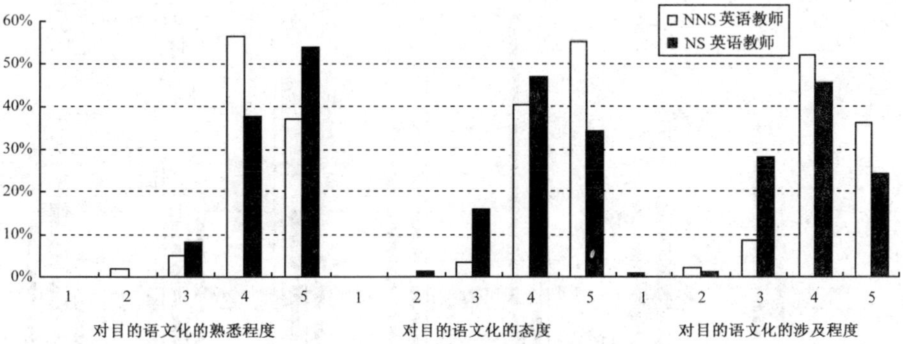

图 2　“目的语文化知识”调查结果

语言与文化密不可分，语言是文化的载体，文化又深植于语言之中。外语教学成功的根本标志是学生是否具有交际能力，而学生的跨文化交际能力的培养在很大程度上取决于外语教师对目的语文化的态度、熟悉程度以及对目的语文化的涉及深度。图 2 表明，学生对 NNS 英语教师和 NS 英语教师的跨文化交际方面的能力均给予了较高的评价，满意率都在 70％以上，非常满意率都超过 25％。

然而，令人困惑的是，NS 英语教师虽然在“对目的语文化的熟悉程度”上具有得天独厚的优势，满意率和非常满意率分别为 91.8％和 54.1％，但是，他们却未能将这种天赋的优势转化成教学的优势，他们在“对目的语文化的涉及程度”（教材选用、话题选择、活动选择以及交际模式选择）方面获得的满意率和非常满意率分别为 70.5％和 24.6％，分别比他们的中国同行低 18.5 和 11.9 个百分点。

针对这一奇怪现象，我们对学生进行了采访。学生们认为，NS 英语教师虽然熟悉目的语文化，但是他们在教授目的语文化中只强调面对面的交际活动，缺乏对目的语文化中的关于历史、地理、文学和语言学等方面专业知识的深入系统的讲解。

(三)"语言掌握"调查发现

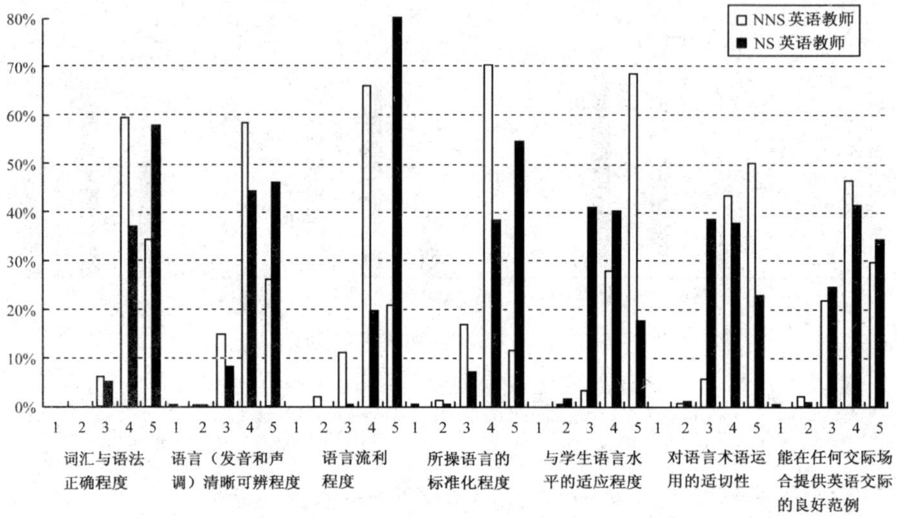

图 3 "语言掌握"调查结果

教师作为课堂的控制者，他对课堂教学的组织能力和对教学内容的临时整合能力至关重要，良好的组织能力和临场发挥能力可以调动学生的积极性，提高学生的学习兴趣，取得良好的教学效果。图 3 表明，NS 英语教师在"词汇与语法正确程度""语言(发音和声调)清晰可辨程度""语言流利程度""所操语言的标准化程度"方面仍然具有天然或传统的优势，满意率都在 90%以上，在"非常满意率"上，他们分别高出中国同行 23.4、19.9、59 和 43 个百分点。但是 NS 英语教师在针对学生的具体语言使用中，他们在"与学生语言水平的适应程度""对语言术语运用的适切性"和"能在任何交际场合提供英语交际的良好范例"方面则未能将自己的天然的语言优势转化为因人施教的优势，满意率只有 57.8%、60.2% 和 75%，分别比中国同行低 38.6、33.4 和 0.5 个百分点；在非常满意率上 NS 英语教师比 NNS 英语教师分别低 40.8、27.5 和 4.5 个百分点。

显然，前四项调查结果和后三项存在着明显的不一致，这一方面反映出 NS 英语教师未能将自身的语言天赋转化为教学优势，在因人施教上与 NNS 英语教师还有相当大的差距；另一方面反映出 NNS 英语教师在自身语言素质方面，尤其是在所操英语的流利程度方面与学生的预期有一定的差距，还有进一步提高的余地。

(四)“课堂组织能力”调查发现

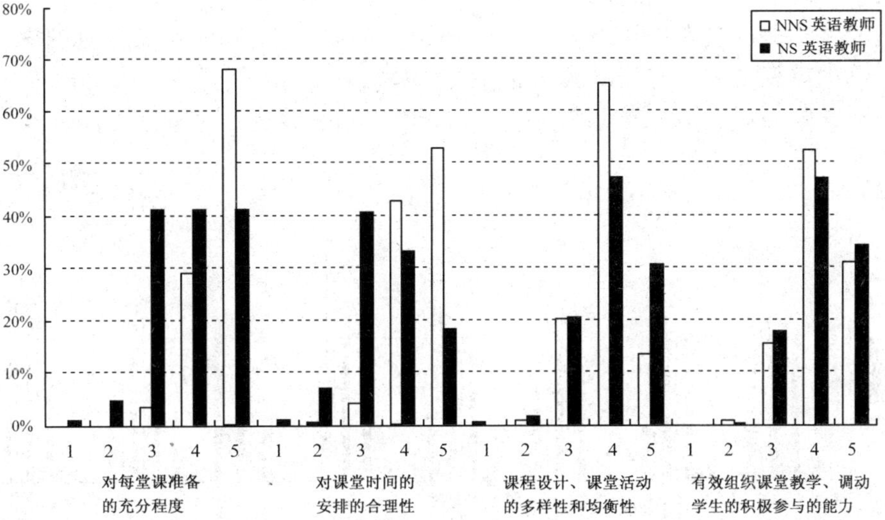

图 4 “课堂组织能力”调查结果

图 4 表明 NNS 英语教师在“对每堂课准备的充分程度”和“对课堂时间的安排的合理性”方面比外国同行具有非常显著的优势，前者的满意率比后者分别高出 37 和 43.9 个百分点，非常满意率则高出 48.7 和 34.5 个百分点。需要特别注意的是，分别有 41％和 40.6％的学生在“对每堂课准备的充分程度”和“对课堂时间安排的合理性”方面对 NS 英语教师持“中性”态度，这是这次调查中的最低的调查结果。在“课程设计、课堂活动的多样性和均衡性”的调查上，NNS 英语教师和 NS 英语教师的满意率大致持平，分别为 78.7％和 77.8％，然而在非常满意率方面，后者反而比前者高出 17.5 个百分点。

以上分析表明，NNS 英语教师注重职业操守，富有敬业精神，教学态度认真，能够充分准备每一节课，合理安排每一堂课。但是授课时，认真有余而活泼不足，随机应变能力和临时解决问题能力欠缺。而 NS 英语教师能组织多种多样的、活泼的教学活动，但是在教学活动中，有点太过随心所欲，组织安排欠缺合理性。因此可以说，NNS 英语教师和 NS 英语教师在“对每堂课准备的充分程度”“对课堂时间的安排的合理性”和“课程设计、课堂活动的多样性和均衡性”方面各有千秋，各有所长，这一点还可以从被试对两者在“有效组织课堂教学、调动学生的积极参与的能力”上基本一致的满意率和非常满意率上得到进一步的验证。

(五)“实施课堂教学能力”调查发现

实施课堂教学是外语教学过程中最为关键的一环，教师实施课堂教学能力的高低直接决定外语教学的成败。图5和图6表明学生在普遍认可NS英语教师的教学实施能力的同时，对NNS英语教师的认可程度更高。

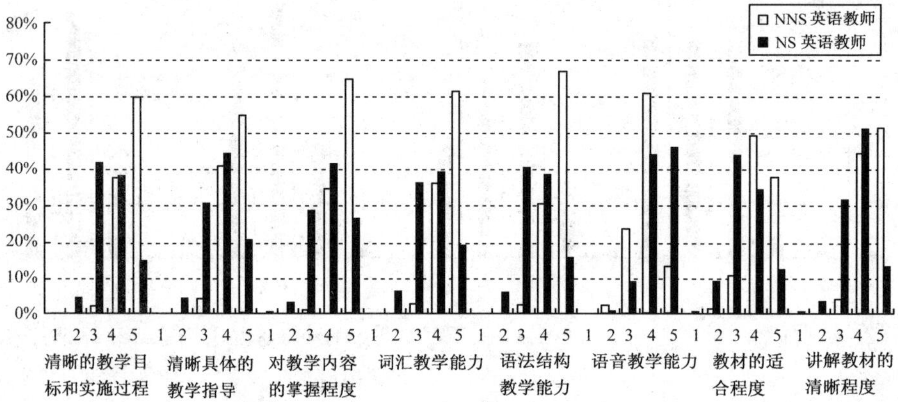

图5 “实施课堂教学能力”调查结果(1)

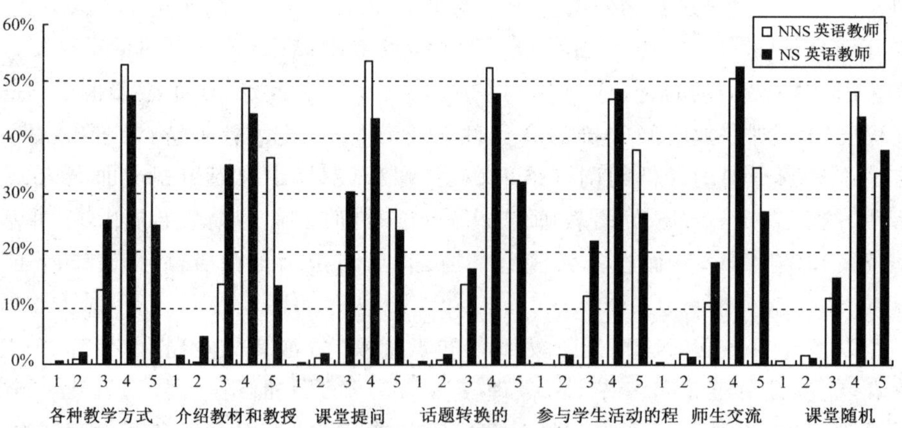

图6 “实施课堂教学能力”调查结果(2)

首先，在15个调查项目中，学生对NNS英语教师的满意率非常高，除“语音教学能力”一项外，满意率都在八成以上，对NNS英语教师的“清晰的教学目标和实施过程”“清晰具体的教学指导”“对教学内容的掌握程度”“词汇教学能力”“语法结构教学能力”和“讲解教材的清晰程度”等6个方面的满意率更是高达97.5%、95.5%、99.3%、97.2%、97.1%和95.5%，分别比NS英语教师高出44.6、31.1、31.7、39.3、43.4和31.6个百分点。学生对NNS英语教师在这六个方面的非常满意率也都超过五成，分别为59.8%、54.9%、64.8%、61.1%、66.8%和51.2%，比NS英语教师分别高出44.6、31.1、31.7、39.3、43.4和31.6个百分点。

其次，尽管NS英语教师在这几个方面均落后于中国同行，但是他们的实施课堂教学能力也基本上让学生满意，除“教材的适合程度”外，在其他各个方面的满意率都超过50%。

再次，NS英语教师在“语音教学能力”上具有得天独厚的优势，满意率和非常满意率分别为89.8%和45.9%，分别高出NNS英语教师15.6和32.4个百分点。

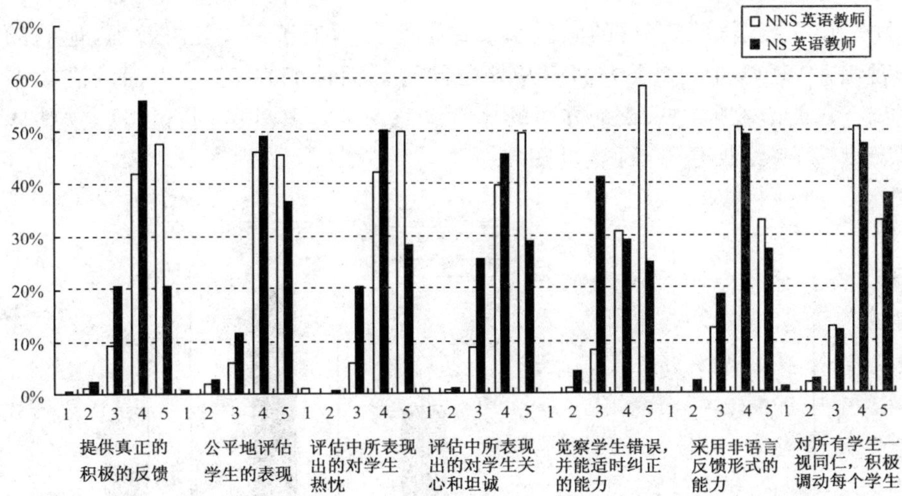

图7　“对学生成绩的反馈”调查结果

反馈在外语课堂教学中有着很重要的作用。适时、公正、客观的反馈可以调节教与学的进程，营造师生之间和谐的教学氛围，让每节课都给学生以成功感、满足感，从而使他们带着饱满的热情参与课堂活动。

图7表明，学生对NNS英语教师在教学反馈方面的表现都持肯定态度，84%以上的被试对NNS英语教师在反馈上的表现表示满意，半数以上的学生对NNS英语教师在“提供真正的积极的反馈”“公平地评估学生的表

现”“评估中所表现出的对学生热忱”“评估中所表现出的对学生关心和坦诚”和“觉察学生错误，并能适时纠正的能力”上均表示非常满意。另一方面，学生对 NNS 英语教师和 NS 英语教师在反馈方面的整体满意率基本上相同，但是在非常满意率上，NNS 英语教师比 NS 英语教师一般高出 10 个百分点。

非常有趣的是，被试在“对所有学生一视同仁，积极调动每个学生”上的回答则更利于 NS 英语教师，更多的学生对 NS 英语教师在这方面的做法持肯定态度，满意率和非常满意率分别高出 NNS 英语教师 2 和 5.3 个百分点，这表明，NNS 英语教师有必要向外国同行学习，学习他们不因学生自身素质的优劣和学习成绩的高低而对其产生好恶，不因自己的偏见而影响对学生学习成绩的评估。

综合以上发现，学生对中外英语教师都持肯定态度，除了 NS 英语教师在“教材的适合程度”的满意率为 46.3％外，中外教师获得的满意率都在 50％以上。另外，NNS 英语教师在学生心目中要稍胜一筹，在全部 40 个项目中，NNS 英语教师获得的满意率仅在 7 个方面低于 NS 英语教师，他们的非常满意率也只在 12 个方面不及外国同行。而他们在 33 个方面的满意率超出 NS 英语教师，在 28 个方面的非常满意率超过其外国同行。这与“整体满意度”调查结果是一致的（见图 8）。

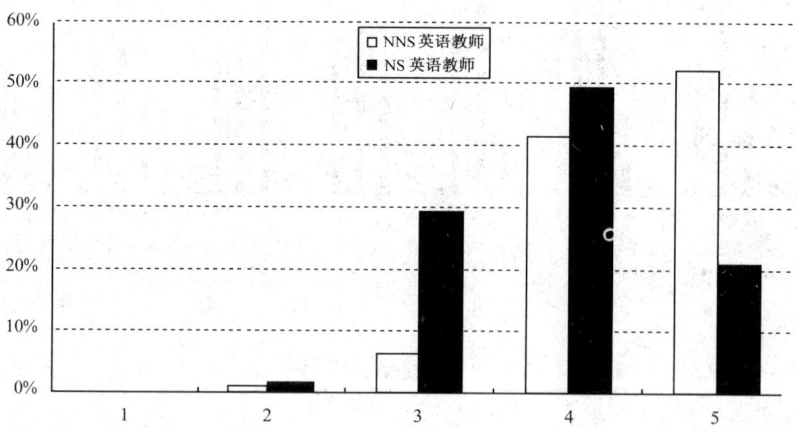

图 8 “整体满意度”调查结果

四、讨论

在初步统计数据出来之后，邀请了14位有10多年英语专业教学经验的老师进行了座谈，以期找出学生认同他们英语教学的原因，也就是找出他们所具有的而NS英语教师所缺少的优势和特长。

首先讨论了“理想的英语教师”应该具备什么样的素质。大家认为，英语教师的素质和英语教师的优劣分布就好像一座金字塔（见图9）。理想的外籍英语教师和理想的中国英语教师都处在金字塔的顶点，他们的素质应该是一样的：他们都有教学资质，都有丰富的英语教学经验，能够在一定程度上操英汉双语，了解中国文化和西方文化。然而“不理想的英语教师”却各有各的特点，他们分布在金字塔的两边：一边是没有资质、缺少教学经验、不了解汉语也不了解中国文化的外籍英语教师；另一边是同样没有资质、缺少教学经验、对西方文化缺乏了解、英语水平极差的中国英语教师。

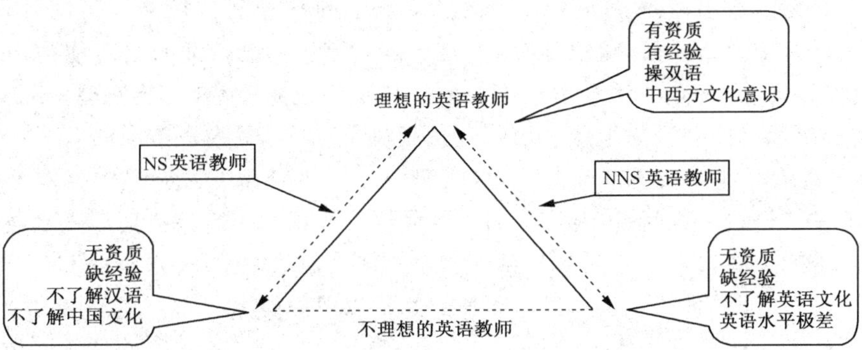

图9 英语教师的素质构成

从图9中不难看出，越往金字塔的底部，两类英语教师就越异质，当然也就越显示有取长补短、优势互补的必要。同时，和外籍英语教师比较起来，中国英语教师更可能、更容易成为“理想的英语教师”，因为他们具有以下几个方面的优势。

(一)外语学习的典范

菲利普森(Phillipson，1996)认为，NNS英语教师在英语学习和英语应用方面有着丰富的实践经验，这些经验使他们对学生的英语学习的重点和难点有着极高的洞察力，从而保证他们可以成为英语学习者的典范。具体而言：(1)NNS英语教师自身就是一位可供学生们模仿学习的、成功的英语学习者。相反，尽管NS英语教师可能是一位成功的语言习得者和完美的语言使用者，但是他们却不能成为英语学习者的典范，因为他们根本就不是严格意义上的英语学习者；(2)NNS 英语教师比他们的外国同行们更了解外语学习中策略的重要性，而且在向学生教授这些学习策略时也会更积极、更有效；(3)NNS 英语教师在自己的英语学习经历中，洞悉了英语语言系统的作用机理，因此能够向学生提供更多的关于英语语言的有用信息；(4)NNS 英语教师能够预期到学生在学习过程中可能遇到的困难，他们的这种对学习困难的预期能力随着他们工作经验的积累而变得越发突出，也就越能更好地帮助学生克服语言障碍、避开语言陷阱；(5)NNS 英语教师自始至终都是英语学习者，他们是一种更高层次上的语言学习者，他们会更愿意也更能够理解学生学习中可能遇到的困难；(6)NNS 英语教师与学生共享一个母语，这个共同的母语可以成为课堂交际的有效工具，能够简化语言的"教授—学习"过程。

（二）英语元语言知识

在英语应用方面，NS 英语教师潜意识中的语言能力是毫无疑问的，他们的语言能力是任何（即使是有，也是很少）NNS 英语教师的语言能力所无法比拟的。正如 Coppetiers(1987)通过"语法性判断"调查问卷发现的那样，NS 英语教师能够轻易地分辨出哪些是正确的句子，哪些是错误的句子。而 NNS 英语教师却表现出较大差异，他们中没有任何一个人能够像操本族语者那样轻松地回答问卷。然而，当谈到元语言知识和语言能力时，NNS 英语教师可能会使大多数普通 NS 英语教师相形见绌。在语法方面，NNS 英语教师具有能使学生不但知其然，而且知其所以然的能力。

（三）对教学机构的了解

NNS 英语教师非常了解学校文化和教学目标。他们非常熟悉这里的管理机构，他们知道能够从校方、同事和学生那里获取什么，也知道如何与他们打交道。他们非常熟悉（尽管未必同意）学校的测试标准和测试体系。由于对测试标准和测试体系的熟悉，NNS 英语教师不仅能够了解到学生的学习需求，而且还能够使自己免受校园文化的冲击。而 NS 英语教师对这方面知识的欠缺严重制约着他们的教学活动，影响着他们的教学效率和效果。不过随着他们在这个教学机构执教时间的增加，对校园文化了解的深入，其教学效率和效果均可得到提高。然而令人遗憾的是，很多 NS 英语教师在同一所学校仅仅任教一年左右就另谋新职了。

（四）背景文化知识

文化背景知识是决定外语教师成败的关键因素。Freeman(2002)在强调文化背景知识对外语教师培训的重要性时指出，在教师培养方面，社会环境和文化背景就是一切。在中国，成功的外语教师必须具备两方面的文化知识：一方面是西方文化知识，另一方面是中国文化背景知识。

由于NS英语教师根植于西方文化之中，因此在西方文化知识方面，他们具有大多数中国NNS英语教师无可比拟的优势。NS英语教师不仅可以拓宽中国大学生的文化视野，而且可以增加中国同行的西方文化知识。这种文化知识有助于改变中国大学生对英美文化陈腐错误的印象。与NS英语教师的西方文化背景知识比较起来，NNS英语教师的文化背景与学生相同，这种共同的文化背景能使他们更易获得学生的认同，避免文化冲击的出现，利于师生之间的交流。(Palfreyman，2005)

(五)教学态度和方法

由于就业压力的增加，同事之间升迁晋级竞争的加剧，以及各种各样没完没了的评估和评比，使得中国的NNS英语教师不得不端正自己的教学态度，本着为学生负责，为自己负责的态度认认真真地从事着英语教学。相反，一些来华从事英语教学的NS英语教师的动机本身就很值得怀疑，他们中有些人在他们国家原来就是失业人员，他们来中国是为了"上岗再就业"，也有些人是为了廉价旅游、寻求冒险与刺激、丰富自己的阅历，还有一部分人想把中国的讲台变成他们输出文化和传经布道的讲经台。

五、启示

首先，虽然和NS英语教师比较起来，NNS英语教师在教授英语方面还有一些缺点和不足，但是这些缺点和不足对他们成为"理想的英语教师"来说并不是多么大的障碍，都是他们在接受培训的过程中可以克服的，他们应该对自己的语言教学能力充满信心。

其次，作为语言教师，NS英语教师不但应具备英语语言教学资质，而且应具有正确的语言教学目的，还要充分了解中国文化和教育传统，以确保他们将自己的语言优势和中国的具体情况相结合，成为成功的语言大使。

再次，教学管理人员在试图弄清楚NNS英语教师和NS英语教师特点时，不应该去设法证明一类教师比另一类教师更优秀，而是应该更多地关注他们各自的优势，并将两者的优势有机地结合起来，使两者能够取长补短，做到优势互补。

最后，学生家长们不要被某些所谓的"双语学校"或"全外教授课"的招生广告所迷惑，要充分信任中国英语教师，相信他们能做得更好。

(原文载于《山东外语教学》2009年第1期，有改动)

网络新技术及其在国外外语教学中的应用

——从“网志”到“维基”再到“播客”

摘要 随着信息技术的发展，新形式的信息交流技术不断涌现，为外语教学改革提供了广阔的空间。在最近几年涌现的新技术中，对外语教学改革意义最大的当属“网志”技术、“维基”技术和“播客”技术。网志具有即时更新和个性化的特点，可用来辅助外语文本写作教学；维基技术具有使用方便、有组织性、可增长性和开放性等特点，在辅助外语文本写作过程中，与网志技术相比，更利于学生进行协作式创作和教师对学生的创作进行全程跟踪和客观评估；而播客技术消除了媒体和受众的区别，使昨天的语音媒体受众成为今天的媒体内容的选择者、主动参与者和创造者，第一次将计算机中介音频交流引入到外语教学课堂。

关键词 信息技术；网志；维基；播客；外语教学

随着信息技术的飞速发展，基于网络的交际方式层出不穷，继 Email, BBS, ICQ 等交流方式之后，世纪之交又涌现出了“网志”(blog)、“维基”(wiki)和“播客”(podcasting)等新型信息交流方式。这些新型交流方式的涌现不但给人们的信息交流提供了便利，同时也为外语教学改革提供了丰富的想象空间和实现的可能。本文将重点探讨这三项交流方式产生与发展的历史及其技术特点，并简要介绍国外是如何将这些新技术引入外语课堂进行改革的。

一、网志

“网志”(blog)这个名称最早由 John Barger 在 1997 年 12 月提出。它由英语单词 web(网络)和 log(日志)缩合而成，全称为“网络日志”；撰写 blog(网志)的人叫“blogger”(博客)。在我国，人们大都不在汉语名称上区分 blog 和 blogger，而是将它们统称为“博客”。在这里为了叙述的方便，我们将前者称为“网志”，后者称为“博客”。这是继 Email，BBS，ICQ 之后出现的第四种网络交流方式。

一份网志就是一个网页，它通常是由简短且经常更新的“帖子”(post)构成。这些帖子都按照年份和日期逆序排列，也就是说，最新的帖子放在顶部，最旧的则置于底部，以便访问者能够阅读到最新的内容。访问者可以发表评论，进行链接，也可给作者发电子邮件，当然他们也可以什么都不做。不同网志的主题内容有很大的区别，从与其他网站的超级链接，到个人的日记、诗歌、散文、评论，甚至到科幻小说都可发表或张贴。一些网志表现的是个人心中的所思所想，其他网志则是一群人基于某个特定主题或共同利益集体创作而成。难怪 blogger. com(2006)将网志比喻成“个人日记、每日道坛、合作空间、政治讲坛、突发新闻集散地、各种链接的汇集地、您的个人想法、世界大事备忘录”。

blogger. com 的创始人 Evan Williams 为网志总结出了三个特点：频繁更新、简短明了和个性化。(Turnbull，2006)网志的这三个突出特点是使其在世纪之交风靡世界的主要原因。另外，1999 年 7 月，pitas. com 推出了专门用于辅助博客制作网志的 Pitas 软件，尔后上百个同类工具软件如雨后春笋般被制作出来，这些软件的推出为博客快速搭建起网志提供了便利，对网志的广泛传播起到了推波助澜的作用。此后，网志和博客的数量急剧增长。例如，网志提供商 LiveJournal 在 2007 年 1 月 22 日公布的用户数据显示，它共有用户 1208 万个，其中 781 万用户至少更新过一次自己的网志，107 万用户在过去的一月内、64 万用户在过去的一个星期内、18 万用户在过去的 24 小时内至少更新过一次自己的网志。[①] LiveJournal 提供的数据还显示，女性用户约为男性的两倍，用户年龄从 13～55 岁不等，而该网站上的绝大多数网志都是由 20 世纪 80 年代出生的被称为“数字一族”的 15～20 岁的青少年搭建的。这种人口统计学上的分布表明，现在正在中学和大学接受教育的“数字一族”的写作能力的获得与他们的前辈存在着显著差异。有趣的是，“数字一族”的这种通过网络技术习得写作能力的特点正是我们将网志技术引入到外语教学中的接口。

根据以上所述的网志特征，我们不难看出，在外语教学中，我们可以直

① 具体请登录 http://www. livejournal. com/stats. bml 查询。

接将网志用来辅助外语文本写作教学。教师可以在自己的网志上向学生布置写作任务。学生在浏览到老师的帖子后,就可以在自己的网志上写作,完成老师布置的任务了。这时老师可以登录到学生的网志,浏览学生的作业,并发表评论或提出进一步修改的建议。这种电子作文相对于传统纸质作文的一个明显优势是,学生拥有了更多的自由,他们可以选择在适当时间来完成他们的作业,完成之后还可以浏览到自己的作业,必要的时候还可根据老师的建议进行修改和完善。

Thorne et al.(2005)对一些学习西班牙语的中学生进行了一个学年的跟踪调查。他们要求学生每周至少要上一次网,在自己的网志中记日记或写周记。一年以后,他们对学生的网志内容、调查数据(N = 18)和访谈数据(N = 12)进行了初步分析,他们发现,与传统的教学方法比较起来,参与实验的学生更喜欢利用网志来记日记、写周记。接受访谈的学生都声称,他们经常会重温自己从前的或同学从前的网志记录。他们中除了一人之外,其他 11 人都认为自己在写作方面取得了显著进步,他们认为自己输出的语言发生了明显的变化,其中包括新词语的增加、拼写正确率的提高、重音的准确把握以及越来越丰富的动词变位形式。

因此,在利用网志辅助外语教学的活动中,只要教师能够给予学生创造性的指导,只要师生能够共同选择讨论话题和学习任务,网志在提高外语学生文本交流能力方面必将展示出其无穷的潜力和美好的前景。(Thorne,2003,2004,2005)

二、维基

"维基"(wiki)一词源自夏威夷语,原义为"快点,快点"。早在 1995 年,Ward Cunningham 为了方便模式社群的交流建立了一个工具——"波特兰模式知识库"(portland pattern repository)。在建立这个系统的过程中,他创造了"维基"这个概念和名称,并且搭建了支持这一概念的服务系统,这就是最早的维基系统。从 1996 年至 2000 年间,波特兰模式知识库围绕着面向社群的协作式写作,不断开发出一些支持这种写作的辅助工具,从而使维基的概念得到不断丰富。同时随着维基概念的丰富和传播,也出现了许多类似的网站和软件系统。

维基这种超文本系统支持面向社群的协作式写作,同时也包括一组支持这种写作的辅助工具。用户可以在网页的基础上对维基文本信息进行浏览、创建和更改,而且这种创建、更改和发布的代价要远比 HTML(超文本标记语言)文本小得多。与其他超文本系统相比,维基技术的进步还体现在:

(1)使用方便。用户可以快速创建、存储、更改超文本页面,用简单的格式标记来取代 HTML 的复杂格式标记,通过简单标记,直接以关键字来建立链接(页面、外部链接、图像等)。(2)有组织性。同页面的内容一样,整个超文本的组织结构也是可以修改、演化的。同时系统内多个内容重复的页面可以被汇聚于其中的某个页面中,相应的链接结构也随之改变。(3)可增长性。页面的链接目标可以尚未存在,通过点击链接,可以创建这些页面,从而使系统得到增长。同时还可记录页面的修订历史,从而保证了页面的各个版本都可以被获取。(4)开放性。社群的成员可以任意创建、修改、删除页面。但是这些操作都是可观察的,任何人对系统内页面的任何改动都可以被访问者观察到。

当然维基系统也有自身的问题和不足,其中最大的问题就是,在维基系统中难以确认作者的身份,因为在这个系统中根本就不存在作者和读者的区分,任何阅读维基网页的读者都可以发表自己的观点,从而由读者变成作者。尽管个别维基网页要求用户或用户群提供密码后方可进入,但维基技术开发的前提和宗旨是任何人都有机会阅读别人的作品并有权利发表自己的观点。

今天,众多的维基技术被引入了外语课堂,来辅助教师进行教学活动。例如,由宾夕法尼亚州高级语言教育和研究中心(CALPER)提供技术支持的 UniWakka 就在汉语、德语、俄语、西班牙语、朝鲜语、阿拉伯语等写作课和英语作为第二语言的课堂中得到了推广应用,这项技术的主要用途包括个人独立写作、小组写作论坛、课程项目管理和多方不间断文本评论。

显然,和网志技术一样,维基技术在辅助外语教学中的首选领域仍是文本写作。维基系统在辅助文本写作教学中相对于网志系统的技术优势表现在:(1)维基具有"历史"功能和"全站更新"功能,这种功能使学生和老师能够准确地认定"什么人"在"什么时候"做了"怎么样的改动"。而且,每次修改前的网页都可以恢复,也就是说,师生随时都可以获得每个网页的早期草稿。维基的这些功能既赋予了学生协作式创作文本的自由,同时又免除了他们对不当删改的后顾之忧。(2)学生在续写、修改或删除同学的作品前,首先会通读他们的作品,揣摩其文体和语篇特征,发现它们的优点与不足,以免自己的续写有狗尾续貂或文不对题之嫌,同时也为了避免由于自己的修改或删除而使作品变得更糟。这个文本通读和揣摩过程本身就是一个学习和提高的过程。(3)那些发现自己的作品被人修改、删除或破坏的同学,可将自己原先的文本和他人新提交的文本作一下对比,从而发现自己的缺点与不足,这个过程同样也是一个学习和提高的过程。如果发现他人对自己的作品做了不当修改，作品的作者可利用维基的历史功能，恢复被别人修改或删除的页面；如果发现他人的续写有狗尾续貂或文不对题之嫌，也可对其进行修改甚至删除。(4)教师在对学生的写作能力进行评估时，不但可以借鉴学生最后的自我评估和组内同学最后的相互评价，更可结合自己对学生写作过程进行的自始至终的观察，从而作出客观、全面和公正的动态评价。这是因为维基上的现有文本仅仅是一系列文本的最近的一个，而只有这一系列的文本才能准确地昭示学生写作的进步历程。

由于维基技术不仅允许不同作者进行协作式写作，而且允许他们在不同时段进行写作，因此很多人就本能地产生了忧虑，担心在维基环境中创作出来的作品的风格会前后不一。但有趣的是，Emigh & Herring(2005)通过对 Wikipedia 和 Everything 2 语料库的分析发现，经过对作品的后期处理和主笔监控，最后的维基文本都是同质的(homogeneous)、标准的、适合正式场合的，这个结果在使很多人感到意外的同时，也使他们感到了更多的宽慰。

通过他们自己的教学实践，Emigh & Herring(2005)还发现，教师在将维基技术应用于外语教学的过程中，首先应该制定一个详细的计划，对教学目的、教学手段以及可能的教学效果等做到心中有数，同时教师在布置学习任务时应该着重向学生讲清楚利用维基技术写作的目的。因为教学设计和实施过程对于学生有效的、重点突出的语言学习活动来说是至关重要的。

三、播客

“播客”(podcasting)一词是由源自苹果公司的“iPod”与英语“broadcasting”(广播)缩合而成。它是一种数字广播技术，是由一个叫“iPodder”的软件和一些便携式播放器结合而实现的。播客录制的是网络广播或类似的网络音频节目，用户可将网上的广播节目“波刻”(podcast)到自己的 iPod、MP3 播放器或其他便携式数码音频播放器中随身收听，享受随时随地收听的自由与惬意，而不必端坐在电脑前，更不必实时收听。播客和传统的广播的差异显而易见：传统广播的特点是即时性，播客的特点则是自主性；传统的广播模式是“你说我听”，而播客则是“在我想听的时候听我想听的”，而且还可以“我说你听”。在这种模式下，受众不再是媒体内容的被动接收者和消费者，而是媒体内容的选择者，同时也是内容的主动参与者和创造者。播客消除了媒体和受众之间的界限。

就像网志颠覆了被动接受文字信息的方式一样，播客颠覆了被动收听广播的方式，使听众成为主动参与者。这种新方法在 2004 年下半年开始在互联网上流行，如今，播客已经成为各大传媒争相追捧的对象。仅在美国

2004 年底其用户就已达 84 万。(A. Gilbert, 2006)有人说,播客很可能会像网志一样,带来大众传媒的又一场革命。

与网志技术和维基技术比较起来,播客技术在外语教学中的应用有其独特的优势,那就是该技术可以用来发展学生的听力理解和口头表达能力。学生们可选用像 iPodder 之类的播客软件,他们只需将鼠标对准播客播放器,轻击鼠标,对 iPoder 进行格式化,这样系统就会自动为你更新播客素材,并将新内容为你下载到 MP3 或计算机中。

尽管现在尚未有将播客技术和外语教学结合起来进行系统研究的记录,但是北卡莱罗纳州杜克大学却在这方面进行了有益的探索。2004 年秋,杜克大学给 1600 名一年级新生配备了苹果公司的 iPod。iPod 是一个用于听音乐的小型数码设备。但是杜克大学配备的这种设备还附带了录音功能。2004 级西班牙语一年级新生利用这项新技术的情况就很能说明播客这项新技术之于外语教学活动的广阔前景。

作为西班牙语副教授,Lisa Merschel 对 14 名新入学的西班牙语学生进行了为期一年的跟踪观察。为了改善学生的西班牙语发音,她要求学生到大学的 Itunes 去下载各种素材的听力资料,例如,西班牙语教师演播的戏剧《唐璜·特诺里奥》的数码录音材料、课堂听力理解练习的数码录音材料、西班牙语歌曲等。她还要求学生每星期为自己录一次音,然后将录音的音频资料上传到 Itunes 上,这样学生就好像为自己的口语发展历程建立了一个属于自己的数码档案①。一年之后,该项目的评估人 Belanger(2006)在对这项实验进行总结时指出,将播客技术引入外语教学带来了如下好处:(1)数字技术的使用为师生带来了便利,减少了他们对实物材料的依赖;(2)学生随时随地可获得数字多媒体材料,减少了对实验室或图书馆的依赖;(3)利用数字技术进行采访录音、课堂记录、小组讨论和制作口语作业录音,快捷、有效、易操作;(4)在进行课堂讨论、实验室实验、现场调研、独立完成项目等活动时,学生们的参与更积极;(5)能更好地适应学生不同的学习爱好和习惯。

播客技术除了可以向学生免费提供大量的在真实条件下输出的外语音频资料外,还能帮助学生将课堂内外的活动与活动材料有机地结合起来。这是因为,无论是乘公交还是坐地铁,无论是校园漫步还是市场购物,外语学习者都可以随身携带 iPod,这时他们既可听老师布置的听力作业,也可根据自己的爱好选择收听一些自己喜欢的外语音频材料,这样学生自己就可

---

① 请参见 http://cit.duke.edu/ideas/newprofiles/merschel.do。

创造出一个“移动的”(mobile)、“沉浸式”(immersion)的外语学习环境。另外，由于播客技术可提供一个“我说你听”的语言交流平台，学生们就可以利用这个平台发布自己的外语作品，例如，学生可以每周或每两周出一期外语音频专刊，借此他们既可以直抒胸臆，表达自己的喜怒哀乐，也可提高他们在不同班级之间、不同文化之间进行交流的主动性和积极性。

综上所述，每一项新的信息交流技术的出现既是对较早技术的革新，也是对人们交流模式的革命。网志技术改变了较早的 Email 等技术的“一对一”(one-to-one)的交流模式，使得一人发帖多人浏览成为可能；维基技术的诞生使多人共同交流、协作式创作成为现实，同时也第一次模糊了作者和受众之间的界限；而基于音频技术的播客技术则对网络交流进行了颠覆性的变革，使网络交流彻底摆脱了文本的限制，彻底消除了媒体和受众的界限。新信息技术的涌现在改变人们交流模式的同时，也为外语教学改革提供了无限的可能性，使得用直接方式发展学生语言交流能力尤其是口语交流能力的愿望成为现实。

(原文载于《山东外语教学》2007 年第 1 期，有改动)

多元智能视角下的大学外语类文化课程建设

——以《英语国家文化》精品课程建设为例

摘要　加德纳的多元智能理论认为，人至少具有8种智能，这些智能具有普遍性、组合性、差异性和可发展性，人类智能的这些特性为外国文化类课程建设提供了崭新且丰富的启示。2009年国家级精品课程《英语国家文化》以多元智能理论为指导，对在课程观念、教材开发、教学手段、教学过程、评估方式等方面的改革进行了有益的探讨，并取得了良好效果。

关键词　多元智能理论；启示；《英语国家文化》；课程建设

作为实施教育部“高等学校教学质量与教学改革工程”、提高教学质量的重要举措，精品课程建设强调课程要具有“一流教师队伍、一流教学内容、一流教学方法、一流教材、一流教学管理”等特点。由于在以上诸方面作出了巨大努力，山东大学外国语学院“《英语国家文化》课程”(http://www.westernculture.sdu.edu.cn/index.htm)于2009年首次申报校级、省级、国家级精品课程后便连续获得成功。该课程在教学内容、教学方法等方面的探索与建设，在很大程度上得益于美国著名教育心理学家霍华德·加德纳(Howard Gardner)的多元智能理论(multiple intelligences theory)的启发。现以《英语国家文化》课程建设为例，详析多元智能理论对外语类文化课程建设的借鉴价值。

一、多元智能理论概述

20世纪的前80年，单一智能(singular intelligence)观和一般智能(general intelligence)观以及基于相应观念的智能测试在西方学界占据明显的优势地位，并致使教育机构只重视培养受教育者在传统智能观念中处于核心地位的言语—语言能力和逻辑—数理能力，忽视其他对个体学习者同样具有重要意义的能力的培养，教学方法和评估手段也比较单一化、统一化。

多元智能(multiple intelligences)论者霍华德·加德纳于1983年在专著《智力的结构：多元智能理论》中首次提出多元智能理论，向普适性的传统智能观发起了挑战，对标准心理测量理论进行了批判，并于1999年在其专著《智能的重构：21世纪的多元智能》中对自己的理论进行了增补和完善。其主要论点有：(1)人类有着完整的智能"光谱"，因此，对认知科学家、心理学家和教育学家来说，用少数相对独立的能力来描述个体，比用数不清的感知模块或单一的、可量化的智能检测更有效，也更具实际意义；(2)人类有8种(或许更多种)智能以应对不同类型的信息，即言语—语言智能(verbal-linguistic intelligence)、逻辑—数理智能(logical-mathematical intelligence)、音乐—节奏智能(musical-rhythmic intelligence)、视觉—空间智能(visual-spatial intelligence)、身体—运动智能(bodily-kinesthetic intelligence)、自知—自省智能(intrapersonal intelligence)、交往—交流智能(interpersonal intelligence)、自然观察智能(naturalist intelligence)，此外，加德纳还分析了第9种存在智能(existential intelligence)的可能性，只是不能确定它是否完全吻合自己提出的判断标准(见表1)；(3)智能是个体处理信息的生理和心理潜能，这种潜能可以在某种文化背景中被激活，以解决问题和创造该种文化中富有价值的产品(Gardner & Moran, 2006: 228; 加德纳，2004: 51-61,74)。

表1　　加德纳的多元智能清单

智能类别	定义
言语—语言	口头语言及书面语言的敏感性、学习语言的能力、运用语言实现一定目标的能力
逻辑—数理	对问题进行逻辑分析的能力、进行运算的能力、用科学方法调查问题的能力
音乐—节奏	表演能力、创作能力、欣赏音乐风格的能力
视觉—空间	对色彩、形状、空间位置等要素的准确感受和表达的能力
身体—运动	使用整个身体或身体某些部位解决问题或创造作品的能力
交往—交流	理解他人目的、动机和愿望并最终与他人一起有效工作的能力

续表

智能类别	定义
自知—自省	认识自我的能力、拥有带有个人特点的有效工作模式并据此调整自己生活的能力
自然观察	拥有对环境中植物、动物无数物种及人造物体进行辨别和分类的专业知识
存在(?)	陈述、思考有关生与死、身体与心理世界的最终命运等的倾向性

根据加德纳的理论，人的智能具有以下四个主要特征：(1)普遍性，智能是所有人的一个共同属性，每个人都拥有多种智能；(2)组合性，智能之间并非彼此绝对独立、毫不相干，而是相互作用、以组合形式发挥作用；(3)差异性，人们在智能组合维度上各不相同，既有个体间的差异，也有个体内部的差异；(4)可发展性，智能作为中枢神经系统的潜能，能否被激活有赖于特定文化下的价值观、特定文化中可获得的机会以及个体通过自己、家庭和老师等人所作出的不同选择。

多元智能理论摆脱了一个世纪以来心理测量学对智能研究的束缚，学习者个体智能也不再是可以跨越时空用单一或同一标准来衡量的某种特质，而是因文化和个体而异，是解决问题和创造产品、且不断发展变化的多种智能的组合。

正如加德纳所称，多元智能理论是基于众多学科的数百种观察和实验研究而诞生的，不仅涵盖了心理测量学和实验心理学，还有认知和发展心理学、差别心理学、神经科学、人类学、文化学等研究成果支持，具有很强的科学性(Gardner & Moran, 2006: 227)。此外，很多实证研究表明了该理论的借鉴价值，例如，Kornhaber, Fierros & Veenema (2004)对 41 所在多元智能理论指导下进行了三年以上教育改革与实践的学校作了系统研究，从质性和定量不同路径发现，这些学校及其学生们受益于多元智能理论。作为 20 世纪最具创造力和影响力的心理学理论之一，多元智能理论的影响已延及教育、商业、科学、艺术、文化、慈善等诸多领域(沈致隆，2009: 23)。截至 2010 年 1 月 12 日，multiple intelligences theory 在谷歌中的搜索结果已多达 2320 万条。

在教育界，由于多元智能理论对课程教育理念、教学方法、评估方式及教材开发等有诸多启示，因此其受到特别迅捷和普遍的欢迎。目前全世界有上千所学校号称“多元智能学校”，美国特殊教育、私立教育及学前教育领域迅速接纳了这一理论，这一趋势进而延伸到初等教育、社区教育等领域；在澳大利亚、欧洲一些国家、中国香港和澳门地区和其他亚洲国家与地区的学校里该理论的应用也非常广泛；中国内地“十五”期间教育科研重点课题

"借鉴多元智能理论,开发学生潜能实践研究"吸引全国 18 个省市 78 所项目学校参与,参加课题研究并接受培训的中小学教师约万余名。[①]

但遗憾的是,高等教育领域对多元智能理论的关注不多(Kezar, 2001; 裴正薇, 2008a)。具体到英语教学领域,在国外,一些学者逐渐开始研究该理论在 ELT(Berman,1998)和 EFL (Puchta & Rinvolucri, 2006)的应用;在国内,北京外国语大学英语专家官群联合中央教育科学研究所孟万金博士创立了"英语多元智能教学法",并被联合国教科文组织列入"教育创新案例研究"计划,部分学者也对多元智能理论在英语教学的借鉴价值作了探索(李志颖等,2002;黄远振,2003;罗忠民,2004)。尽管如此,具体定位到大学阶段的探索则极少,现有的少数这类文章(刘森林,2007;裴正薇,2008a;王红蕾, 2009)多属理论引介或思辨探讨型,具体到大学英语某一课程实践的数量微乎其微,只有裴正薇(2008b, 2008c)等寥寥几篇。而对多元智能理论对外语类文化课程建设的具体指导作用的探索在国内尚属空白。

下文将以《英语国家文化》课程为例,从课程观念、教材开发到教学手段、教学过程、评估方式等多角度详细分析多元智能理论对大学外语类文化课程建设的启发作用。

二、多元智能理论对《英语国家文化》课程建设的启发

(一)对外语类文化课程的教学观念定位的启发

尽管我国外语教学界自 20 世纪 80 年代就强调跨文化意识和技能在语言教学中的比重,但对如何开展外语类文化课的研究却不多。长久以来,我国外语类文化课以简单地传授知识、老师讲学生听记为主,教学内容往往是国内自编的文化介绍性书籍,常常有数据过时、以文本为主、图片音频视频资料匮乏等不足,因此,学习效果往往不佳:语言学习不够精细,文化学习仅限于浅层知识,容易形成思维定势。据调查,中国英语学习者的文化技能和跨文化交际能力远远低于他们的语言能力(张红玲,2007: 177)。

其实,语言是文化的载体,不能脱离文化而存在,只有了解了西方文化才能精通西方语言。语言课程与文化因素密不可分,外语类文化课程更是语言与文化水乳交融、彼此依存,单纯以概念、信息的灌输或语言操练为中心都不可能建设充满人文价值的课程。如今人们更是认为,文化与人不再分隔,文化是"人的行为方式总和""文化的本质就是人的自我的生命存在及其活动"(李鹏程,1994: 71)。文化与人及其生命活动之间的整合同一性,更

① 具体请参见"中国多元智能网"。

使重视新千年里“个别化——对每个个人的尊重”(加德纳,2004: 266)的多元智能理论在外语类文化课里有特别的人文借鉴价值。我们领悟到,在外语类文化课里面,不仅要教授语言,更要求师生在互动中学习和体验文化;不仅要照顾学生的多元智能,也要清楚教师自己的智能特点,在各教学环节中形成注重激发学生多种智能以提高学习效果的课堂微观文化,使文化学习不再仅局限于语言智能,而是成为多种智能平行发展的、使学生成为“全人”(whole-person)的交流学习。

因此,我们所开设的《英语国家文化》课程,以促进学生的全面素质发展为终极目标,以教育部批准实施的《高等学校英语专业英语教学大纲》(2007: 27)中规定的、隶属英语专业知识课的社会文化类课程要求为具体目标:“使学生了解英语国家的历史、地理、社会、经济、政治、教育等方面的情况及其文化传统,提高学生对文化差异的敏感性、宽容性和处理文化差异的灵活性,培养学生跨文化交际能力。”在实现这些教育目标、在建设《英语国家文化》课程中,我们在多元智能理论的启示下,重新建构了知识观、学习观、智能观和评估观(具体内容见表 2)。

表 2　《英语国家文化》教学观念与传统教学观念的对比

观念类别	传统外语文化教学观	多元智能启示下《英语国家文化》教学新观念
智能观	单一狭隘、一成不变;突出强调语言和逻辑智能	多元全面、可发展;八项智能都重要
学习观	灌输、模仿,传授外在、物化、标准单一的知识,统一行动和方式,脱离环境	建构内在、可发展、多元化的知识和能力,个别化学习;重视课堂内外的社会文化环境
学生观	根据语言认知表现分出“能力强弱”,被动接受培养的对象	平等、各有所长;发展能力的主人
教师观	权威独尊;知识代言人和传播人	自身智能组合中也有强弱之分,不以自己的特长想当然为学生的特长;授课时注意通过运用身体语言、音调变化、多彩教具等发挥多元智能
教学观	老师为中心、师讲生听、传授灌输的教学方式;“板书+课本”的教学手段	师生互动、生生互动、课内外互动;多种教学手段(多媒体+板书+网络+课本+课内外各类活动教具)为学生提供多样化学习,选择激发学生内在多种智能来建构自己的知识体系和发展自己的能力

续表

观念类别	传统外语文化教学观	多元智能启示下《英语国家文化》教学新观念
评价观	可测量、标准化、终结性；强调语言逻辑智能，缺乏对学生交际能力、理解批判能力、创造能力及其他多方面素质的客观考核	不可测量、多元化、过程化动态评估；在不同的实际生活和学习情境下进行，采用多元渠道、多种形式（将小组作业、开放性话题论文、文化节等多种学习成果列入考核成绩），以引导学生全面充分发展自己的优势，增强信心

（二）对《英语国家文化》教学模式的启发

在多元智能理论的启示下，结合新建构的知识观、学习观、智能观和评估观，并参考 Stern（1999：500），我们设计了全方位立体化教学模式，实线表示直接影响，虚线表示反拨作用。

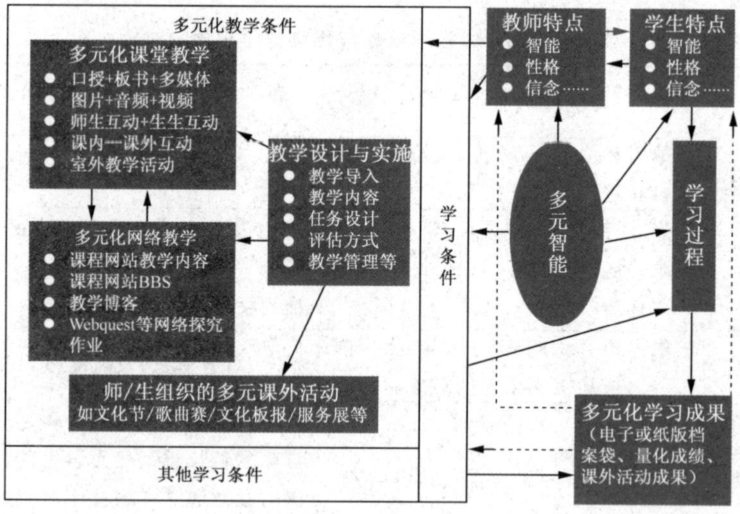

图 1　多元智能理论启发下的《英语国家文化》教学模式

多元智能在《英语国家文化》课程教学中处于支配地位，是教学模式设计的出发点，它不但决定着教师特点，而且更重要的是，它决定着学生特点、学习条件和学习过程。作为教学模式设计核心的学习条件，取决于多元智能以及受多元智能支配的教师特点与学生特点，并受到多元化学习成果的反拨作用。学习条件包括教学条件和其他学习条件，而教学条件是我们教学模式设计的重中之重，包括取决于教学设计与实施的多元化课堂教学、多元化网络教学以及师/生组织的多元课外活动。而作为多元化教学模式最终成果的多元化学习成果，则取决于学生的学习过程和学习条件，对教师特点、学生特点和学生学习条件具有反拨作用。

因此，为学生提供良好的多元化教学条件是取得多元化学习成果的先决条件，也是《英语国家文化》课程教学模式设计的核心。我们在教学设计与实施时，采取有效措施优化教学导入、丰富教学内容、改进任务设计、完善多元化评估方式、加强教学管理等措施，并在此基础上改革传统教学模式，引进多种现代化教学手段。首先，摒弃传统的“教师写，学生抄，一支粉笔，一个板擦”的教学模式，采用“口授＋板书＋多媒体”的课堂教学模式，充分发挥多媒体技术的优势，利用图文并茂、音形俱佳的“图片＋音频＋视频”资料，寓抽象的文化概念于直观的感性形式之中，提高学生的积极性和主动性；采用“师—生互动”“生—生互动”和“课内—课外互动”等多种互动形式相结合的方式，并辅之以室外教学活动，既可有效地发挥教师的主导作用，又可以调动学生学习的主观能动性和参与教学活动的积极性。其次，以“优化第一课堂，强化第二课堂”为指导思想，丰富课程网站教学内容，开设并维护课程网站 bbs，开设并及时更新教学博客以及布置 Webquest 等网络探究性作业。第三，积极举办并鼓励学生参与外国文化节、外文歌曲大奖赛、外语文化板报和外国服饰展等，为学生提供丰富多彩的、在生活中学习外国文化的实践机会。

(三)对《英语国家文化》教学方法的启发

运用分析归纳法(Bogdan & Biklen, 1992)，将《英语国家文化》课程“教学内容”网页资料、教案进行了分析，可以看出在多元智能理论影响下，教学过程的教学内容设计、手段利用、教案实施等多环节都关注了对学生多种智能的培养激发，对促进学生掌握文化知识和技能、提高全面素质具有积极意义：

言语—语言智能

借鉴方式：①听说：大量英文原声视频输入，大量成对或小组讨论活动；②读写译：阅读教学网页、网络探究或翻译网络内容；学期小论文；办小组报纸等。

实例：在教授第 2 章“英国人口”时，让学生体验多种英语方言的发音特点并撰写报告；请同学参加所学国家的一些网络论坛；在课外组织学生参与外国文化知识竞赛；请学生仿写哲学家的散文名篇等。

意义：　熟悉英语国家各种语言变体的发音，增强对语言变体的社会内涵的认识，培养跨文化交际敏感性；接触大量地道词汇表达，掌握大量语言背后蕴含的文化知识，并有丰富机会尝试运用。

逻辑—数理智能

借鉴方式：①逻辑：大量启发性问题导入或考核学生根据现象或问题作出自己的分析判断的能力；②数理：大量数字表述文化现象。

实例：　①逻辑：在教授第 24 章“战后美国”时，组织学生讨论为什么说过去的十年是美国反恐的十年。②数理：在讲授第 3 章“英国经济”时，要求学生根据课程网站提供的 11 个经济数据统计图表，讨论伦敦在英国和世界的金融地位；在讲授第 15 章“美国人口”时，要求学生搜集数据来讨论美国印第安人、黑人、亚裔人的历史和现在的社会地位。

意义：　使学生在文化学习的逻辑推理中使用语言；帮助学生更准确地了解英语国家文化状况，提高他们深入调查，使用数字、证据支持论点的科学严密意识，弥补一般意义上东方思维重悟性轻理性的不足。

音乐—节奏智能

借鉴方式：①引介文化时大量使用音、视频，包括歌曲、背景视频等；②听歌填词或猜测国别、民族等；③课外组织外语歌曲大赛、外国舞蹈赛等。

实例：　随课播放各国国歌的视频；文化节时组织外文歌曲大赛、外国舞蹈赛、配音大赛等。

意义：　在教授英语国家文化及语言知识的同时，为学生提供机会发展其音乐—节奏智能，并取得美育效果。

视觉—空间智能

借鉴方式：①利用图片或视频，带学生身临其境地感受英语国家的风土人情；②小组学生用幻灯片等演示作业成果。

实例：　第 1 章“英国地理”含 63 幅图片和 3 段视频，其中有实地游览泰晤士河等情景；第 20 章“史前与殖民地美洲”中有一个视频，流动播放以反映美国历史中最著名历史事件的近百幅图画；第 22 章“西进运动和美国内战”含 63 幅图片和 8 段视频，其中有 21 幅关于内战形势的地图。

意义：　帮助学生通过除了语言文字外的多种方式熟悉英语国家文化；拓宽学生视野，增强其历史观、时空观及影响社会历史的使命感、参与感。

身体—运动智能

借鉴方式：①课堂上每隔一段时间请同学活动起来（组内情景对话、组际互串、角色扮演等）学习；②网络学习中手眼联动学习；③室外走动考察中学习；④课外组织含多种运动的文化活动。

实例：　在讲授第1章“英国地理”时，要求学生在欣赏英国国歌时集体起立感受现场氛围；在教授第33章“基督教”时，带领学生参观学校附近的著名教堂，并分组讲解壁画的含义；为学生创造戏剧表演或歌曲演唱的机会，并将其参与程度作为期末成绩的重要参考。

意义：　提供身体—运动机会以提高学习效果，促进大脑血液循环和氧气补充，告别枯坐学习的单调和低效。

交往—交流智能

借鉴方式：①每堂课均组织适量小组合作活动，并共享小组活动成果；②网络小组合作探究、BBS讨论等。

实例：　学完西式餐饮习俗及表达后，班内轮流做侍者和食客，并评选最佳服务；请同学评价知名人物，如第31章中爱尔兰的James Joyce。

意义：　丰富学生文化知识，提高其交际的敏感性和能力，如辨别他人情绪、情感和意图的能力、恰当表达自己意见的能力等；提高学生与学生及学生与老师互动交流中的磋商、合作、组织能力；提高学生对不同文化及人群的理解能力等。

自知—自省智能

借鉴方式：①在学期初和学期末请同学参与多元智能自测及学习风格自测、学习自传反思等；②每次课或每章内容结束后，给学生布置一些需要他们表达个人见解的、无标准答案的问题；③播放名人访谈、推荐名人自传等。

实例：　结束第27章“走遍美国”第4节“奥巴马的白宫之路”后，给学生布置讨论问题：你能列举几个奥巴马获胜的理由吗？你相信他宣扬的“改变”吗？

意义：　培养学生认识自己的独特心理活动及其原因，理解他人思想、情绪和情感，从而作出明智决策的能力；通过设计问题或布置作业启发学生深思内省，培养个性和自信。

自然观察智能

借鉴方式：采用大量图表和视频生动形象地介绍每个国家的国花、国家动物、地理概况等。

实例：　第20章“史前与殖民地美洲”中有7段视频，再现了7种已灭绝的美洲动物；课外组织学生参加异域风情展。

意义：　与文字资料相比，大量图表和视频资料可以更生动直观地让学生了解异域文化风情，丰富其自然知识。

存在智能(?)

借鉴方式：①通过图片和视频资料等展示史前文明、神话和宗教知识、哲学思想、民风民俗等；②请学生进行相关话题的讨论或撰写随想文章。

实例：　在学习第20章“早期英国历史”时，播放《上帝也疯狂》，并请同学反思、讨论自身在城市与自然中的定位；在学习第33章“基督教”后，组织学生开展“有神论”与“无神论”的辩论。

意义：　刺激学生在精神层面上的思考，增加其思维深度和人文精神，如改善对时空的知觉、探索更多哲学与现实联系的问题等。

我们在《英语国家文化》教学中，并不是机械教条地应用多元智能理论，将教室分成不同智能区，或一段时间重点激发某种智能、将每种智能都分开来设计相应的活动，而是从每个学生都拥有多元智能，且智能强项弱项、兴趣和学习策略等各异的现实出发，根据大班授课、自主学习课时少的教学特点，在教学实践中注意设计并实施糅合多种智能的活动和评估细则，一方面给学生提供施展智能长项的机会，培养其学习兴趣、增强其学习效率与信心，另一方面对该智能为弱项的学生，这也不失为一种新鲜刺激，使其体验更多尝试，扬长也逐渐补短，从而实现全面发展。

（原文载于《当代教育科学》2013年第7期，有改动）

第二编　英语诗歌研究

英诗的语言特点与英诗教学

英国文学是高校英语语言文学专业的必修课，它对于英语语言学习的重大意义是不言而喻的，而英国诗歌则是英国文学课的重要组成部分，同时又是英国文学课的难点，因为许多英语专业的学生，包括不少尖子生，初学英国诗歌时都有一种不知所云的感觉。实际上，造成这种状况的主要原因在于学生在大学一、二年级时对英国诗歌接触较少，没能够从整体上了解英国诗歌的主要语言特点。所以说，及时地帮助他们了解英诗的主要语言特点很有必要。只有这样，才能够使他们从根本上把握英诗的语言特点，从而帮助他们解决阅读、理解英诗的困难。

总的来说，英诗的主要语言特点要从以下几个方面来把握：词汇上、语序上、语法上以及含义上。

一、词汇上

英诗中的词汇有些是比较特殊的，这是因为：一方面，有些英语词汇是专门用于诗歌的；另一方面，出于对诗歌本身韵律的考虑，有些词被省略了某些音节，有些词又被增加了某些音节。

（一）专门用于诗歌中的英语单词

常见的专门用于英语诗歌（或古文）中的单词有 thou（相当于主格 you）、thy（相当于 your）、thine（相当于 yours 或 your）、thee（相当于宾格 you）、hath（相当于 has）、hast（相当于 have）、shalt（相当 shall）、ere（相当于 before）、didst（相当于 did）、dost（相当于 do）、art（相当于 are）、canst（相当于 can）、sate（相当于 sat）、wert（相当于 were）、mee（相当于 me）、prithee（相当于 pray you）、wherewith（相当于 with which）等。

只有向学生特别指出这些专用于诗歌中的生僻的古体词，才能使他们完成诗歌阅读的第一步。例如，在学习雪莱的《云雀颂》（Ode to a Skylark）

时，教师有必要向学生解释下列画线部分古体词的含义，并指出选用这些词汇的目的在于增加诗歌典雅、庄重的气氛。

Hail to thee blithe Spirit!
    Bird thou never wert,
That from Heaven or near it,
    Pourest thy full heart
In profuse strains of unpremeditated art.

（二）诗人为了控制音节的数从而选用的古体词

1. 出于对韵律的考虑，为了减少音节，英诗中一般选用音节相对较少的古体词或省略单词的某个辅音字母。如：morn（相当于 morning）、even（相当于 evening）、morrow（相当于 tomorrow）、oft（相当于 often）、clime（相当于 climate）、ne'er（相当于 never）、'tis（相当于 it is）、o'er（相当于 over）、wand'rest（相当于 wanderest）等。

2. 出于对韵律的考虑，英诗中常常选用音节相对较多的古体词组或在音节较少的词中的不发音的元音上加上增音符（"\"）以使之增加一个音节。

(1) 常见的音节较多的古体词组有：like to（相当于 like）、when as（相当于 when）、like as（相当于 as）等。这类古词组在英诗中的使用相当普遍，如莎士比亚的一首十四行诗中，诗人为了使每行诗都符合五步抑扬格的要求，写下了下面的诗句：

And look upon myself and curse my fate
Wishing me like to one more rich in hope.

(2)通过在某些不发音的元音字母上面加上"\"号，使之发音从而增加一个音节的用法在英诗中也很普遍，如济慈在其《夜莺颂》（Ode to a Nightingale）中就大量运用了此类方法。

But, in embalmèd darkness, guess each sweet
Wherewith the seasonable month endows
The grass, the thicket, and the fruit-tree wild;

又如：Called him soft names in many a muséd rhyme. [①]

二、语序上

英诗的语序与散文的语序之间是有区别的。为了符合英诗对韵律的要求，英诗的词序和语序往往打破常规，所以学生读英诗往往有一定困难。因

① 在这里，embalmèd 读作[ɪm'bɑːmɪd]，muséd 读作['mjuːzɪd]。

此，教师有必要向学生指出英诗语序不合常规的原因以及正常语序应该是什么。

(一)押韵要求造成的语序调整

英诗和汉语诗一样，一般有较严格的押韵格式，而且前者似乎比后者在这方面的规定更多一些。英语中不同的诗体有不同的押韵模式，所以，为了符合英诗的押韵要求，英语诗人往往将诗中的词序和语序调整乃至颠倒。如雪莱的《云雀颂》中有这样几行诗句：

Keen as are the arrows
　　Of that silver sphere,
Whose intense lamp narrows
　　In the white dawn clear
Until we hardly see—we feel that it is there.

教师在教学过程中应向学生指出其正常语序应为：(Thy shrill delight is) as keen as the arrows of that silver sphere whose intense lamp narrows in the white clear dawn until we hardly see—we feel it is there are.

我们同时还应告诉学生：由于这首诗采用的韵脚为 ababb，因此第四行的最末一个词应与第二行的 sphere 押韵，所以第四行的 clear dawn 的词序就颠倒成了 dawn clear，其他意群为了符合本诗的格律要求也作了一些调整。同样道理，这首诗中的 like a glow-worm golden 的正常语序应为 like a golden glow-worm；By warm winds deflowered 的正常语序应为 deflowered by warm winds；Thou of death must deem 的正常语序应为 Thou must deem of death，等等。

(二)格律要求造成的语序调整

在英诗中，无论是有韵诗还是无韵诗，在格律上的要求都十分严格。每行诗的音步个数及种类都有严格的规定。例如，在无韵诗(blank verse)中，每行诗都要求是五个音步的抑扬格，所以，每行诗都应由 10 个音节组成，而且排列顺序应为“抑扬抑扬抑扬抑扬抑扬”。为了符合这一要求，弥尔顿在《失乐园》(Paradise Lost)中把 His wrath or might shall never extort that glory from me 写成了这样的诗行：That Glory never shall his wrauth or might/Extort from mee...。因为只有这样的语序和写法，包括把 me 写成重读的 mee，才能符合五步抑扬格的要求。在讲授这首诗时，教师有必要用以下符号给学生以直观的印象，使他们真正理解英诗的格律及调整语序的必要性。

Thăt glór y̆ névĕr shául hĭs wráuth ŏr míght

Ĕxtórt frŏm mée...

可以说，格律上的要求是英诗语序调整的重要原因之一。当然，为了语流顺畅，重点突出，英诗的语序也会因此而被调整，但这种原因引起的语序的变化在散文中亦常见，在此不再赘述。

三、语法上

由于语法方面的原因而造成的英诗阅读困难主要表现在以下两个方面：

（一）长句引起的阅读困难

虽然英语散文中也不乏语法复杂的长句子，但正如前面提到过的一样，因为英诗特殊的用词和语序造成了学生的阅读困难，加之英诗更要求语言流畅：一气呵成，故而英诗中的某些句子长得出奇，而且语法十分复杂，语序难以把握，给学生造成更大的阅读困难。现以弥尔顿的十四行诗《失明》（On His Blindness）中的一句话为例来说明（这种长句子在弥尔顿的史诗中更是随处可见）。

When I consider how my light is spent,
Ere half my days in this dark world and wide,
And that one talent which is death to hide
Lodged with me useless, though my soul more bent
To serve therewith my Maker, and present
My true account, lest He returning chide;
"Doth God exact day-labor, light denied?"
I fondly ask. But Patience, to prevent
That murmur, soon replies, "God doth not need
Either man's work or His own gifts. Who best
Bear His mild yoke, they serve Him best. His state
Is kingly: thousands at His bidding speed,
And post o'er land and ocean without rest;
They also serve who only stand and wait."

这句话的主要成分是由 when 引导的时间状语从句和主句 I fondly ask 及其主句的宾语从句构成。when 引导的状语从句一直延伸到 lest He returning chide。在这个从句中，I consider 是主句，Ere(＝Before)引导的一直到 chide 的成分为时间状语从句；在 Ere 引导的从句中，half my days in this dark world and wide/And that one talent which is death to hide/Lodged with me useless 是主句，从 though 到 chide 为让步状语从句；在从 half 到 useless 这一句中，从 half 到 hide 为主语，其中 which is death to hide 为定语从句，修饰 talent；在 though 引导的从句中，从 my soul 到 account 为主句，从 lest 到 chide 为目的状语从句；在整个句子的主句中，引号内的句子是 ask 的宾语从句。在整个句子中，this dark world and wide 的正常词序应为 this dark and wide world；而 therewith 相当于 with which。

（二）省略

在英诗中，句子成分的省略是十分普遍的现象，读省略现象十分明显的英诗时要运用语法知识找出省略的大体内容，但也不要过分拘泥于语法，否则，只会给英诗阅读增加新的困难。在雪莱的名篇《西风颂》（Ode to the West Wind）中，雪莱就使用了大量的省略句，使整首诗显得奔放激昂。例如该诗的第一部分中，诗人就使用了大量的省略了某些句子成分的句子。

O wild West Wind, thou breath of Autumn's being
Thou, from whose unseen presence the leaves dead
Are driven, like ghosts from an enchanter fleeing,
Yellow, and black, and pale, and hectic red,
Pestilence-stricken multitudes: O thou
Who chariotest to their dark wintry bed
The winged seeds, where they lie cold and low,
Each like a corpse within its grave, until
Thine azure sister of the Spring shall blow
Her clarion o'er the dreaming earth, and fill
(Driving sweet buds like flocks to feed in air)
With living hues and odors plain and hill:
Wild Spirit, which art moving everywhere;
Destroyer and preserver; hear, oh, hear!

这一部分中没有一个完整的句子，全是"主语＋同位语（或定语）"的形式，全部省略了谓语和宾语。如果我们硬性地给它加上谓语或宾语，就完全破坏了整首诗激昂的气势。所以，在读此类英诗时，我们不妨忽略语法细节，顺着英诗的语流一气呵成地读下去，这样反而使我们更容易抓住诗的主旨。另外还需要注意诗中的特殊词序，如：the leaves dead 应为 the dead leaves; like ghosts from an enchanter fleeing 应为 like ghosts fleeing from an enchanter; fill/with living hues and odours plain and hill 应为 fill/plain and hill with living hues and odours。

四、含义上

诗歌相对于散文来说更凝炼，含义更丰富。一首诗往往包含象征、暗喻、双关、多义等含混(ambiguity)手法。各种含混手法的运用使诗歌韵律更加美妙、韵味更加无穷、含义更加丰富，但同时也给诗歌的理解增加了难度，加上诗歌中一般都有用典现象，就更使在对诗歌含义的理解上出现的难点成为掌握一首诗歌的主要困难。

(一)由含混现象引起的阅读困难

初读弥尔顿的十四行诗《失明》的学生往往对诗的含义大为不解：为什么说 light 能够 spent？为什么诗中没有花钱的字眼却又要向上帝交账呢？实际上，这首诗有多处双关和多义现象，如不能理解这些双关、多义，就无法使整首诗的意义完整地显现出来。

对这种双关、多义等含混手法主要应从以下两个方面理解：一是要找出与某些词在意义上有关联但未在诗中出现的词，如 light 一词，与它在意义上有联系的词有“视力”(因为只有有视力才能看见 light)、“光阴”(因为 light 与 day 有关，而 day 又可代表光阴)、“生命”(因为人们总是将生命看作光明，而把死亡看作黑暗)和“希望”(因为希望与光明是密不可分的，有希望就有光明)；同样道理，day 也可以代表“光阴、生命”等；talent 在古希腊、古罗马等地是一种货币名，故而可指“钱”，转而指“生命的本钱”，即时间、活力等，talent 当然也有“才华”之意。二是根据上下文的暗示找出双关、多义的含义，受 light，day 及 talent 含义的制约，我们不难看出 present my true account 指的是“向上帝汇报生命本钱是如何花费的”“才华是如何使用的”等，即“向上帝报账”；my Maker 受上文制约不仅可指上帝，也可以指革命。诸如此类的双关、多义现象一旦被破译，那么关于 light 为何与 spent 搭配、为何要交账等问题也就不言而自明了。最后我们再结合这两方面的结论，便不难理解这首诗的意义了：

(1)关于失明：诗人因失明而感到痛苦，一度怀疑上帝的不公，但他的忍耐力和他对上帝的忠诚使他没有怨恨上帝，而是认为受上帝指使在海陆间奔忙固然是奉行上帝的旨意，但在尘世间默默等待，准备效忠上帝又何尝不是忠于上帝的旨意和为上帝效忠的善举呢？

(2)关于生命：诗人因命中多难、失去光明而感到痛苦，一度怀疑命运的不公，但他的坚强忍耐和他对生命的执着追求使他没有怨恨命运，而是认为轰轰烈烈地干一番事业固然是不枉此生，但默默工作、忍辱负重地生活一样是充实的、问心无愧的。

(3)关于革命事业：诗人因革命的失败而倍感痛苦，曾一度要埋怨历史的不公，但他坚强的革命精神使他没有消沉，而是坚信轰轰烈烈地为革命流血牺牲固然是忠于革命，但坚韧不屈、待机而动、默默地为革命工作一样是为革命服务。

当然，因为诗中关键词具有多重的含混意义，所以《失明》还可以有其他解释。但无论从哪个角度诠释这首诗，得出的结论总的来说是万变不离其宗的——这首诗表现了弥尔顿坚忍不拔的向上精神和不畏艰难的毅力。这恰恰说明了诗的精妙之处在于凝练和具有多重意义，但反过来说，虽然诗的意义是多层次的，但其终极意义是可寻的，因而诗的欣赏和评价也是有一定规律的。

(二)由典故引起的困难

大多数英诗有用典现象。有些典故不用说对我们中国人，就连英语国家的人也难以理解其含义。对于英诗中的典故，一方面要引导学生多阅读一些有关古希腊、古罗马的神话传说和圣经故事；另一方面还要靠文学老师结合具体英诗的意义讲解典故的具体含义。如在《夜莺颂》的第四部分有这样的诗句：

Away! Away! For I will fly to thee
Not charioted by Bacchus and his pards,
But on the viewless wings of Poesy,...

这里使用了有关Bacchus的典故，学生仅知道Bacchus是酒神是不够的，教师应引导他们理解酒神Bacchus乘坐着由文豹拉的车，乘上酒神的车即意指喝醉了酒，喝醉了酒便忘却了尘世的烦恼。诗人的意思是说他要随夜莺去美好的理想世界，但他并不想通过醉酒来忘却尘世的痛苦或通过酒精产生的虚幻的梦境来麻醉自己，而是要通过献身诗歌使自己插上无形的双翼从而飞向美好的理想世界。所以说，charioted by Bacchus and his pards有“依赖酒精的刺激作用”或“醉生梦死”之意。这种用典现象在现代英诗中很普遍，如弥尔顿的《失乐园》、拜伦的《唐璜》、艾略特的《荒原》，都是用典多而妙的典范。即使诗后附有这些典故的注释，如果没有积累较为系统的关于西方典故的知识，要理解用典较多的英诗也是有一定难度的。所以说，在英诗的教授过程中，教师不仅要引导学生分析诗歌的思想意义和艺术特点，更要注意从上述几个方面重点讲解，逐步培养他们阅读和理解诗歌的能力，从而提高他们对诗歌的分析能力。

英语诗歌的基本要素

诗之为诗，很重要的原因是，诗歌具有其他文学体裁所不具备或不完全具备的独特的韵律、押韵格式和词汇等基本要素。

一、韵律

诗歌不仅有明朗的文辞美、极富表现力的凝炼美，还有抑扬顿挫的节奏美。音韵谐美对于诗情的传达来说同词汇本身一样是不可缺少的。这些美必须通过一定的韵律(meter)和格式来加以体现。语音的组合、格律的安排不仅是构成诗歌音乐性的要素，同时也是诗歌表情达意的重要手段。而英语诗歌的韵律则是由重读音节与轻读音节的交替出现、音高(pitch)的不断起伏构成的。

(一)抑扬格(iamb)

抑扬格是双音节音步(dimeter)的基本类型，是一个非重读音节加上一个重读音节的排列组合。由于抑扬格是一种简单而且富于变化的节奏形式，因此在英语诗歌中极为普遍。莎士比亚的十四行诗为五音步抑扬格(iambic pentameter)，也就是在一个诗行中有十个音节，每两个音节为一个音步，共有五个音步；而在每个音步的两个音节中，前一个是非重读音节，后一个是重读音节。

Sŏ lòng |ăs mèn |căn brèathe, |ŏr e ỳ es |căn sèe,
Sŏ lòng |lĭves thìs |ănd thìs |gĭves lìfe |tŏ thèe. ①

(William Shakespeare, Shall I Compare Thee to a Summer's Day)

这两行诗选自莎士比亚的十四行诗《我可以把你比作夏天吗》。作为欧洲文艺复兴时期英国天才戏剧家和诗人，莎士比亚创作了 154 首十四行诗，

---

① 每个音步由竖线“|”隔开，“⌄”代表非重读音节，“、”代表重读音节。

大部分描写人世间的悲喜哀乐，如镜子般反映出人生的全貌，反映了诗人对生命的热爱和赞美；在语言上不但词汇丰富，用词精练，而且运用了多种修辞手法，显示出诗人高超的语言技巧。这首《我可以把你比作夏天吗》使用的就是五音步抑扬格，这种韵律赋予诗歌优美的音乐性，使诗读起来上口，听起来悦耳。

（二）扬抑格（trochee）

扬抑格是一个重读音节与一个非重读音节的排列组合。早在公元前7世纪希腊诗人阿基罗库斯（Archilochus）时代，扬抑格就被广泛用于诗歌创作，尤其被用于抒情诗和戏剧中。在英语诗歌中，扬抑格并不是常用的节奏，而且扬抑格通常是同抑扬格一起使用。尽管如此，扬抑格作为抑扬格的一种对照，彰显了诗歌的节奏美。事实上，在英语诗歌中如果没有了扬抑格，诗歌的节奏将会是单调和乏味的。

Twìnkl̆e, |twìnkl̆e, |lìttlĕ |stàr,
Hòw Ĭ |wòndĕr |whàt yŏu |arè!
Ŭp abòve |thĕ wòrld |sŏ hìgh,
Lìke ă |dìamŏnd |ĭn thĕ |skỳ.

Whèn thĕ |blàzĭng |sùn ĭs |gòne,
Whèn hĕ |nòthĭng |shìnes ŭp |òn,
Thèn yŏu |shòw yŏur |lìttlĕ |lìght,
Twìnkl̆e, |twìnkl̆e, |àll thĕ |nìght.

Thèn thĕ |tràvellĕr |ĭn thĕ |dàrk,
Thànks yŏu |fòr yŏur |tìn y̆ |spàrk,
Hĕ còuld |nŏt sèe |whĭch wày |tŏ gò,
Ìf yŏu |dìd nŏt |twìnkl̆e |so.

Ìn thĕ |dàrk blŭe |skỳ yŏu |kèep,
Ănd òf|tĕn thròugh |mỳ cùr|tăins pèep,
Fòr yŏu |nèvĕr |shùt yŏur |eỳe,
Tìll thĕ |sùn ĭs |ĭn thĕ |skỳ.

Às yŏur |brìght ănd |tìnỳ |spàrk,
Lìghts thĕ |tràvellĕr |ĭn thĕ |dàrk,—

Thòugh Ĭ |knòw nŏt |whàt yŏu |àre,

Twìnkl̆e, |twìnkl̆e, |lìttl̆e |stàr.

这是英国诗人和小说家简·泰勒(Jane Taylor)创作的儿歌 Twinkle, Twinkle, Little Star。这首儿歌后来由莫扎特谱曲,广为传唱,是世界上最著名的儿歌之一。该诗用扬抑格写成,每行诗有七个音节,分为四个音步(最后一个音步只有一个重读音节),重读音节位于非重读音节之前,组合成扬抑格的节奏。

(三)扬扬格(spondee)

扬扬格是两个重读音节组成的节奏单位,英语诗歌中扬扬格的诗行非常少见。这种节奏不是为了组成诗行,而是用来代替抑扬格或扬抑格,目的在于使诗歌的节奏发生变化,追求新的节奏美感,这种节奏频繁出现在丁尼生(Alfred Tennyson)的诗歌中。丁尼生的诗歌《尤利西斯》(Ulysses)是在挚友阿瑟·亨利·哈勒姆(Arthur Henry Hallam, 1811～1833)于 1833 年亡故后不久创作的,发表于 1842 年。全诗共 19 句 70 行 555 字,句式有陈述句、感叹句、祈使句等,整首诗没有固定韵脚,采用戏剧独白形式,描述古希腊英雄尤利西斯不安于家中平静生活,虽已时至暮年,仍壮心不已,准备好船只,再次出海远航,探询西方的极乐岛。以下诗节就是丁尼生的《尤利西斯》中的第 55～57 行:

Thĕ lòng |dày wànes:| thĕ slòw | mòon clìmbs:| thĕ dèep

Mòans ròund |wĭth mà|ny̆ voì|cĕs. Còme, |mỳ frìends,

'Tìs nòt | tòo làte | tŏ sèek | ă nèw| ĕr wòrld.

这一小节是国王对曾经与他生死与共的水手们的讲话,一般现在时呈现了远航前人和环境的状态——心的帆和船的帆都已张满。这里第一行共有十个音节,分为五个音步,第二和第四音步为扬扬格,第一、第三和第五音步是抑扬格。显然,这种变化的韵律格式使得这番誓言性的讲话情绪高昂、激荡人心,表达了尤利西斯对未知旅途的坦荡和自信。

(四)抑抑扬格(anapaest)

抑抑扬格是由两个非重读音节和一个重读音节组成的音步,属于三音节音步。抑抑扬格音步和抑扬格音步都是从非重读音节到重读音节的组合,因此被统称为"升调韵律"(rising meter)。在 18 世纪之前的英语诗歌里,抑抑扬格主要用于流行诗歌中,此后的一批重要诗人如威廉·考珀(William Cowper)、司各特(Sir Walter Scott)、拜伦(George Gordon Byron)、莫里斯(William Morris)等,都用抑抑扬格创作过诗歌。

由于抑抑扬格由两个快速的非重读音节加上一个强调的重读音节组

成，因此不仅可以营造出如马奔腾的快速节奏，而且常常被应用于结构复杂的长诗中，如拜伦的诗歌《塞纳克里布的毁灭》(The Destruction of Sennacherib)就是采用抑抑扬格创作的著名诗歌之一。以下内容就是《塞纳克里布的毁灭》的最后一个诗节：

Ănd thĕ wì|dŏws ŏf À|shŭr a ře loùd |ĭn thĕir wàil,
Ănd the i|dols are broke |in the tem|ple of Baal;
Ănd thĕ mìght |ŏf thĕ Gèn|tĭle, ŭnsmòte |bў thĕ swòrd,
Hăth mèl|tĕd lĭke snòw |ĭn thĕ glànce |ŏf thĕ Lòrd!

值得注意的是，《塞纳克里布的毁灭》全诗共六个诗节，每节由四行组成。每个诗节的前三行都是四音步抑抑扬格，而在最后一个诗行中虽仍为四音步抑抑扬格，但是第一个音步由两个音节组成，采用的是抑扬格。

(五)扬抑抑格(dactyl)

扬抑抑格由一个重读音节加上两个非重读音节组成，与抑抑扬格相对应。整首诗全部用扬抑抑格写成的诗歌很少，扬抑抑格大多同其他韵律形式组合使用。

Òne mŏre ŭn|fòrtŭnăte,
Wèary ŏf brĕath,
Ràshl ў ĭm|pòrtunate,
Gòne tŏ hĕr |dèath!

Tàke hĕr ŭp |tenderly
Lĭft hĕr wĭth |care;
Fàshĭon'd sŏ |slèndĕrlў
Yòung, ănd sŏ | fàir!

(Thomas Hood, The Bridge of Sighs)

这首诗的作者托马斯·胡德早年写过一些幽默滑稽的作品，如《献给大人物的颂歌与贺词》(Odes and Addresses to Great People)、《仲夏仙子的呼吁》(The Plea of the Midsummer Fairies)、小说《蒂尔尼大厅》(Tylney Hall)、《溯莱茵河而上》(Up the Rhine)等。胡德的诗歌多采用民谣体，通俗易懂。(刁绍华，1990：652)所选诗节的第一和第三行由两个扬抑抑格音步组成，第二和第四行是由一个完整的扬抑抑格音步加一个重音节(其后省略了两个非重读音节)构成的扬抑抑格。

特别需要指出的是，在英语诗歌中，往往是多种韵律类型一起使用，这不仅极大地丰富了诗歌的韵律格式而且也增强了诗歌的音乐性，使诗歌更易于诵读。

二、押韵

英语诗歌的押韵(rhyme)是以英语单词的音节读音为基础,按照一定的读音规则对音节进行不同的组合从而得到的。(聂珍钊,2007:195)下面就几种比较常见的押韵类型进行分析:

(一)头韵(alliteration)

头韵又称首韵(head rhyme)或者起始韵(initial rhyme)。作为世界上最常见的押韵形式,头韵是指一行诗中两个或两个以上的单词开头的辅音相同,形成押韵,结构为 Cvc,大写字母 C 代表辅音字母的类似或者重复,因此其属于和韵(consonance)的范畴。头韵的历史悠久,用古英语写成的最早的英语史诗《贝奥武夫》(Beowulf)的押韵经常就是头韵。

The fair breeze blew, the white foam flew,
The furrow followed free:
We were the first that ever burst
Into that silent sea.

(Samuel Taylor Coleridge, The Rime of the Ancient Mariner)

以上诗节是塞缪尔·泰勒·柯勒律治(Samuel Taylor Coleridge)的《古舟子咏》(The Rime of the Ancient Mariner)中的第 103～106 行。柯勒律治是英国诗人、评论家,1798 年其与华兹华斯共著《抒情歌谣集》(*Lyrical Ballads*),成为浪漫主义文学的主要代表。柯勒律治强调诗应富于想象力,主张结构丰富复杂,含义具有深度、活力,追求多义多解。他的诗作歌颂自然,感情真挚,音律优美,含义深远。其作品《古舟子咏》、《克利斯托贝尔》(Christabel)、《忽必烈汗》(Kubla Khan)等是英国诗歌中的经典。《古舟子咏》采用民谣形式,叙述一个老水手和同伴在海上航行时突遇风暴;风平之后,老水手射死一只信天翁,使他和伙伴们遭受了肉体和精神上的惩罚,只有老水手一人幸免于难;他良心受到谴责,痛苦不已,向上帝忏悔祈求怜悯。最后水手们死而复生,把船驶回故乡。诗中充满了浓厚的宗教神秘气氛,表达了诗人所追求的平等理念和宇宙的内在和谐。在所选诗节的前三行里,头韵/f/重复出现了七次,这个摩擦送气的清辅音模仿柔风轻涛的声音,创造出一种宁静的意境。第四行里的两个/s/音宛如和风吹过沉寂海面而发出的嗞嗞声。头韵在这里的使用,令读者有身临其境之感。另外,中间韵"blew"和"flew","first"和"burst","furrow"和"followed",尾韵"free"和"sea"形成悦耳动听的韵味和节奏感。(陈才忆,2008:35)

诗人在使用头韵时,还会使用一种声音的重复,通过这种声音的重复表达一种独特的情感。

When thou sigh'st, thou sigh'st not wind,
But sigh'st my soul away;
When thou weep'st, unkindly kind,
My life's blood doth decay.
It cannot be
That thou lov'st me, as thou say'st;
If in thine my life thou waste,
Thou art the best of me.

(John Donne, Song)

上述诗节出自约翰·多恩(John Donne)的《歌》(Song)。多恩的早期创作多为抒情诗,描写生活乐趣,后转入宗教题材,文字雕琢,内容晦涩,是玄学派诗歌的代表人物。多恩的诗语言生动,节奏格律起伏顿挫,以分析爱情性质和心理见长,给人以新鲜感。此诗节使用的头韵有“when—wind—weep—waste”“sigh—soul—say”“doth—decay”“blood—be—best”“thou—then—that”等。另外,在“sigh”“kindly”“thine”“my”和“life”中的元音/aɪ/暗示悲伤和抑郁,又由于它是一个长元音,自然就减缓了诗行的节奏,哀伤和抑郁之情也就得到了充分的表现。

(二)元韵(assonance)

元韵属于非全韵(imperfect rhyme),指因诗行中的元音读音相同而押韵,而元音前后的辅音则不必押韵,英语诗歌中元韵的结构为cVc。一般来说,元韵主要是用来“强化诗歌的情绪或者音乐性”(Stillman, 2000: 83)。从押韵的位置来看,元韵大致可分为尾元韵和行内元韵。

尾元韵与普通尾韵不同,普通尾韵要求行尾单词最后一个音节的元音和元音后面的辅音都要押韵,结构可以表示为cVC,而尾元韵只要求行尾单词最后一个元音押韵,而不必考虑元音后面的辅音是否押韵。

She sees the falling leaves, the dying leaves
That cling there still; above
Through the brown horror of the boughs she sees
The empty, arching skull.

(E. L. Mayo, Pool)

在这四行诗里,第一和第三行最后一个单词中的元音字母ea和ee发音相同(/iː/),第二和第四行最后一个单词中的元音字母o和u发音也相同(/ʌ/),它们属于标准的尾元韵。

行内元韵指一行诗中相邻单词中相同元音的重复，这种重复也可以出现在几行诗中。例如沃尔特·惠特曼(Walt Whitman)的《鹰嬉》(The Dalliance of the Eagles)：

Skirting the river road, (my forenoon walk, my rest,)
Skyward in air a sudden muffled sound, the dalliance of the eagles,
The rushing amorous contact high in space together,
The clinching interlocking claws, a living, fierce, gyrating wheel,
Four beating wings, two beaks, a swirling mass tight grappling,
In tumbling turning clustering loops, straight downward falling,
Till o'er the river pois'd, the twain yet one, a moment's lull,
A motionless still balance in the air, then parting, talons loosing,
Upward again on slow-firm pinions slanting, their separate diverse flight,
She hers, he his, pursuing.

在所选诗节中，从开始到最后，元音/ɪ/不断重复，第二行的"sudden—muffled"和第三行的"rushing—contact"中元音字母 u 和 o 是读音相同的元音，第六行的"tumbling—clustering"两个 u 读音相同，第九行的"diverse—flight"中，i 和 igh 的读音相同。第二行和第四行押尾元韵(eagles—wheel)。还有头韵，如第一行的"river—road"，第二行的"skyward—sudden—sound"，第六行的"tumbling—turning"，第九行的"slow—slanting—separate"等。(陈才忆，2008：49)

(三)和韵

同头韵、元韵相比，和韵的使用历史要悠久得多，早在古罗马时期，卢克莱修(Lucretius)就创作过押和韵的诗歌，而且现代诗人也越来越喜欢用和韵来进行诗歌创作。和韵又被称为"子韵"或者"假韵"，采用这种押韵方式，辅音在听觉上让人感到相同或者类似。和韵从形式上可分为行尾和韵、行内和韵和节内和韵。

行尾和韵指出现在行尾的辅音重复，即读音相同或者类似，元音不要求押韵。

Things fall apart; the center cannot hold;
Mere anarchy is loosed upon the world,

(William Butler Yeats, The Second Coming)

这两个诗句选自叶芝的《第二次来临》(The Second Coming)。叶芝是爱尔兰诗人、剧作家、后期象征派代表作家、爱尔兰文艺复兴运动主将。叶芝的诗歌创作成就巨大，曾被认为是20世纪最伟大的诗人。《第二次来临》

是一首极负盛名的宗教体裁的诗作。诗人创作此诗时正值第一次世界大战，诗篇的题目点出了古老的基督教神话：基督将要在世界末日重临，主持末日的审判。诗篇使用了一连串的神秘意象：螺旋、摇篮、狮身人面像、鸟群和世界精神等，表达了叶芝对文明解体的忧虑。显然，所选诗句中"hold—world"中的辅音/ld/押行尾和韵，从而使两个诗行更加紧密地衔接起来，成为有机的一体。

行内和韵与节内和韵指在一行诗内押韵和在一个诗节的诗行内押韵。这种押韵只考虑重读音节的辅音押韵，可以出现在任何位置，并不要求押尾韵。

Whose woods these are I think I know.
His house is in the village, though;
He will not see me stopping here
To watch his woods fill up with snow.

My little horse must think it queer
To stop without a farmhouse near
Between the woods and frozen lake
The darkest evening of the year.

(Robert Frost, Stopping by Woods on a Snow Evening)

以上诗节是弗罗斯特的《雪夜林边驻足》的前两个诗节。弗罗斯特是美国现代诗人，一生荣获四次普利策诗歌奖。他的诗充满了乡土气息，同时又富于象征和哲理，内涵复杂，情调微妙，深为人们喜爱。《雪夜林边驻足》的背景是新英格兰乡间某处，其间有树林、湖泊、原野以及远处的村庄和农舍。诗人在一个雪花飘洒的黄昏路过一片树林，被美丽的雪景深深吸引而情不自禁地停住马来欣赏大自然的美景。诗人深深地陶醉于美景之中，虽流连忘返，但又不得不离开，继续自己的行程。全诗使用了大量的头韵、元音韵、辅音韵、首尾韵等押韵方式。以所选诗节为例，第一行中的"whose—woods—these"三个词使用辅音韵；第二行中的"his—house"两个词首尾押韵，"is—in"是头韵也是元音韵，"the—though"押头韵；第三行中的"he—see""stopping—not"押元音韵；第四行中的"watch—woods—with"押头韵，"his—fill""woods—to"押元音韵。这样的押韵模式错落有致，交相呼应，由前一个小节引出下一小节，到了最后一节又合为一韵，暗示着结尾，并且韵脚都押得十分自然，一点也没有牵强的感觉。正是这种巧妙的韵律模式使《雪夜林边驻足》成为弗罗斯特最好的抒情诗之一，诗的音韵形式和内容得到完美的结合，从而把诗深层的含义揭示得淋漓尽致，使读者从中领略到诗歌的幽深与人生感悟之美。

（四）内韵(internal rhyme)

内韵又称“中间韵”，指一行诗内的一个单词与同一行诗行尾的单词或另一行诗中的一个单词之间的押韵。内韵的位置比较灵活，它既可能与同一行诗中的单词押韵，也可能同下一行诗中的单词押韵，还可能同隔行诗中的单词押韵。根据其押韵格式，内韵主要有腹韵(leonine rhyme)、组合韵(sectional rhyme)、节奏停顿韵(cross-rhyme)和交错韵(interlaced rhyme)四种类型。由于在英语诗歌中只有腹韵比较常见，下面仅对其进行介绍。

腹韵是指一行诗中间的一个单词与同一行诗行尾的单词之间押内韵。著名诗人雪莱、拉迪亚德·吉卜林(Rudyard Kipling)及埃德加·爱伦·坡(Edgar Allan Poe)等都曾写过有典型腹韵的诗歌，下面以雪莱的《云》(The Cloud)的第二诗节为例：

I sift the snow on the mountains below,
And their great pines groan aghast;
And all the night 'tis my pillow white,
While I sleep in the arms of the blast.
Sublime on the towers of my skiey bowers,
Lightning my pilot sits;
In a cavern under is fettered the thunder.
It struggles and howls at fits;
Over earth and ocean, with gentle motion,
This pilot is guiding me.
Lured by the love of the genii that move
In the depths of the purple sea;
Over the rills, and the crags, and the hills.
Over the lakes and the plains,
Wherever he dream, under mountain or stream,
The spirit he loves remains;
And I all the while bask in Heaven's blue smile,
While he is dissolving in rains.

雪莱的这首诗《云》为抑扬格与抑抑扬格混用，是四音步和三音步交替排列的短诗，抑抑扬格本来就是读起来轻快、让人感到愉悦和优美的诗歌形式，这正好与云的轻盈、飘逸相吻合。《云》采用的就是腹韵的押韵方式：

“snow—below”“night—white”“towers—bowers”“under—thunder”“ocean—motion”“love—move”“rills—hills”“dream—stream”“while—smile”。诗人在诗行内采用腹韵，把云为干渴的花朵送来甘露的意象伴随着优美的韵律，活灵活现地表现了出来。

（五）尾韵（end rhyme）

尾韵又被称为“全韵”（perfect rhyme），是指行尾押韵单词最后的重读元音及其后面的辅音或者辅音组合读音相同，而元音前面的辅音则不能相同，如“hands—lands”“falls—walls”。也就是说，元音以及元音后面的辅音押韵，而元音前面的辅音则不能押韵。根据音节的数量，尾韵可分为单音节尾韵、双音节尾韵和三重音节尾韵。

单音节尾韵（single rhyme）又称“男韵”或“阳韵”（masculine rhyme），是在诗行结尾重读音节之间出现的最普遍的押韵，押韵结构为 Cvc。作为诗歌押韵的基本类型，单音节尾韵是英语诗歌中最为普遍的押韵方式。自从文艺复兴以来，单韵普遍存在于莎士比亚、华兹华斯、拜伦、雪莱及丁尼生等诗人的诗歌中，如丁尼生的《鹰》（The Eagle）：

He clasps the crag with crooked **hands**；
Close to the sun in lonely **lands**，
Ring'd with the azure world，he **stands.**

The wrinkled sea beneath him **crawls**；
He watches from his mountain **walls**，
And like a thunderbolt he **falls.**

早在孩提时代，英国作家丁尼生就对诗歌和音乐产生了浓厚的兴趣，他十分注重诗歌艺术形式的完美，并强调作品的音乐效果。他的诗歌大都辞藻华丽、音韵和谐、韵律整齐、节奏明快，具有极强的艺术感染力。因此，丁尼生被称为“文字音乐家”。该诗作于 1851 年，是一首怀念亡友哈勒姆的抒情诗。在这首小诗中，丁尼生塑造了一个高山雄鹰的形象，这无疑就是哈勒姆。诗人歌颂了亡友的不凡才华和人品，对他突如其来的“离去”表示痛心和惋惜。这首诗由两个诗节组成，每个诗节有三行诗，第一个诗节中的“hands—lands—stands”押韵，第二个诗节中的“crawls—walls—falls”押韵（诗中已经用黑体标出），全诗的押韵属于典型的标准单韵。

双音节韵（double rhyme）又称“女韵”或“阴韵”（feminine rhyme），其基本特征是行尾单词最后两个音节押韵，其中倒数第二个音节是重读音节，而最后一个音节是非重读音节，押韵结构为 cVCVC。由于双韵的结构是重读音节加非重读音节，因此又被称为“扬抑格韵”(trochaic rhyme)。一般来说，双韵很少单独组成诗节，经常与单韵搭配使用，如夏洛蒂·勃朗特(Charlotte Brontë)的诗作《情感》(Passion)的第一个诗节：

Some have won a wild delight,
  By daring wilder sorrow;
Could I gain thy love to-night,
  I'd hazard death to-morrow.

该诗节第一行和第二行押单韵“delight—to-night”，第二行和第四行中的“sorrow—to-morrow”构成双韵的形式，整个诗节的押韵格式为“abab”。

三重音节尾韵(triple rhyme)是在双韵的基础上增加了一个音节，常常被看作双韵的变体。押三重韵的英语单词在音步上属于扬抑抑格，所以三重韵有时也被称为“扬抑抑格韵”(dactylic rhyme)。由于英语中符合三重韵规则的单词不多，因此三重韵可以由两个以上的英语单词构成，这种押韵又被称为“马赛克韵”(mosaic rhyme)，即几个单音节单词同一个多音节单词或几个单音节单词押韵。如约翰·格林利夫·惠梯尔(John Greenleaf Whittier)的《尤利的巴克利》(Barclay of Ury)一诗：

Flouted him the drunken churl,
Jeered at him the serving-girl,
  Prompt to please her master;
And the begging carlin, late
Fed and clothed at Ury's gate,
  Cursed him as he passed her.
...

Who, with ready weapon bare,
Fronting to the troopers there,
  Cried aloud: "God save us!
Call ye coward him who stood
Ankle-deep in Lutzen's blood,
  With the brave Gustavus?"

在上面的诗歌中，“master—passed her”“save us—Gustavus”这两组押韵都是双韵，而且是马赛克韵。

(六)目韵(eye rhyme 或 visual rhyme 或 sight rhyme)

目韵是指从拼写上看起来似乎押韵而读音其实并不押韵的尾韵。

由于押目韵的单词只是拼写相同而读音并不押韵，因此，在传统诗歌中，有人认为目韵不能被看作是押韵的，尽管如此，目韵仍然在诗歌中得到了广泛的应用，如丁尼生的长诗《追忆亡友》(In Memoriam A. H. H.)：

We go, but ere we go from home,
As down the garden-walks I move,
Two spirits of a diverse love
Contend for loving masterdom.
...
Shall he for whose applause I strove,
I had such reverence for his blame,
See with clear eye some hidden shame
And I be lessen'd in his love?

丁尼生的《追忆亡友》由131首诗组成，诗人把对亡友的友情扩大到对人类的博爱。诗中表达了他的永生思想，他认为人死而精神不灭，相信上帝存在于每个人的心中。丁尼生的诗开阔、庄严，讲究修辞，注重音调和谐，传达出一种静谧安宁的意境。在上述诗节中，第二行的move和第三行的love及下面的strove和love在拼写上似乎押韵但是读音并不押韵，因此属于目韵。

(七)富韵(rich rhyme)

富韵除了要求元音押韵外，元音前或后的辅音读音都需要完全相同和押韵，如"night—knight""foul—fowl""stare—stair"等。富韵最早出现于法国诗歌中。在英国诗歌中，乔叟在法国诗歌的影响下最早开始使用富韵。文艺复兴时期的诗人托马斯·怀亚特爵士(Sir Thomas Wyatt)的《这可能吗》(Is It Possible)中就采用了富韵的押韵形式：

All is possible
Whoso list believe.
Thrust therefore first, and after preve,
As men wed ladies by licence and leave.
All is possible.

托马斯·怀亚特爵士和亨利·霍华德伯爵(Earl Henry Howard)一起将意大利诗体和格律，包括著名的彼特拉克十四行诗引入英国诗歌。上述诗歌中第二行中的believe和第四行中的leave押富韵。

三、押韵格式

押韵格式(rhyme scheme)是指一首诗中各押韵诗行的组合形式。一般来说，每首诗都是由数量不等的诗行组成，每一行诗的结尾都按照其读音的

相同或类似押韵，并表现出规律性。因此，押韵格式也可以看成诗歌押韵的规律、结构或者规则。（聂珍钊，2007：271）

押韵格式既有定型诗歌格式（fixed scheme），又有普通格式。定型诗歌格式主要有十四行诗、斯宾塞诗体、回旋诗体的押韵格式等；普通押韵格式主要包括双行押韵格式（aa）、隔行押韵格式（abab）、吻韵格式（abba）、链韵格式等。下面将简单介绍这几种普通押韵格式。

（一）双行押韵格式（aa）

双行押韵是英语诗歌最基本的押韵格式，主要用于双行诗节（couplet）。作为英语诗歌中最基本的诗节格式，双行诗节指由两行诗组成的诗节，这两行诗可以押韵也可以不押韵。双行诗节可以单独成为诗节，也可以存在于其他诗节中。如七行体诗（又称"皇韵"，rhyme royal）和八行体诗（octa rima）以双行诗节结束，莎士比亚的十四行诗也是用双行诗节结束全诗。

（二）隔行押韵格式（abab）

隔行韵（alternate rhyme）又称"交叉韵"（cross rhyme），其格式为 abab，一般用于写作四行诗节。其基本特征就是第一行诗与第三行诗押韵，第二行诗同第四行诗押韵。四行诗节是英语诗歌中最普遍的押韵格式，因此 abab 的押韵格式也是英语诗歌中最普遍的押韵格式，如华兹华斯的《致杜鹃》（To the Cuckoo）的第一诗节：

O Blithe new-comer! I have heard,
I hear thee and rejoice:
O Cuckoo! shall I call thee Bird,
Or but a wandering Voice!

华兹华斯，英国浪漫主义诗人，和柯勒律治、罗伯特·骚塞（Robert Southey）同称为"湖畔派诗人"，1843 年获"桂冠诗人"封号。他的诗作一反前人矫揉雕琢的弊病，运用民间口语，平易清新，开一代诗风。华兹华斯擅长描写湖光山色和田园生活，歌咏大自然的美，人称"自然诗人"。他的诗宁静自然，感情真挚，语言清新朴素，富有情趣。上述诗节中"heard－Bird & rejoice－Voice"就属于隔行押韵。本诗节第一和第三行有四个音步，第二和第四行有三个音步。音步基本规范，但稍有例外，第四诗行就有破格。就整首诗来说，这首诗属于抑杨格四音步与三音步结合的"歌谣体"诗歌，格律和谐，朗诵时仿佛杜鹃鸟就在耳边悦耳鸣叫，在眼前自由飞翔。押韵模式丰富，有全韵（尾韵）、非全韵（包括元韵和和韵）等。韵律非常整齐，因此加强了音乐感，读来朗朗上口，杜鹃和谐悦耳的鸣叫声相一致，体现出诗人对杜鹃这个春天使者的热爱之情。徐志摩说过，好的诗歌应该具备三美，即音乐美、形式美和建筑美。《致杜鹃》同时具备了这“三美”，不愧为华兹华斯的名作，浪漫主义诗坛的经典之作。

（三）吻韵格式（abba）

吻韵（kissing rhyme）又称“抱韵”（envelope rhyme），押韵格式为 abba。其主要特征是第一诗行与第四诗行押韵，第二诗行和第三诗行押韵。丁尼生的《追忆亡友》被认为是用 abba 格式写成的最著名的诗篇，其中第 11 部分的最后一个诗节如下：

Calm on the seas, and silver sleep,
　And waves that sway themselves in rest,
　And dead calm in that noble breast
Which heaves but with the heaving deep.

丁尼生的密友哈勒姆在欧洲旅行期间客死维也纳，丁尼生极为悲伤，此后 10 多年中，他从这种悲伤出发，把对人生、宗教、社会等的思考写成一首首诗，记录了这一心灵历程。该诗集发表后，成为英诗中最伟大的悼念诗之一，这种诗体也被称为“悼念体”。在上述引用的诗节中，“sleep—deep”与“rest—breast”构成吻韵。

吻韵也可以用来写三行诗节，格式为 aba。这样的诗行叫“吻韵三行诗节”（enclosed tercet）。如毕肖普（Elizabeth Bishop）的《一门艺术》（One Art）的前两个诗节：

The art of losing isn't hard to master;
so many things seem filled with the intent
to be lost that their loss is no disaster,

Lose something every day. Accept the fluster
of lost door keys, the hour badly spent.
The art of losing isn't hard to master.

（四）链韵格式（chain rhyme）

链韵又名“连锁韵”（interlocking rhyme），是英语诗歌中较为复杂的押韵格式，主要用于四行诗节或三行诗节，其特征是一个诗节中的某一行诗用于连接下一个诗节中某一行诗。菲利普·拉金[①]（Philip Larkin）的《床上的

① 拉金是英国运动派最有影响的诗人，有诗集《北驶的船》（*The North Ship*）、《不易上当受骗的》（*The Less Deceived*）、《爆炸》（*The Explosion*）、《高窗》（*High Windows*）等。他的诗深受叶芝的影响，前后稍有变化，但总的特点是简练、含蓄、嘲讽，富有表现力。他还是反浪漫主义运动的领导人。

谈话》(Talking in Bed)是使用链韵的优秀范例：

Talking in bed ought to be easiest,
Lying together there goes back so far,
An emblem of two people being honest.

Yet more and more time passes silently.
Outside, the wind's incomplete unrest
Builds and disperses clouds about the sky,

And dark towns heap up on the horizon.
None of this cares for us. Nothing shows why
At this unique distance from isolation

It becomes still more difficult to find
Words at once true and kind,
Or not untrue and not unkind.

前三个诗节的韵式是 aba，cac，dcd，前一个诗节的首尾行与下一个诗节的中间行押韵，从而将三个诗节连接起来。同其他押韵格式相比，链韵的难度较大，要求也较高，因此这种押韵格式在英语诗歌的创作中比较少见。

四、押韵格式的组合

前面讨论的四种基本押韵格式都与两行、三行和四行诗节联系在一起。一般而言，当一个诗节含有五个或五个以上的诗行时，往往就会出现两种甚至两种以上的押韵格式组合。

(一)五行诗节中押韵格式的组合

以雪莱的《致云雀》(To a Skylark)的第一和第二诗节为例：

Hail to thee, blithe Spirit!
  Bird thou never wert,
That from heaven, or near it,
  Pourest thy full heart
In profuse strains of unpremeditated art.

Higher still and higher,
  From the earth thou springest

Like a cloud of fire;
  The blue deep thou wingest,
And singing still dost soar, and soaring ever singest.

雪莱是英国19世纪上半期与拜伦齐名的伟大的浪漫主义诗人，他的抒情诗十分杰出，如《西风颂》(Ode to the West Wind)、《致云雀》、《云》等都是世界文学中脍炙人口的名篇。雪莱的理论著作《诗辩》(*A Defence of Poetry*)是英国浪漫主义的宣言书，是西方美学史上的一颗璀璨明珠。(旸晟，1988：36-39)在形式上，雪莱在这首诗中采用了五行一节的形式：前四句扬抑格三音步，第五句抑扬格六音步。每节押ababb韵，这是隔行押韵的变体形式，也可以说前三行是吻韵格式，后两行是双行韵格式，后两行与第二行又押韵，从而每节的最后一句都是强烈感情即兴的、自然的流露。同时在选词上，雪莱使用了大量的头韵、谐音和辅音群来模拟云雀的鸣叫，形成了一种非常逼真的声音效果。

(二)六行诗节中押韵格式的组合

以华兹华斯的《咏水仙》(The Daffodils)为例：

I wandered, lonely as a cloud
  That floats on high o'er vales and hills,
When all at once I saw a crowd,
  A host, of golden daffodils;
Beside the lake, beneath the trees,
Fluttering and dancing in the breeze.

Continuous as the stars that shine
  And twinkle on the Milky way,
They stretch'd in never-ending line
  Along the margin of a bay:
Ten thousand saw I at a glance
Tossing their heads in sprightly dance.

The waves beside them danced, but they
  Outdid the sparkling waves in glee:
A poet could not but be gay
  In such a jocund company!
I gazed—and gazed—but little thought

What wealth the show to me had brought;

For oft, when on my couch I lie
  In vacant or in pensive mood,
They flash upon that inward eye
  Which is the bliss of solitude;
And then my heart with pleasure fills,
And dances with the daffodils.

华兹华斯的《咏水仙》是诗人在拜访友人途中见到一大片水仙花,两年后回忆时所作。《咏水仙》是一首抒情诗,形式和格律自由舒展,不受古典主义诗歌戒律的束缚,语言清淡、朴素、平实。作者寄情于景,不仅描绘出水仙花可爱的姿态,而且还表达了自己对大自然的热爱以及内心流露出来的喜悦之情。

这首诗共四节,属六行诗体。前四行分单双句押韵,后两行是一个对句,为同韵,即 ababcc。每行四个音步,八个音节,属"四音步抑扬格"。第一诗节的最后一行的第一个音步 Fluttering 由抑扬格转为扬抑抑格,这种格律的转换,是由需要而定的。诗歌其余三节的格律特点基本与第一节的相同。因此,这首诗韵律整齐,所用的韵脚是 ababcc, efefgg, hihikk, lmlmnn。从尾韵中可以看出,每节第一行和第三行押韵,第二行和第四行押韵,最后两行押韵。这样就产生了一种强烈的节奏感,使此诗顺畅如行云流水,诵之朗朗上口,闻之和谐悦耳,也就是说它具有音韵美。此诗的音韵美除了加强音乐性、准确地表现了音响特色外,还充分传达出渗透在艺术形象中的感情色彩,也就是说诗人把优美的形式和深刻的思想结合在了一起,给人音律上的美感,表达了诗人对大自然的热爱。

(三)七行诗节中押韵格式的组合

七行诗节中,最普遍的是抑扬格五音步的皇韵(rhyme royal)诗节。它是根据苏格兰国王詹姆斯一世在他的诗歌 Kings Quair 中所使用的诗节而创造出来的。乔叟在《特罗勒斯与克丽西德》(Troilus and Criseyde)中最早使用这一诗节形式,因此皇韵诗节又称"特罗勒斯诗节"(Troilus stanza)或"乔叟诗节"(Chaucer stanza)。以下是选自《特罗勒斯与克丽西德》第一卷中"特罗勒斯"的一段情歌的第一诗节,其韵脚是 ababbcc。

If no love is, O God, what fele I so?
And if love is, what thing and which is he?
If love be good, from whennes cometh my woo?

If it be wikke, a wonder thinketh me,
When every torment and adversite
That cometh of hym may to me savory thinke,
For ay thurst I, the more that ich it drynke.

乔叟是英国14世纪的伟大诗人,他继承和吸收了法国诗人和意大利诗人的诗歌技巧,把伦敦方言提炼成为英国的文学语言,因而获得了"英国文学之父"的美誉。《特罗勒斯与克丽西德》是一部爱情长诗,作者把爱情看视为人的天性,歌颂男女主人公的爱情,充满了人文主义思想,被批评家们认为是最早的一部现实主义作品。(旸晟,1988: 1-2)该诗的押韵格式是在四行诗节基础上发展起来的,也就是在隔行押韵(abab)或双行押韵(bbcc)的基础上加一个三行诗节构成。

(四)八行诗节中押韵格式的组合

八行诗节的基本结构是由六行隔行韵(ababab)加一个双行韵构成(cc)。如叶芝的《驶向拜占庭》(Sailing to Byzantium)的最后一个诗节:

Once out of nature I shall never take
My bodily form from any natural thing,
But such a form as Grecian goldsmiths make
Of hammered gold and gold enamelling
To keep a drowsy Emperor awake;
Or set upon a golden bough to sing
To lords and ladies of Byzantium
Of what is past, or passing, or to come.

(五)九行诗节中押韵格式的组合

九行诗节以斯宾塞诗节(Spenserian stanza)为代表,是斯宾塞在长诗《仙后》中创造的一种诗节,以下是《仙后》第一卷第一章的第一诗节:

A Gentle Knight was pricking on the plaine,
Ycladd in mightie armes and filver fhielde,
Wherein old dints of deepe wounds did remaine,
The cruell markes of many'a bloudy fielde;
Yet armes till that time did he never wield:
His angry fteede did chide his foming bitt,
As much difdayning to the curbe to yield:
Full iolly knight he feemd, and faire did fitt,
As one for knightly giufts and fierce encounters fitt.

这种诗节的押韵格式是 ababbcbcc，是在隔行韵和链接韵基础上发展起来的，既有隔行韵味道，又有链接韵味道。

（六）十行诗节中押韵格式的组合

由于诗行较多，十行诗节没有固定的押韵格式，但大多数是从基本押韵格式变化而来的。如约翰·济慈的《夜莺颂》的第四诗节：

Away! Away! for I will fly to thee,
  Not charioted by Bacchus and his pards,
But on the viewless wings of Poesy,
  Though the dull brain perplexes and retards:
Already with thee! tender is the night,
  And haply the Queen-Moon is on her throne,
    Cluster'd around by all her starry Fays;
      But here there is no light,
  Save what from heaven is with the breezes blown
    Through verdurous glooms and winding mossy ways.

这个诗节的押韵格式是 ababcdecde，显然，前四行押隔行韵，后六行也押隔行韵，但为隔两行而非基本格式的隔一行。

五、诗行

在英语诗歌中，诗行是个基本的诗学概念，所有的韵诗（verse）都是由诗行组成的，“韵诗则要引入一些其他的[语言]规则，以加强我们对其节奏的注意”（Attridge，1995：5）。这些规则就是诗行的韵律规则。作为诗歌的基本组成单位，诗行不仅是一种韵律结构，而且也是一种修辞单位（如比喻、象征等修辞手法都是以诗行为载体而实现），因此，对于诗歌的任何分析和欣赏，都离不开诗行的分析。

英语诗行有长有短，它的长短由诗行所包括的音步数决定。按照音步数对诗行进行分类，诗行可以分为：单音步诗行、双音步诗行、三音步诗行、四音步诗行、五音步诗行、六音步诗行、七音步诗行、八音步诗行等。可见最短的诗行只有一个音步，最长的诗行可以达到八个音步以上，而英语诗歌的音步以四音步和五音步的诗行最多。

（一）单音步诗行（monometer）

单音步诗行是由一个音步构成的诗行，尽管这种诗行在英语中很少见，但也不乏著名的例子，如罗伯特·赫里克（Robert Herrick）的《即刻上路》（Upon His Departure Hence）：

THUS I
Passe by
And die:
As one,
Unkown,
And gon:
I'm made
A shade,
And laid
I'th'grave:
There have
My Cave.
Where tell
I dwell,
Farewell.

这首诗的每个诗行都是抑扬格的节奏，并且都是由两个音节组成一个音步。本诗共有两句话，而诗人则将其写成15个诗行，因此这种单音步有利于吸引读者继续读下去。

真正的单音步英语诗歌是很少见的，但是，在当代诗歌，特别是自由诗中，这种格式的诗行则出现得比较频繁，艾略特在他的《荒原》(The Waste Land)中就曾使用过很多单音步诗行。

(二)双音步诗行

双音步诗行是由两个音步构成的一行诗。托马斯·哈代(Thomas Hardy)的《知更鸟》(The Robin)就是一个例子：

When up aloft
I fly and fly,
I see in pools
The shining sky,
And a happy bird
Am I, am I!

When I descend
Towards their brink
I stand, and look,

And stoop, and drink.
And bathe my wings,
And chink and prink.

这是《知更鸟》的前两小节,整首诗由四节六行诗组成,每行有六个音节,韵律为抑扬格,也就是说这首诗是抑扬格双音步诗。

和单音步诗歌一样,在英语中双音步诗歌也不常见,但是诗人在写作的时候经常使用双音步诗行与其他诗行相结合的形式,如威廉·卡洛斯·威廉斯(William Carlos Williams)的《红色手推车》(The Red Wheelbarrow)在第一、第三和第五诗行就采用了单音步和双音步组合的形式:

The Red Wheelbarrow
so much depends
upon

a red wheel
barrow

glazed with rain
water

beside the white
chickens.

(三)三音步诗行(trimeter)

三音步诗行是由三个音步构成的诗行,英语诗歌中,三音步是比较常见的音步类型,如艾米莉·狄金森(Emily Dickinson)的《那就是我想知道的一切》(The Only News I know):

The Only News I know
Is Bullentins all Day
From Immortality.

The Only Shows I see
To-morrow and To-day,
Perchance Eternity.

The Only One I meet

Is God, —The Only Street
Existence, —This traversed

If Other News there be,
Or Admirable Show
I'll tell it You.

全诗由四个诗节组成,每个诗节由三行诗组成,在每行诗中有六个音节,是一首标准的三音步诗。

无论是双音节的三音步诗行还是三音节的三音步诗行,都是常用的音步形式,而且这种三音节音步形式不仅可以使用抑扬格,而且可以使用扬抑格等其他各种格律类型。

(四)四音步诗行(tetrameter)

四音步诗行是由四个音步构成的诗行。在英语诗歌中,四音步诗行主要由抑扬格或者扬抑格写成,是英语中使用较多的音步类型,许多诗人都采用这种诗行写诗,如威廉·布莱克(William Blake)、莎士比亚、勃朗特姐妹、T. S. 艾略特、弗罗斯特等。

四音步诗行常采用朴素的方式来直接表达感情,主要采用圣歌、歌曲、歌谣等诗歌形式。而且有时候为了使诗行不至于太过单调,诗人常常改变诗行的节奏。如布莱克的诗《弥尔顿》(Milton)导言中的第一个诗节:

And did those feet in ancient time,
Walk upon Englands mountains green:
And was the holy Lamb of God,
On Englands pleasant pastures seen!

在这个诗节里,第一、第三和第四行诗都是抑扬格,而第二行的第一个音步却为一个扬抑格音步,这又是英语诗歌中很普遍的音步变化类型。

(五)五音步诗行(pentameter)

五音步诗行是由五个音步构成的诗行。英语诗歌中的五音步诗行一般都是由五个抑扬格音步组成,这样的诗行叫"抑扬格五音步诗行",这种诗行迄今为止是英语诗歌的基本形式,广泛应用于英语诗歌的写作中。如丁尼生的《提脱诺斯》(Tithonus)的第一个诗节:

The woods decay, the woods decay and fall,
The vapors weep their burthen to the ground,
Man comes and tills the field and lies beneath,
And after many a summer dies the swan.

Me only cruel immortality
Consumes: I wither slowly in thine arms,
Here at the quiet limit of the world,
A white-hair'd shadow roaming like a dream
The ever silent spaces of the East,
Far-folded mists, and gleaming halls of morn.

这个诗节由十行诗组成,每行诗都有十个音节,五个音步,几乎每个音步都是抑扬格,是一个比较标准的抑扬格五音步诗节。但是,在抑扬格五音步诗行中并非每个音步都是抑扬格,往往有非抑扬格音步的变化,如在上面这个诗节的第五行中,第三和第五个音步就属于抑抑格。

(六)六音步诗行(hexameter)

作为最古老的希腊诗歌形式,六音步诗行是由六个音步组成的诗行,这种诗行普遍应用于荷马史诗、其后的史诗及赫西奥德(Hesiod)诗歌中,而在以抒情诗和叙事诗为主要形式的英语诗歌中,完全使用这种韵律写作的诗歌并不多见。其特点有二:一是往往通过停顿将一行六音步诗行分为两个半行诗;二是它的音步经常发生变异。如锡德尼(Philip Sydney)的十四行组诗《爱星者与星星》(Astrophel and Stella)第一首的前四行:

Loving in truth, and fain in verse my love to show,
That She, dear She, might take some pleasure of my pain,
Pleasure might cause her read, reading might make her know,
Knowledge might pity win, and pity grace obtain,

这四行诗的第一个特点是,每行都由一个停顿把一行诗分成两个半行诗,其中三行的中间出现了标点符号;第二个特点是节奏的变异,这四行诗的基本节奏是抑扬格,但第一、第三和第四行的第一个音步变异为扬抑格,同时第二行的第五个音步则变异为抑抑格。

(七)七音步诗行(heptameter)

七音步诗行是由七个音步组成的诗行。这种诗行不仅用于古代希腊和拉丁诗歌中,而且影响了之后的英语诗歌创作。在伊丽莎白时代,采用这种诗行创作的叙事诗十分繁荣。文艺复兴时期英国诗人有时用抑扬格七音步诗行写诗,遵守由十四个音节组成抑扬格节奏,因此这类诗被称为"抑扬格七音步诗"(fourteeners)。如骚斯维尔(Robert Southwell)的抑扬格七音步诗《燃烧的婴孩》(The Burning Babe)的前几行:

As I in hoary winter night stood shivering in the snow,
Surprised I was with sudden heat which made my heart to glow;

And lifting up a fearful eye to view what sight was near,
A pretty Babe all burning bright did in the air appear;

在该诗中，每行诗由七个音步组成，双行押韵。由于七音步诗行较长，因此，经常发生变异，一般都把它分为一个四音步诗行和一个三音步诗行，后来的诗人又将上面的诗行写成民谣诗体：

As I in hoary winter's night
　stood shivering in the snow,
Surprised I was with sudden heat
　which made my heart to glow;
And lifting up a fearful eye
　to view what fire was near,
A pretty babe all bur ning bright
　did in the air appear;

完全用扬抑格、抑抑扬格或者扬抑抑格写成的七音步诗比较少见，这种格律的诗歌大都与其他形式的音步形式同时使用。

（八）八音步诗行(octameter)

八音步诗行是由八个音步组成的诗行，起源于古希腊，但是无论是古典诗歌还是英语现代诗歌，真正的八音步诗歌极少。虽然这种诗行很少，但是还可以找到例子。如理查德·爱德华兹(Richard Edwards)的《设计精美的天堂》(The Paradise of Dainty Device)中的某些诗行：

If pleasures be in painfullness? in pleasures dothmy body rest,
If joys accord with carefullness? a joyful heart is in my breast:
If prison strong be liberty? in liberty long have I been,
If joys accord with misery? who can compare a life to mine.

这四行诗几乎都是采用抑扬格八音步诗行写成，虽然有些诗行发生了变异，但是其主导的韵律仍然是抑扬格音步。

八音步诗行是英语诗歌中的长诗行，写作八行诗无论在韵律还是在内容上都是非常困难的，这也是八音步诗歌稀少的重要原因之一。

另外，九音步诗行(nonameter)和十音步诗行(decameter)是分别由九个和十个音步组成的诗行。但这种诗行十分罕见，在诗歌创作中很少被使用，此处就不再加以论述。

六、诗歌的视觉呈现

诗歌的视觉呈现(visual presentation)往往会给诗歌添加新的意义和深

度。常见的视觉呈现形式有以下几种：

离合诗/藏头诗(acrostic)：离合诗/藏头诗是使用诗行的首字母或者诗歌中其他位置的字母来传达意义的诗歌。

SNOW

Snow falls on me
  Nose is always cold
    Outside I will be
      Winter is for me

该诗每行首个单词的首个字母组合起来正好是SNOW，与该诗的题目相呼应，巧妙地传达了诗歌的意义。

形体诗歌(concrete poetry)：现代诗人越来越重视诗歌的视觉效果，很多诗人为了达到特殊的视觉效果，努力采取了各种特殊的呈现方式。一些现代主义诗人甚至将这种方法用到极端，从而产生了形体诗歌。他们常常采取的方式分别有：(1)通过不同长度的视觉休止(visual caesuras)来应和诗歌的韵律；(2)通过各种方式的并置(juxtaposition)来强化意义、增强模糊或反讽的效果或简单地勾勒出别出心裁的审美形式。例如：

走下

走
  下
    三
      楼
        梯
转角一个空纸篓
走
  下
    二
      楼
        梯
转角一个空纸篓
走
  下
    一
      楼
        梯

忍不住回身

掏出琐事 揉圆 投进去——

这首诗本身的形状就如同三个楼梯，读诗的过程中，我们仿佛看到诗人徐徐走下楼梯，将琐事扔进纸篓，而诗歌最后一行的破折号又让我们思考：破折号既像纸团划过的曲线，又仿佛在预示着诗人抛开一切，重新开始新的生活。由此可见，与传统的诗歌因素如诗歌的意义、韵律及节奏一样，印刷的排字顺序同样可以传达诗歌潜在的意义。

七、诗歌的语言

诗歌语言（poetic diction）不仅指诗歌音节的使用，还包括诗歌蕴涵的意义与诗歌形式的相互作用。世界上的语言都有自己独特的诗歌书写方法，这种独特的诗歌书写方法通常表现为特殊的语法和方言的使用。如在《离骚》中，“路漫漫其修远兮，吾将上下而求索”中就使用了“兮”来表示感叹。

尽管世界上的语言形式多种多样，但诗歌却总是能反映出特定语言的古典文学的创作习惯。例如，在《荷马史诗》中，“rosy-fingered dawn”中的“rosy-fingered”不是用来指某个人的手指，而是用来指一个像“曙光”一样的人。在17世纪，斯宾塞以及后来的诗人都试图找到一种有别于人们日常使用的英语的语言来创作史诗，就如《荷马史诗》中使用的有别于普通古希腊人所操的古希腊共通语（Koine）的“荷马希腊语”（Homeric Greek）一样。斯宾塞认为，“古语”（archaism）可以满足诗歌创作的需要，但是这种创作方法遭到了约翰·弥尔顿和华兹华斯等人的反对。弥尔顿认为普通英语词汇要比生僻的古词更能够表现史诗恢弘的气势，因此主张使用“无韵体”来创作史诗。华兹华斯也认为可以利用普通人的语言塑造人物，描写景物。在《抒情歌谣集》的序言中，华兹华斯说：“我建议我自己模仿普通人的语言，并尽可能多地采用普通人的语言。”

在18世纪，英语牧歌和抒情诗都发展出来一套特有的诗歌语言。常见的词内省音（如“howe'er”）并非简单的书写省略，而是如保罗·福塞尔（Paul Fussell）等人指出的那样，这些内部省音的单词的发音要和书写形式完全一致（如howe'er只能发[haʊ'eə]）。这样，词内省音有效地创作出来一套只属于诗歌的词汇。此外，在18世纪，英国诗人对古典诗歌产生了新的兴趣，开始尝试使用一些所谓的“礼仪语言”（language for decorum）。这样，诗歌语言不仅要准确，而且要契合诗歌的特定形式，于是人们开始格外关注田园诗、抒情诗和哲理诗，关注这些诗歌里面是否使用了所谓的正确而达意的诗歌语言。约瑟夫·艾迪生（Joseph Addison）和理查德·斯蒂尔（Richard

Steele)在《旁观者》(*The Spectator*)专门撰文讨论诗歌的语言。1727 年，亚历山大·蒲柏(Alexander Pope)在其著作 *Peri Bathous* 中辛辣地讽刺过不当的诗歌用词。

英国浪漫主义诗人明确拒绝使用所谓的“诗歌英语”这一术语。华兹华斯于 1802 在《抒情歌谣集》的序言中指出：“此外，在这部诗集中几乎找不到一点所谓的诗歌词汇，与其他诗人煞费苦心使用这些词汇相反，我一直尽力避免使用它们，我这样做的理由已经反复强调过，那就是，想方设法使我的语言更接近普通人的语言，此外，我决心向读者传递的快乐与其他诗人认为的诗歌应该向读者传递的那种快乐是完全一样的。”

同时，华兹华斯自己和柯勒律治对英格兰边远地区的古词也产生了兴趣，把边远地区人们的方言引入了他们的诗歌创作中。虽然这种语言让在伦敦的读者听起来有些“不自然”，但是华兹华斯指出，他使用这种语言并不是希望借助奇异的词汇来人为拔高诗歌效果，相反，他使用这种语言是为了向读者表明，尽管这种语言是贫穷的、没有接受过教育的乡下人的语言，但它是同时代人的语言。后来的浪漫主义诗人济慈对斯宾塞的诗歌以及古英语吟游诗人的诗歌产生了新的兴趣，因此他的语言往往给人一种古色古香的感觉。

与浪漫主义诗人相反，现代主义诗人毫无保留地拒绝所谓的诗歌语言。埃兹拉·庞德在他的意象派宣言《意象主义者的几不要》(A Few Don'ts)中，一方面警告诗人不要使用多余的词汇，尤其是形容词；另一方面建议人们避免使用抽象的概念，强调自然界的万事万物都为诗歌创作提供了足够的题材。

英语诗歌的形式

几乎每种文化中都有自己独特的诗歌形式，而这种诗歌形式都有一套被普遍认可、广为采纳的有关诗歌韵律、节奏等要素的规则。就诗歌的长度而言，具体来说，按照行数多少诗歌主要有以下几种形式。

一、十四行诗

在欧洲文学史上，十四行诗是中世纪意大利和法国交界的普罗旺斯地区的一种民间诗体，其名称源于普罗旺斯语"sonet"，英文名称为"sonnet"，音译为"商籁体"或"索内特"。为了便于咏唱，其对音步、韵脚、行数等都有所规范，从而形成一套严谨的格律。

意大利中世纪西西里诗派诗人雅科波·达·连蒂尼(Giacomo da Lentini)是第一位采用这种诗歌形式进行诗歌创作，并使之具有严谨格律的诗人。早期最著名的意大利十四行诗人有弗朗希斯科·彼特拉克(Francesco Petrarch)、但丁(Dante Alighieri)、塔索(Torquato Tasso)、米开朗琪罗(Michelangelo Buonarroti)等人。然而，唯有彼特拉克体十四行诗(Petrarchan sonnet)对英国诗人产生了深远的影响。意大利体十四行诗又称"彼特拉克体"，其韵式结构为 abba abba cdcdcd(或 cdccdc)。显而易见，彼氏十四行诗由三个部分组成，即两个四行诗节和一个六行诗节。

在意大利文艺复兴文学的影响下，十四行诗传入法、英、德、西诸国。英国十四行诗采用五音步抑扬格。一般而言，英国十四行诗包括意大利体(Italian sonnet)(又称"彼特拉克体")和英国体(English sonnet)[亦称"莎士比亚体"(Shakespearean sonnet)]两种变体，其形式上的差异是由格律、内在逻辑及情感的结构组合所决定的。英国十四行诗虽然脱胎于意大利十四行诗，但是，斯宾塞、莎士比亚、弥尔顿等诸多名垂青史的英国诗圣使其形式更加丰富多彩，创作出无数脍炙人口的不朽诗篇。

二、六节诗

六节诗(sestina)是12世纪普罗旺斯一位行吟诗人创造的诗体。它由六节六行诗句和一节三行诗句组成,每行诗的最后一个词按照一定的规律重复,最后一节三行体通常要将六个重复的词重复。通常其重复的规律为:

第一诗节:1 2 3 4 5 6
第二诗节:6 1 5 2 4 3
第三诗节:3 6 4 1 2 5
第四诗节:5 3 2 6 1 4
第五诗节:4 5 1 3 6 2
第六诗节:2 4 6 5 3 1

下面的这首诗就是毕肖普按照六节诗的形式写成的:

September rain falls on the house.
In the failing light, the old grandmother
sits in the kitchen with the child
beside the Little Marvel Stove,
reading the jokes from the almanac,
laughing and talking to hide her tears.

She thinks that her equinoctial tears
and the rain that beats on the roof of the house
were both foretold by the almanac,
but only known to a grandmother.
The iron kettle sings on the stove.
She cuts some bread and says to the child,

It's time for tea now; but the child
is watching the teakettle's small hard tears
dance like mad on the hot black stove,
the way the rain must dance on the house.
Tidying up, the old grandmother
hangs up the clever almanac

on its string. Birdlike, the almanac

hovers half open above the child,
hovers above the old grandmother
and her teacup full of dark brown tears.
She shivers and says she thinks the house
feels chilly, and puts more wood in the stove.

It was to be, says the Marvel Stove.
I know what I know, says the almanac.
With crayons the child draws a rigid house
and a winding pathway. Then the child
puts in a man with buttons like tears
and shows it proudly to the grandmother.

But secretly, while the grandmother
busies herself about the stove,
the little moons fall down like tears
from between the pages of the almanac
into the flower bed the child
has carefully placed in the front of the house.

Time to plant tears, says the almanac.
The grandmother sings to the marvellous stove
and the child draws another inscrutable house.

三、维拉内拉诗

维拉内拉诗(villanelle)是一种源于法国的、固定形式的短诗。这种诗体对格律要求非常严格,通常包括五个三行诗节和一个四行诗节,全诗共十九行。全诗通常只有两个韵,形式为 aba aba aba aba aba abaa。这种诗体还有两个叠句,分别为第一诗节的第一和第三诗行,这两行诗轮流出现在第二、第三、第四和第五诗节的第三行,并同时出现在最后一个诗节的第三和第四行。由于这种诗体格律要求严格,创作困难,因此,只有 19 世纪的迪伦·托马斯、奥登和毕肖普等诗人进行过少量的创作。迪伦·托马斯的《不要温柔地走进那个良夜》(Do Not Go Gentle into That Good Night)就是一个典型的维拉内拉诗的例子。

Do not go gentle into that good night,
Old age should burn and rave at close of day;
Rage, rage against the dying of the light.

Though wise men at their end know dark is right,
Because their words had forked no lightning they
Do not go gentle into that good night.

Good men, the last wave by, crying how bright
Their frail deeds might have danced in a green bay,
Rage, rage against the dying of the light.

Wild men who caught and sang the sun in flight,
And learn, too late, they grieved it on its way,
Do not go gentle into that good night.

Grave men, near death, who see with blinding sight
Blind eyes could blaze like meteors and be gay,
Rage, rage against the dying of the light.

And you, my father, there on the sad height,
Curse, bless, me now with your fierce tears, I pray.
Do not go gentle into that good night.
Rage, rage against the dying of the light.

《不要温柔地走进那个良夜》是诗人为弥留之际的父亲作的一首哀诗。在诗中,诗人鼓励自己的父亲勇敢地面对即将到来的死亡:要咆哮,要怒吼,要战斗到生命的最后一刻。整首诗温柔的哀伤和有力的说服与狂风暴雨般激昂的反抗情感相糅合,感情真挚,动人心弦。全诗在艺术形式上达到了一个巅峰。《不要温柔地走进那个良夜》采用了不常见的维拉内拉诗形式,即十九行二韵体。共有六个小节:前五个为三行押韵诗节(tercet),最后一个为四行押韵诗节(quatrain)。运用了五步抑扬格的音步,尾韵为 aba,aba,aba,aba,aba,abaa,韵脚为长元音/aɪ/和/eɪ/。

四、潘图体诗

潘图体诗(pantoum)和维拉内拉诗一样,也有两个叠句。不同的是潘图体诗由不定数量的四行诗节组成，每个诗节的第二和第四诗行重复出现在下一个诗节的第一和第三诗行。这种重复方式一直持续到倒数第二个诗节。在最后一个诗节中，第一和第三诗行分别重复倒数第二个诗节的第二和第四诗行。潘图体诗最后一个诗节的最后一诗行重复第一诗节的第一诗行。潘图体诗《论美》(On Beauty)是由爱尔兰当代小说家、诗人尼克·赖德(Nick Laird)创作的。

No, we could not itemize the list
of sins they can't forgive us.
The beautiful don't lack the wound.
It is always beginning to snow.

Of sins they can't forgive us
speech is beautifully useless.
It is always beginning to snow.
The beautiful know this.

Speech is beautifully useless.
They are the damned.
The beautiful know this.
They stand around unnatural as statuary.

They are the damned.
and so their sadness is perfect,
delicate as an egg placed in your palm.
Hard, it is decorated with their face

and so their sadness is perfect.
The beautiful don't lack the wound.
Hard, it is decorated with their face.
No, we could not itemize the list.

五、颂歌

颂歌(ode)是一种抒情诗，以高尚的情感、庄严的风格和不规则的形式为特色。颂歌最初是为配乐而作的。古希腊诗人品达(Pindar)向奥运会或其他类似活动的冠军献礼的颂歌成为此类作品的楷模。在英国，直到1629年才出现模仿品达颂歌的英语颂歌，如琼生的《莫利森爵士死亡颂》(On the Death of Sir H. Morison)和弥尔顿的《基督诞辰的早上》(On the Morning of Christ's Nativity)。到了18世纪，颂歌变成了表现崇高题材的写作方式。德莱顿的《圣西西莉亚节颂》(Song of St. Cecilia's Day)还同音乐结合在一起。华兹华斯和柯勒律治在19世纪初开始创作他们的浪漫主义颂歌，雪莱和济慈也写出了他们杰出的颂歌。请欣赏雪莱《西风颂》的第一诗章。

O wild West Wind, thou breath of Autumn's being,
Thou, from whose unseen presence the leaves dead
Are driven, like ghosts from an enchanter fleeing,

Yellow, and black, and pale, and hectic red,
Pestilence-stricken multitudes: O thou,
Who chariotest to their dark wintry bed

The winged seeds, where they lie cold and low,
Each like a corpse within its grave, until
Thine azure sister of the Spring shall blow

Her clarion o'er the dreaming earth, and fill
(Driving sweet buds like flocks to feed in air)
With living hues and odours plain and hill:

Wild Spirit, which art moving everywhere;
Destroyer and preserver; hear, oh hear!

(Percy Bysshe Shelley, Ode to the West Wind)

雪莱这首脍炙人口的诗篇《西风颂》就是一首昂扬乐观、催人奋进的乐曲。《西风颂》集哲理、诗情、乐声于一体。为表现西风的宏伟气势、大自然的无限威力以及宇宙间万物发展、变化、更新的乐观主义哲学思想，诗人运用高超的艺术手法使诗的形式与主题臻于完美的统一。全诗最后的诗行"冬天到了，春天还会远吗"早已成为绝唱，鼓舞着无数与旧世界进行斗争的人们。

《西风颂》共有五大诗节，每大节由四个三行诗节和一个双行偶句组成。前三大节使用了三个特定的模式，它们在结构上是平行的：西风是破坏者兼保护者，是雷雨的酿成者，是骚乱的制造者；它猛扫大地，激荡长空，摇撼大海。而每一大节末尾的叠句“哦，听”，生动感人地传达出西风劲吹的声息，进一步突出了西风的威武形象。在第四和第五两大诗节中，诗人则向西风倾诉感情和抒发内心的感慨。这种平行的结构、整齐的排列、严谨的格律，使《西风颂》具有一种宏伟磅礴的建筑式美感。正如歌德所言，建筑是凝固的音乐，音乐是流动的建筑，《西风颂》的整体结构体现出建筑与音乐的和谐美感。雪莱在《西风颂》中特别注重以音韵渲染气氛，烘托、深化主题。他采用了五步抑扬格的韵律、aba，bcb，cdc，ded，ee 的押韵形式、男韵、首韵、中间休止等手法，利用人们对音响的感应来促进思想表达和增强形象效果，使诗的形式与内容达到和谐统一。

论英诗外在形式的表意功能

研究文学的人都知道，艺术形式应为内容服务，只有服务于内容的艺术形式才是好的艺术形式，而脱离内容孤立存在的艺术形式则是毫无审美价值的艺术形式。但在文学研究的具体实践中，许多人又往往忽视了艺术形式与内容的关系，孤立空洞地大谈英诗的形式之美，其结果自然是徒劳无益的。

在学习和研究英诗的过程中，我们常常为英诗千变万化、美妙绝伦的艺术形式所陶醉。在欣赏和陶醉于英诗形式之美的同时，我们也发现，看似毫无生机、不能达意的英诗形式竟有某些表意功能：广为世人传颂的英诗不愧为世界文学宝库中的瑰宝，它们的形式之美与其内容之广博深远总是相得益彰，交相辉映；英诗的外在形式不仅可以强化主题，而且还有助于确定整首诗的基调和渲染诗歌局部的气氛。

一、对主题的强化作用

英诗的形式对内容最主要的作用便是对主题的强化。许多伟大的诗人在选择诗的格律、韵脚及诗节形式等诗歌形式时都不是单纯追求听觉或视觉上的美感而片面地加以选择的，而是根据自己的诗的主题仔细推敲，既要使形式在语音水平上和谐悦耳、抑扬顿挫，符合诗歌特有的格律、押韵要求，又要在语义水平上选词典雅，富有诗歌特殊的韵味，更要使诗的形式与灵魂高度一致，起到说明和强化主题的作用。这方面的典范在英国诗歌史上比比皆是，最著名的范例当属雪莱的《西风颂》(Ode to the West Wind)。《西风颂》的主题是歌颂西风摧毁一切旧事物、滋润一切新事物的精神。在西风的吹送之下，一切陈旧的、腐朽的东西都灭亡了，或在世界上消亡，或化作新事物生长的养料，整个世界都处于一个吐故纳新、循环不断的过程；旧事物不断被新事物代替，新事物随着时间的推移不断地变为旧事物而被更新的事物代替。整首诗以西风象征革命力量,形象生动地讴歌了破旧立新的革命力量,表达了诗人难得的辩证史观和决心为革命事业甘愿化作西风吹送下的一片树叶、牺牲自己滋养革命事业的革命精神。为了与这种颂扬破旧立新的主题相一致,雪莱精心选用了意大利三行诗体,并对这一诗体稍加改造,使之与主题达到了精妙绝伦的一致。

意大利三行诗体是由意大利引入英国的一种诗体,其主要特点是每个诗行都由抑扬格的五音步组成,韵脚安排(rhyme scheme)为 aba bcb cdc...,一直"破旧立新"(如第二诗节保留第一诗节的 b 韵而废弃 a 韵并增加 c 韵,第三节又保留第二节的 c 韵而废弃 b 韵并增加 d 韵),吐故纳新直至结束。雪莱选用这种诗体正好强化了西风废旧立新的特点:第一诗节的 a 韵和第二诗节的 b 韵形象化地暗示了西风所废的"旧";第一诗节的 b 和第二诗节的 c 则形象化地暗示了西风所立之"新",而且旧韵的废除和新韵的出现正好形象地暗示了西风废旧立新的过程。

但革命的目的是要建立一个全新的理想社会,而废旧立新仅仅是革命的手段和过程,不是革命的终极目的。这层含义雪莱在诗中虽未明确表达出来,但却是全诗所要暗示给读者的主要信息之一,也是读者根据逻辑和常识极易体会得出的。意大利三行诗体却不能很准确地暗示这层含义,因此雪莱便大胆地对这一诗体进行了改革,把每一个诗章的最后一个诗节改成双韵体诗节,即每个诗章由四个意大利三行诗节和一个双韵体诗节组成。这样,《西风颂》的诗歌形式不仅暗示了连续不断的废旧立新的过程,还暗示了在废旧立新的基础上建立全新的社会体系的可能性。因为在 aba bcb cdc ded 这种废旧立新的韵脚基础上,全新的 ee 双韵体韵脚便水到渠成似地暗示了一种大变之后全新的秩序。

当然,要建立全新的社会秩序并非易事,需要一个复杂曲折的过程。但这种理性的认识在《西风颂》这样一首澎湃激昂、一泻千里的诗作中是不便直接表达的,所以,雪莱便巧妙地利用押韵形式的变化暗示了这一真理。在《西风颂》中,除了第一和第五个诗章,每个诗章的最后一个诗节均为真正押韵的双韵体,但第一个诗章的最后一个诗节不押韵,第五个诗章的最后一个诗节押的仅是形似韵(eye rhyme)。对于像雪莱这样一位十分讲究韵律形式的诗人来说,这绝不是押韵上的疏忽,而是诗人独具匠心的安排,旨在借此暗示虽然革命注定要胜利,这是不可更改的历史规律,但在历史前进的过程中,难免要出现一些挫折、一些迂回。恰如本诗中整体上规律的押韵格式中出现的局部的假韵(false rhyme)和形似韵一样,这种规律中的非秩序并不能改变整体的和谐和发展方向,就像革命中出现的困难也同样不能改变革命必胜的方向一样。通过诗歌押韵形式进行的暗示,革命的发展方向乃至发展中出现的迂回都得到了表达。整首诗可谓是艺术形式与诗歌内容达到了完美的统一,诗歌形式对诗歌主题进行了强化,甚至表达了诗歌内容不便表达的含义。

二、对基调的确立作用

每一首诗都有其基本的格调,或是庄严的,或是激昂的,或是哀婉的,或是讽刺的,或是批判的,或是褒扬的,而每一种诗歌形式都有其特有的确定某种基调的作用。一首伟大的诗作,其诗歌形式总是与其基本的格调相辅相成,浑然天成,而拙劣诗作的外在形式则只不过是附在诗歌外部僵死的躯壳而已。

千百年来,英诗形成了一些较为固定的诗体,如十四行诗、英雄双韵体、意大利三行诗体、斯宾塞诗节以及意大利八行诗体(ottava rima)等,这些诗体各自都有帮助诗歌确立某种基调的作用。如十四行诗体一般适于表达炽热的爱情和真诚的友谊,英雄双韵体一般适于表现较为庄严的题材(有时略带讽刺),意大利八行诗体一般适于表达桀骜不驯、愤世嫉俗的情绪,并略带讽刺意味。这方面成功的典范当属拜伦的《唐璜》(Don Juan)。

《唐璜》是伟大的浪漫主义诗人拜伦的代表作。该诗的目的是讽刺资产阶级贵族阶层的奢华、淫荡、虚伪的寄生虫式的生活方式,表达自己反抗各种暴政和压迫的激情和投身世界民族独立解放事业的决心,所以说,这首诗的基调应当是略带激昂和讽刺的,是强烈的愤懑和极度的愤世嫉俗的综合体。为了准确地表现这一基调,拜伦颇具匠心地选用了意大利八行诗体。这种诗体源于意大利,与斯宾塞诗节有颇多相似之处,但它略去了斯宾塞诗节的最后一行,并且押韵形式为 ab,ab,ab,cc,从而避免了斯宾塞诗节舒缓庄重的韵律,增强了节奏感和轻松意味,更适于表现《唐璜》中激昂和讽刺的基调。在此基础上,拜伦又大胆创新,在押尾韵时有意押双音节韵(double rhyme),甚至三音节韵(triple rhyme),从而增强了诗的喜剧效果,强化了诗歌的讽刺和愤世嫉俗的基调。

另外,诗行的长短及排列方式等外观形式对诗歌基调的表现也起到一定的辅助作用。例如雪莱在其著名诗作《云雀颂》(Ode to a Skylark)中有意采用五行诗节,这五个诗行有规律地长短交替,排列独特。例如:

Hail to thee, blithe Spirit!
    Bird thou never wert,
That from Heaven, or near it,

Pourest thy full heart

In profuse strains of unpremeditated art.

不难体会出，此种诗节的排列方式不仅能够表现此诗自由奔放、不受任何约束的基调，甚至还可强化云雀那种“和谐中的疯狂”（harmonious madness）的精神及和谐中的自由奔放之美。

所以说，英诗的韵脚安排乃至诗行的排列方式都对诗歌的基调有一定的表现作用。

三、对气氛的渲染作用

英诗的诗歌形式，尤其是诗歌的格律及其他语音水平上的特点，对气氛的渲染具有重要作用。

英诗除了讲究押韵外，还讲究格律。英诗的格律主要由音步的个数和种类决定。英诗的音步分为五种，即抑扬格、扬抑格、扬抑抑格、抑抑扬格和扬扬格，其中“扬”代表重读音节，“抑”代表弱读音节；抑扬格指由一个弱读音节后跟一个重读音节组成的音步，扬抑格指由一个重读音节后跟一个弱读音节组成的音步，其他音步种类以此类推。全部或主要由扬抑抑格音步或抑抑扬格音步组成的诗行适于渲染一种轻松或温柔的气氛，而部分或主要由扬扬格音步组成的诗行适于渲染一种激昂或庄严的气氛，而抑扬格音步组成的诗行则适于表现各种气氛，用途最广。运用诗歌的格律渲染气氛的优秀典范当属弥尔顿（John Milton）的《失乐园》（Paradise Lost）。

弥尔顿是第一位运用无韵诗体写诗的英国诗人。无韵诗人不讲究尾韵，故而其一切诗化特点均依赖于格律来表达。无韵诗的每个诗行均由五个抑扬格的音步组成。《失乐园》虽遵循了无韵诗的格律规定，但为了渲染这部史诗的庄严肃穆的气氛，弥尔顿匠心独具地选用了大量音韵响亮的单音节单词。这些单音节词由于无弱读音作为参照，一般需重读，这使许多诗行在实际上相当于由扬扬格组成的诗行，从而达到了渲染一种凝重肃穆的史诗氛围的效果。如：

What though the field be lost?

All is not lost; th' unconquerable Will ...

在此处，通过使用大量单音节词，弥尔顿不仅强调了撒旦誓死不屈的庄重誓言，而且通过单音节词与多音节词的对比，突出了 unconquerable，强调了撒旦的不屈精神。

同样道理，《失乐园》中的主要由单音节单词组成的诗行“Rocks, caves, lakes, fens, bogs, dens, and shades of death”则渲染了阴森恐怖的气氛，让人似乎听到了地狱中的凛凛怪笑。

当然,借诗歌形式渲染气氛的手法还有许多种,其中较为常见的有押头韵法(alliteration)和半谐音法(assonance)等,此类手法较著名的例子有雪莱的《西风颂》和济慈的《忧郁颂》(Ode on Melancholy)。以《西风颂》的第一个诗章为例,便不难说明押头韵法对气氛的渲染作用。诗歌开篇便是"O wild west wind",很明显这使用了押头韵法,突出辅音"w",渲染西风呜呜作响、摧枯拉朽的气势。在后面的每个诗节中几乎都出现了押"w"头韵的手法,如"Who chariotest to their dark wintry bed""The winged seeds, where they lie cold and low",以及"wild spirit, which art moving everywhere"等,强调了"w"音,渲染了西风破旧立新的气势和整首诗肃穆而激昂的气氛。

济慈在其名诗《忧郁颂》中巧妙地通过使用半谐音渲染了沉闷的气氛。如:

For shade to shade will come too drowsily,
And drown the wakeful anguish of the soul.

诗行中的 drowsily 与 drown 中的沉闷、冗长而又空洞的|aʊ|有力地渲染了沉闷的社会环境对人心灵的钝化和压抑。

综上所述,英诗的形式在伟大诗人的笔下不再是毫无生机的外壳,而是变成了活生生的有机体,是诗歌整体部分不可缺少的有机组成部分。当然,讨论诗歌形式的表意功能并非是要将诗歌形式的表意功能凌驾于诗歌的内容之上,因为这种表意功能毕竟是有限的,诗歌的主题、基调、气氛等主要还是要由诗歌内容来表达。片面地夸大诗歌形式的表意功能是不可取的,用诗歌形式来代替内容进行表意只能会像"具体诗"诗人一样将诗歌变成一种文字游戏,对诗歌的发展是不利的。[①] 然而,诗是语言的艺术,具体派的实践却抛弃了语言作为一种高度发展的信号系统所具有的丰富而神奇的表现力,把诗歌变成了一种有趣的文字游戏,可谓是将诗歌外在形式的表意功能发挥到了极致。从柯斯特拉涅茨的《同心》中可见具体诗之一斑。(江枫,1986: 348)

总之,抛开与诗歌内容的关系孤立地机械地研究诗歌所谓的"形式美"是毫无意义的;只有将诗歌的形式与诗歌的主题、基调、气氛等结合起来进行研究,才能真正欣赏到英诗的形式美,才能客观地对英诗的艺术美作出评判。

---

① 具体派是美国近代流行一时的诗歌派别,以理恰德·柯斯特拉涅茨(Richard Kostelanetz)为代表。这个流派最激烈地反对诗歌传统的书面形式,主张打破诗歌与绘画、诗歌与散文、形式与内容、描写者与被描写者的界限,使诗歌成为只供"看的"具体视觉图像。

英语诗歌的体裁

就体裁而言，诗歌可以分为叙事诗、史诗、戏剧诗、讽刺诗、抒情诗、寓言诗等。

一、叙事诗

叙事诗(narrative poetry)用诗的形式刻画典型的人物形象，通过写人、叙事来抒发情感，与小说、戏剧相比，它的情节一般较为简单，主要以神话故事、英雄传说或历史事件为题材，大多采用无韵体、皇家诗节、斯宾塞诗节、亚历山大诗体等形式。

最早的叙事诗是古希腊诗人荷马的史诗《伊利亚特》(Iliad)和《奥德赛》(Odyssey)、古罗马诗人维吉尔(Publius Vergilius Maro)的《伊尼特》(Aeneid)和奥维德(Publius Ovidius Naso)的《变形记》(Metamorphoses)等。西欧文艺复兴时期，叙事诗的题材范围扩大，多用于描述自然和现实生活中的具体事件，反对宗教偏见和禁欲主义，如意大利诗人阿里奥斯托(Ludovico Ariosto)的《疯狂的奥兰多》(Orlando Furioso)和塔索的《解放的耶路撒冷》(Jerusalem Delivered)等。自此，西方优秀的叙事诗层出不穷，如英国诗人克里斯托弗·马洛(Christopher Marlowe)的《希罗和利安德》(Hero and Leander)、蒲柏的《劫发记》(The Rape of the Lock)、弥尔顿的《失乐园》(Paradise Lost)、拜伦的《恰尔德·哈罗德尔游记》(Childe Harold's Pilgrimage)和丁尼生的《国王之歌》(Idylls of the King)。

从《伊利亚特》《奥德赛》《伊尼特》《神曲》(Divina Commedia)到《失乐园》，西方叙事诗史见证了一座又一座丰碑。在叙事诗日渐式微、小说日益兴起的18和19世纪，英国浪漫主义诗人横空出世，他们的多部叙事诗作品如群星般璀璨，其中，拜伦又因其影响之大而备受瞩目。

拜伦诗歌中的叙事诗不仅数量多，而且技巧高，其诗歌中夹叙夹议的方式、写景加抒情的成分、辛辣的讽刺意味以及对口语化的伸缩性较大的意大利八行体的创造性运用等特点，均使其成为西方叙事诗史上当之无愧的大家，在西方叙事诗史乃至世界叙事诗史上拥有自己独特而崇高的地位。

《唐璜》是一部兼叙述、描写、议论、抒情与讽刺为一体的叙事诗。作为拜伦诗歌的巅峰之作，它全面展示了拜伦的思想感情和诗歌技艺。拜伦有意要在《唐璜》中“一反惯例”，创作出超越前人的史诗性叙事诗作，诚如诗中所说：“史诗的叙述法通常就是这样，但我却要从头说起，一反惯例；我的布局规定有严格的章法，若竟胡乱穿插，岂不坏了规矩？”（拜伦，1995：14）

《唐璜》的故事发生在18世纪末，描绘的却是18世纪末至19世纪初欧洲社会的现实生活。唐璜出生于西班牙的加地斯城，父母分居后其由母亲独自抚养。唐璜对传统的道德观不屑一顾，16岁时便与母亲的朋友——一位已婚贵族少妇，发生感情纠葛。为了避免家丑外扬，母亲迫使他出海远航。从西班牙到土耳其再到俄国，又从俄国经波兰、德国、荷兰再到英国，唐璜的足迹遍及欧洲。因此，随着唐璜的足迹，一幅波澜壮阔的有关欧洲风土人情、人文历史和社会生活的巨大画卷便展现在读者面前。难怪作家司各特说，《唐璜》“像莎士比亚的作品一样地包罗万象，他囊括了人生的每个题目，拨动了神圣的琴上的每一根弦，弹出最细小以至最强烈最震动心灵的调子”（拜伦，1995：8）。王统照也曾高度评价拜伦诗歌作品的活力：“他能使已死去的人物、风景、事实，重复跃然再生于其笔尖之下，随其丰富的情绪而哀、而乐。”（王统照，2004：221）《唐璜》题材之广博、叙事能力之高超、感染力之深厚使其经久不衰，赢得了人们的普遍赞誉。

《唐璜》以其丰富的思想、高超的叙事技巧、鲜明的前瞻性和强烈的现实意义，把西方的叙事诗又推向了一个新的高峰。研究拜伦的叙事诗，无论是对于文学史研究，对于提高叙事诗的技巧，还是对于相关的批评实践，均具有重要的意义。

二、史诗

史诗（epic）指一种规模宏大的叙事诗，风格庄严华美，多用精巧的修辞手法来叙述英雄的事迹。史诗是一种庄严的文学体裁，内容多为民间传说或对英雄功绩的歌颂，它涉及的主题可以包括历史事件、民族、宗教或传说。一般而言，史诗有以下几个主要的特点：(1)以某个英雄为中心，通常是在军事、民族或宗教方面的重要人物，甚至是半人半神；(2)庞大的背景设定，广阔无边的地理环境，包含诸多国家，甚至整个世界或宇宙；(3)描述英勇的战斗或勇敢的行为；(4)故事中出现神、天使、魔鬼等神灵；(5)持久的旅程，而且通常充满异国情调；(6)题材多为大众所知的传统故事，使观众能立即进入故事情节而不至于感到迷惑。

早期史诗多为民族传奇，如英国民族史诗《贝奥武夫》。其他史诗有斯宾塞的《仙后》、贾尔斯·弗莱彻(Giles Fletcher)的《基督的胜利》(Christ's Victorie)以及弥尔顿的《失乐园》和《复乐园》(Paradise Regained)。布莱克的《弥尔顿》也可以看作一部史诗。

英诗《贝奥武夫》的手稿把全诗分成43节(fits)，外加一个开场白(prologue)。开场白简明扼要地叙述了丹麦人的早期历史。43节又分为两部分：第一部分(第1～31节)叙述青年武士贝奥武夫降伏水怪葛伦得和水怪母亲的故事；第二部分(第32～43节)叙述年迈国王贝奥武夫斩恶龙的故事。两部分之间相隔50年，呈现出鲜明的对照：青年时代的英雄生活与老年时代的英雄生活；盛与衰；胜利与死亡。但这两部分构成了史诗主人公贝奥武夫的完整形象，因此二者之间具有延续性，缺一不可。

《贝奥武夫》的结构比较整齐、简单，主要故事情节也显得朴实无华。但是它的无名氏作者却是一位艺术大师，他像建筑师那样竖立起一座富丽堂皇的哥特式大教堂。他的建筑材料主要是英雄时代各日耳曼民族的历史和民间传说，以及斯堪的纳维亚的历史和故事。

《贝奥武夫》的作者使用古老的日耳曼诗歌语言：庄严、华丽、隐晦、迷离、多比喻、多省略、既简练又复杂、既含蓄又强烈。这种诗歌语言最显著的特点之一就是大量使用一种叫作"比喻名称"(古斯堪的纳维亚语 ken-ning)的浓缩比喻，其通常是一个由两个名词组成的名词词组，如"鲸鱼路"(whale's path，指大海)、"鸟儿的快乐"(bird's joy，指翅膀)等。《贝奥武夫》的作者进一步发展了这些"比喻名称"。例如："鲸鱼的田亩"(whale's acre)和"天鹅的路程"(swan's riding)指大海；"天空的蜡烛"(sky's candle)和"天上的宝石"(heaven's jewel)指太阳；"荣誉的挥动者"(glory's wielder)和"胜利的赐予者"(victory's bestower)指上帝；"古墓的守卫者"(barrow's guardian)和"夜晚的独飞者"(night's alone-flier)指恶龙；"战斗的闪光物"(battle-flasher)指刀剑。

而且《贝奥武夫》的作者擅用委婉语(euphemism)和低调陈述(understatement)。例如：把战斗称作"刀枪游戏"(sword-play)，把征服比作"剥夺了喝蜂蜜酒的席位"(take away mead-benches)，把死亡比作"睡眠"(sleeping)、"离开生命的筵席"(leaving life's feast)、"躲开人们的院落"(turning away from the courts of men)、"选择上帝的光明"(choosing God's light)等。

三、戏剧诗

戏剧诗(dramatic poetry)的含义宽泛，既指运用某种戏剧技巧，如戏剧对话(dramatic dialogue)、戏剧独白(dramatic monologue)等写就的诗歌，又指供阅读而不太适合演出的诗剧(poetic drama 或 verse drama)，还泛指任何剧本中出现的各种诗歌形式。

弥尔顿的《力士参孙》(*Samson Agonistes*)就是一部戏剧诗。《力士参孙》取材于《旧约》(*Old Testaments*)的《士师记》(*Book of Judges*)。讲述以色列的大力士参孙被情人黛利拉出卖给腓利士人，腓利士人弄瞎了他的双眼。此后参孙始终不忘复仇，在腓利士人逼迫参孙表演武艺时，参孙推倒庙宇，与敌人同归于尽。参孙充满献身精神，轻率的婚姻导致了不幸，虽双目失明却毫不屈服，这些使人们联想到诗人弥尔顿本人的经历，以及作者在复辟时期内心的痛苦和绝不屈服的斗志。这首诗剧以希腊悲剧为典范写成，突出地表现了人物的内心感受，具有震撼人心的力量。下面 11 行诗是该诗剧开篇，通过参孙之口介绍了他的处境：

A Little onward lend thy guiding hand
To these dark steps, a little further on;
For yonder bank hath choice of sun or shade:
There I am wont to sit, when any chance
Relieves me from my task of servile toil,
Daily' in the common prison else injoin'd me,
Where I a prisoner chain'd, scarce freely draw
The air imprison'd also close and damp,
Unwholesome draught: but here I feel amends,
The breath of heav'n fresh blowing, pure and sweet,
With day-spring born;

四、讽刺诗

讽刺诗(satirical poetry)是指用语包含讽刺内容的诗歌。以嘲讽、讥刺的手法，描述生活中落后、消极、反动的事物，具有强烈的政治性和战斗性。讽刺诗的特点是：形式短小精悍，富有幽默感；常用夸张的手法塑造讽刺形象，一般不注重人物和情节，也不强调意境和含蓄；语言口语化，通俗化，鲜明犀利，明快有力；同杂文和漫画相似，能迅速反映现实生活。

在英国文学史上，比较著名的讽刺诗有德莱顿的《麦克 · 弗莱克诺》

(Mac Flecknoe)、约翰·威尔莫特(John Wilmot)的《对人类的讽刺》(A Satyr Against Mankind)和《对查尔斯二世的讽刺》(A Satyr on Charles II)以及蒲柏的《论批评》(Essays on Criticism)。

身为托利党人的德莱顿,出于对政治的狂热和作为对辉格党人托马斯·沙德韦尔(Thomas Shadwell)攻击的回应,创作了讽刺诗《麦克·弗莱克诺》,该诗的副标题为《对正蓝新教诗人 T. S. 的讽刺》(A Satire on the True Blue Protestant Poet, T. S.)。在这部诗中,德莱顿对平庸的诗人理查德·弗莱克诺进行了辛辣讽刺,说他整天都在琢磨谁将来可以接他的班,管理鬼话王国的所有事务(all the realms of Nonsense absolute)并向智慧王国发动一场不朽的战争(reign and wage immortal war with wit)。下面节选的十行诗描写了弗莱克诺为继承了其基因和"天分"的儿子沙德威尔加冕的情形,我们一起感受一下德莱顿凌厉的讽刺和英雄双韵体吧:

And pond'ring which of all his sons was fit
To reign, and wage immortal war with wit,
Cry'd: 'Tis resolv'd; for nature pleads, that he
Should only rule, who most resembles me.
Shadwell alone my perfect image bears,
Mature in dullness from his tender years:
Shadwell alone, of all my sons, is he,
Who stands confirm'd in full stupidity.
The rest to some faint meaning make pretence,
But Shadwell never deviates into sense.

五、抒情诗

抒情诗(lyric poetry)以抒发感情为主要表达方式,通过对一些生活片段或事物形象的描绘,侧重表现诗人对社会生活的内在感受和体验,一般不具体叙述生活或事情的全过程,没有完整的故事情节,也不塑造完整的人物形象。它以想象丰富、情感洋溢、韵律优美闻名。抒情诗是最常见的诗歌类型,长度较短,包括颂歌、田园小诗、田园牧歌、挽歌、赞美诗、爱情小诗等。上文提及的莎士比亚的《我可以把你比作夏天吗》、雪莱的《云》、华兹华斯的《咏水仙》等都属于抒情诗。

六、寓言诗

寓言诗(verse fable)是具有寓言性质的诗歌。寓言诗用诗的语言来讲述一个简短而生动的故事，并寄寓一定的道理、教训，从而引起读者的回味和思考，具有浓厚的教育意味和色彩。寓言诗篇幅短小，情节单一，故事内容具有象征意义。它常用讽刺与夸张的手法，突出漫画式人物形象，具有诗的凝练含蓄的意境氛围；语言精练而理智，有韵味而又富于哲理，且耐人寻味。

比较著名的寓言诗人包括伊索(Aesop，公元前6世纪中期)、伊格纳齐·克拉西茨基(Ignacy Krasicki)等。

下面这首寓言诗《羔羊与狼》(The Lamb and the Wolves)是由克拉西茨基创作的：

Aggression ever finds cause if sufficiently pressed.
Two wolves on the prowl had trapped a lamb in the forest
And were about to pounce. Quoth the lamb: "What right have you?"
"You're toothsome, weak, in the wood."

英诗修辞的语用解释

摘要 为了使会话顺利进行，交际双方必须共同遵守“合作原则”及其子准则。但是对合作原则和子准则的故意违背却会产生特殊会话含义。英语诗歌中的各种修辞，便是通过使用“陌生化”和“非熟悉化”手段，故意违背语言常规，突出所描写的人或物，从而产生特殊的会话含义。本文使用语用学理论，探讨英语诗歌修辞的特殊含义及其推导过程，以期帮助人们从一个新的角度来理解英语诗歌的修辞，加深人们对英诗的理解。

关键词 特殊会话含义；英诗修辞；合作原则；语言常规；偏离

Grice认为，在所有的言语交际中，说话人和听话人之间要想使会话顺利进行，就都必须遵循一种社会契约或原则，也就是“在你参与会话时，你要依据你所参与的谈话交流的公认目的或方向，使你的会话符合这种需要”。这就是所谓的“合作原则”。Grice仿照康德的做法将“合作原则”进一步区分为“适量准则”“质真准则”“关联准则”和“方式准则”四个范畴，每个范畴又分为若干个“次准则”。(Grice，1975：45-46)

Grice还认为，只要把交际双方遵守交际合作原则之类的语用规则作为基本前提，这些原则就可以用来确定和把握自然语言的一般会话含义(generalized conversational implicature)。如果交流者故意不遵守合作原则，故意违反准则，就会产生特殊会话含义(particularized conversational implicature)。(Grice，1975：57)

语言的诗意化其实就是对标准语言规则的系统违背。亚里士多德说过：“有偏离常规用途的非熟悉化可拔高词语。”俄罗斯形式主义学派的施克洛夫斯基(Victor Shklovskij)和布拉格学派的穆卡洛夫斯基(Jan Mukarovsky)对诗歌中语言偏离现象在理论上作了高度概括。施克洛夫斯基认为，诗人的任务就是从读者习惯的语境中提取某些熟悉的事物，以一种新颖的方法表现出来，从而使人们对世界有高度认识。这种新颖的方法就是“陌生化”(estrangement)或“非熟悉化”(defamiliarization)，就是对常规的违反。穆卡洛夫斯基则认为诗歌语言的功能在于最大限度地“突出”或“前景化”(foregrounding)，而突出和前景化本身就意味着对语言系统的违背。Leech(1969)也认为，诗人为了实现“突出”和“前景化”，就要使用偏离常规的语言，选择一种最恰当、最富有表现力的方式，而这一表达方式的选择不但是创造性地运用语言的活动，而且也是一种偏离语言常规的修辞活动。(3-5)

诗歌中的语言常规相当于 Grice 理论中的合作原则；诗歌中的对语言常规的偏离现象就相当于 Grice 学说中的对合作原则的违反；诗歌的修辞作为偏离语言常规的方法必然会产生特殊的会话含义。这就是诗歌修辞和特殊会话含义的接口，也是我们探讨两者关系的基础。有必要一提的是，Grice 自己也对普通文体中的反语、暗喻、夸张和弱陈法进行了基于合作原则的语用研究(Grice, 1975: 52)，这既表明了会话合作原则对修辞格研究具有一定的解释力，同时也为我们的研究提供了范例。

一、质真准则 vs. 反语、暗喻、夸张、低调陈述

Grice(1975)指出，质真准则要求说话人“努力使你所说的话是真实的”，既“不说你认为是虚假的话”，也“不说你缺少足够证据的话”；相反，如果说话人故意说虚假的话或缺乏足够证据的话，就会使听者浮想联翩，从而产生特殊会话含义。(46)Grice 进一步明确指出，反语、暗喻、夸张、低调陈述都是违反质真准则的范例。(52)

(1)反语(irony)是辞面意义和辞里意义的背反，是语言意义和思维内容的悖逆。通过反语，说话人可以用含蓄的褒义词表示批判性的评价。反语包括似非而是表达法(paradox)、矛盾修辞法(oxymoron)、暗讽(innuendo)和讥讽(sarcasm)。请看下面一个例子：

O serpent heart, hid with a flow ring face!
Did ever dragon keep so fair a cave?
Beautiful tyrant fiend angelical
Dove-feathered raved wolvish-ravening lamb!
Despised substance of divinest show!
Just opposite to what thou justly seemst,
A damned saint, an honourable villain!

(William Shakespeare, *Romeo and Juliet*, Act III, scene ii)

这是朱丽叶听到她的哥哥是死于罗密欧之手时的一番心理独白。她先是惊骇，然后感情奔涌，对未婚夫罗密欧既爱又恨。她想到3小时前的罗密欧是那样的风度翩翩、温柔体贴、脉脉多情，而现在却成了杀死哥哥的凶手，她的内心矛盾到了极点，随即说出了激愤的言语，既是爱恋，又是愤怒；既是敬仰，又是诅咒。莎翁一连用了8个矛盾修饰法，即“花一样的面庞里藏着蛇一样的心”“美丽的暴君”“天使般的魔鬼”“披着白鸽羽毛的乌鸦”“豺狼一样残忍的羔羊”“圣洁的外表包覆着丑恶的实质”“万恶的圣人”和“庄严的奸徒”，突出了朱丽叶内心既恨又爱的矛盾心情，从而达到了形式和内容的统一。

(2)暗喻(metaphor)是在两个不同类对象之间进行的比喻，说话者认为本体和喻体在形式上是相合的(be)，因此把本体直接说成喻体。这种表达方式表面上违反了质真准则，但如果我们能够把握本体和喻体的相似性就不难看出这种表达方法的合理性。暗喻是诗歌创作中最中心、最重要的概念，以至于人们都将其作为一个独立的语言现象，一种不需要参考其他转喻意义而能独立存在的语言现象。但是要正确理解暗喻的意义，就必须结合各种背景知识以及各种比喻机制。例如：

All the world's a stage,
And all the men and women merely players:
They have their exits and their entrances;
And one man in his time plays many parts,
His acts being seven ages. At first the infant,
Mewling and puking in the nurses' arms.
...
And whistles in his sound. Last scene of all
That ends this strange eventful history,
Is second childishness and mere oblivion,
Sans teeth, sans eyes, sans taste, sans everything.

(William Shakespeare, *As You Like It*, Act II, scene v)

莎翁将整个世界比喻为一个舞台，世上的男男女女都是这个舞台上的演员，他们有上台的机会，也有退场的时候。一个人的一生就像舞台上的情节，共分7个阶段，他们分别扮演不同的角色：婴儿、学童、恋人、军人、法官、老朽、返老还童。莎翁以其神来之笔对每个角色的不同特点进行了描写，将人生历程勾勒得活灵活现、惟妙惟肖。诗歌语言的这种比喻用法既具有高度的概括性、抽象性，又非常形象、逼真，既使读者充满联想，又使读者身临其境。比喻语言运用的魅力由此可见一斑。

(3)夸张(hyperbole)运用说话人或作者丰富的想象力,在数量、形状或程度上加以夸大,以增强表达效果,给听者或读者以深刻的形象或声响印象。在诗歌创作中,诗人为了追求新颖别致的风格,常常会抓住描述对象的某些特点,通过想象,故意突破质真准则,言过其实,突出主旨,以给读者留下深刻印象。例如:

For she was beautiful—her beauty made
The bright world dim, and everything beside
Seemed like the fleeting image of a shade.

(Percy Shelley, The Witch of Atlas)

雪莱的这三行诗句同汉语中的“沉鱼落雁之姿,闭月羞花之貌”有着异曲同工之妙。诗人通过夸张手法,故意违背质真准则,将一个宛若仙子的美女展示在了读者面前。例如:

I loved Ophelia: forty thousand brothers
Could not, with all their quantity of love,
Make up my sum.

(William Shakespeare, *Hamlet*, Act V, scene ii)

这是哈姆雷特面对欧菲莉亚的哥哥雷尔提的诘难,看着欧菲莉亚的尸体发出的肺腑之言。通过夸张,哈姆雷特使我们认识到了他对欧菲莉亚爱的量的无限性和质的独特性:他的爱不是兄弟之爱,因为它胜过兄弟之爱千万倍。

(4)低调陈述(understatement)是与夸张相反的辞格:夸张是夸大其词,极而言之;弱言则故意缩小事态,轻描淡写,含蓄内敛。这种修辞采用迂回的形式,其目的同样是为了增强语言力度,提高表达效果。低调陈述包括弱陈法(meiosis)和曲言法(litotes)。前者以反说代正说,即用反面的否定词来表示间接肯定,从而增加种种感情色彩;后者则以弱说代替强说,即以简单的程度副词 kind of, rather, scarcely, hardly, most,或形容词或副词的比较级,或虚拟语气等,表示评估的审慎、强度的削弱。无论弱陈法还是曲言法,都从同一个方向违反质真准则。例如:

She was indeed by no means undergrown.
Her cloak, I noticed, had a graceful charm.
She wore a coral trinket on her arm,
A set of beads, the gaudies tricked in green,
Whence hung a golden brooch of brightest sheen

On which there first was a graven a crowned A,

And lower, *Amor vincitomnia*.

(Geoffrey Chaucer, *The Canterbury Tales*)

在《坎特伯雷故事集》中，乔叟描写了一个女修士，她虽然满口尊崇上帝之言，实际十分讲究吃喝享乐，所以她吃得膘肥体壮，毫无苦修者的瘦弱。在描写她的身材时，乔叟就用了一个绝妙的低调陈述"She was indeed by no means undergrown"，暗示她本应当言行一致苦修敬神，但实际却营养过剩，一眼便可看出是一个讲究吃喝的世俗之人。

二、适量准则 vs. 排比、冗余

适量准则要求"你说的话应包含当前交谈目的所需要的信息内容"，而且"你说的话不应包含超出需要的信息内容"。即根据交际目的提供充分而又并不多余的信息，否则很容易引起对方的联想和误解。有趣的是，英文诗歌多采用排比和冗余等修辞格来突破适量准则，要么提供过多信息，要么提供过少信息，从而使读者产生无限联想。

(1)排比(parallelism)是把三个或三个以上结构相同或相似、语气一致、意思密切关联的句子或句子成分排列起来的一种辞格。排比语言简练，结构工整，声调铿锵，主题鲜明。读起来有一种紧凑匀称、连贯一致、情感突出、富于节奏和旋律的感觉。排比的使用明显违反了"你说的话不应包含超出需要的信息内容"这样一条次准则。例如：

If you prick us do we not bleed?

If you tickle us do we not laugh?

If you poison us do we not die?

And if you wrong us, shall we not revenge?

(William Shakespeare, *The Merchant of Venice*, Act III, scene i)

这是夏洛克在法庭上陈述他要报复威尼斯人的理由时的内心独白。他通过使用四个相同句式的反诘句，构成排比，从 bleed, laugh, die 到 revenge 层层递进，阐述自己报复安东尼奥的合理性。但从反面，读者或听众也能清楚地看出夏洛克睚眦必报的邪恶心理。

(2)冗余(redundancy)指在一个语篇中，有些东西是可有可无的，没有最好，有了也不算错。由于违反了合作原则中的适量准则，以及方式准则中"经济"的次准则，因此会促使听话者根据语境和对方的交际目的去寻找对方违反合作原则的深层原因，从而推导出说话者所要表达的会话意义。冗余包括同语和迂回说法。作为一种修辞格，同语(tautology)指在特定语境中有意识地利用重复同一词或短语,或使用同义词或同义短语的组合,以起到强有力的修辞效果;迂回说法(periphrasis)则是用一个复杂的方式转弯抹角地表达一个简单的概念,其结果是短词长写、短话长说。例如:

And my poor fool is hanged. No, no life?
Why should a dog, a horse, a rat have life,
And thou no breath at all? O, thou wilt come no more,
Never, never, never.

(William Shakespeare, *King Lear*, Act V, scene iii)

这是莎翁的《李尔王》中李尔王的一段内心独白。当听到忠诚的爱女Cordelia含冤死在监牢中时,他呼天抢地,痛不欲生。内心的痛苦、愧疚和悔恨交织在一连串的叠词(no和never的重复)之中,生动形象地反映出了他当时绝望的感情。再如:

Season of mist and mellow fruitfulness!
Close bosom-friend of the maturing sun;

(John Keats, To Autumn)

诗人济慈在这里没有开门见山地歌颂秋天,而是直接描写了一个充满薄雾的季节,一个成熟的季节,一个丰收的季节,使读者自然联想到秋天。这种迂回表达激发了读者对秋天的无限的美好遐想。

三、关联准则 vs. 双关、起兴、衬托

关联准则(后称为"相关准则")要求"说的话要关"。而双关、起兴、和衬托等修辞格呈现违反"关联规则"的迹象。(Grice, 1975: 45-46)

(1)双关(pun)就是用一个词、一句话或一个语言片段同时表达双重意思:一个是表面的,一个是隐含的,并且以隐含的意思为主。恰当地运用这种手法,可以出其不意地把互不关联的双重含义结合起来,会使语言生动有趣,达到由此及彼的效果。双关语分为两类:谐音双关(homophonic puns)和语义双关(homographic puns)。(Sherzer, 1985: 213-221)前者是利用词义根本不同的谐音词构成;后者是利用一词多义的特点来构成。双关是对"避免歧义"次准则的公然违反。例如:

For if the Jew do cut but deep enough,
I'll pay it instantly with all my heart.

(William Shakespeare, *The Merchant of Venice*, Act IV, scene i)

安东尼所言中的"heart"是一个多义词,既指心脏,又指情感,还是生命的根本,突出地表现出安东尼已决心心甘情愿地(hearty—情感)又不惧忍受割肉之苦地(hearty—心脏,夏洛克割肉割深了便会伤及安东尼的心脏)、同时又不怕牺牲地(心为生命之本)为朋友去死了。这个多义词使读者的心境达到痛苦的顶点——坏人得逞,好人也甘心就范了,悲剧似乎已成定局。

弑兄篡位娶嫂的奸王克劳迪斯想以继父身份称哈姆雷特为"my son",目的就是为了在表面上抚慰他,暗中观察其心机。面对杀父娶母并以父亲自居的克劳迪斯,哈姆雷特极为反感,因而选择了另一个含义。另外,"too much in the sun"既可表明他阳光晒得够多了,也可暗示他作克劳迪斯的继子,已经受够了,忍无可忍了。这也从另一个角度反映出哈姆雷特在危机四伏的情况下既斗争又自我保护的策略。

(2)关于起兴,朱熹言:"兴者,先言他物以引起所咏之辞也。"具体来讲,即在阐述事理前,先叙述一件事情,然后在此基础上引发开去,从而把相关道理阐述透彻。如《国风·关雎》里"关关雎鸠,在河之洲"中的"雎鸠"就是"他物",诗人在这里就使用了"兴"的手法;"窈窕淑女,君子好逑"则是"所咏之辞"。在这四句诗中,诗人触景生情,因物起兴,由一对雎鸠在水洲上相对鸣叫作为开头,引起所要吟咏的下文。这里"先言他物以引起所咏之辞"中"他物"似乎与下文的"所咏之辞"无关,因此违背了关联准则,但这种违反却成了触发读者展开丰富联想的起点。"起兴"是我国古代诗歌中常用的修辞手段,而在英诗中却仅偶尔见到。例如:

Full many a glorious morning have I seen
Flatter the mountain tops with sovereign eye,
Kissing with golden face the meadows green,
Gilding pale streams with heavenly alchemy;
Anon perm it the basest clouds to ride
With ugly rack on his celestial face,
And from the forlorn world his visage hide,
Stealing unseen to west with this disgrace:
Even so my sun one early morn did shine,
With all triumphant splendour on my brow;
But out, alack, he was but one hour mine,
The region cloud hath maskd him from me now.
Yet him for this my love no whit disdaineth;
Suns of the world may stain when heavens sun staineth.

(William Shakespeare, Sonnet XXXIII)

诗人首先描写了自然界"灿烂的朝阳"把山顶、溪水和草场照得金碧辉煌(前4句);可是它们瞬息间却被乌云遮蔽,自然界再次陷入黑暗和寒冷之中(第5～8句)。在这里诗人使用了兴的修辞手法,把伟大的、却并非十全十美的太阳作为“他物”。尔后,诗人触景生情,因太阳而起兴,把他的爱人比作太阳:“她”曾给“我”带来过温暖和光明;但是好景不长,“她”突然翻脸,移情别恋(第9～12句),此乃诗人的“所咏之辞”。而诗人以宽容的态度对待了爱人的不忠,因为天上的太阳还有瑕疵,何况人间的凡人呢(最后两句)?诗人的宽容态度表达了其对爱人的爱之深、情之切。

(3)“衬托”是利用一人或一物作陪衬,着力渲染突出另一人或另一物的修辞方式。在诗歌创作中,为了使主要事物的特色更突出,诗人常常用另一种或另一些与之相似、相关或相反的次要事物作背景来陪衬,所谓“绿叶衬红花”,是为衬托。衬托分为正衬与反衬。正衬是指用相似或相关的事物来作主体的陪衬,从而使主体形象更为突出的一种写作技巧,诸如以丑衬丑、以美衬美。反衬则是用相反的事物衬托主体,从而使主体更形象、更突出的一种写作技巧,如以美衬丑、以乐衬悲等。作为陪衬的人或物似乎与主要人或物无关,衬托这种修辞似乎违背了关联准则,但是却突出了主要事物的特色。例如:

I love the beautiful young girl of this
portrait, my mother, painted years ago
when her forehead was white, and there were no
shadows in the dazzling Venetian glass
of her gaze. But this other likeness shows
the deep trenches across her foreheads white
marble. The rose poem of her youth that
her marriage sang is far behind. Here is my
sadness. I compare these portraits, one
of a joy radiant brow, the other care-
heavy; sunrise and the thick coming on
of night. And yet how strange my ways appear,
for when I look at these faded lips my heart
smiles, but at the smiling girl my tears start.

(Emile Nelligan, Before Two Portraits of My Mother)

诗人一开始就描写母亲少女时的清纯美丽:“她的前额白皙无瑕,如同威尼斯玻璃般闪亮”“在她的双眸中没有一丝阴影”,这些都是为了衬托母亲现在的苍老和阴郁:“深深的纹痕布满她皎白大理石般平滑的前额”,她“双唇失去光泽”,“她少女时的那首玫瑰情诗曾在她婚礼中被咏唱,如今已经远去”。诗人在一开始表达对母亲少女时美丽容颜的爱(“我深爱这名美丽少女”),也是为了衬托诗人对现在母亲勤俭持家、辛苦育儿而发自内心的爱(“我心发出微笑”)。

四、方式准则 vs. 委婉语、含混

方式准则要求“说话要意思明确,表达清晰”,力求避免晦涩生僻的表达方式,避免有歧义的表达方式,说话要简洁、有条理。英语诗歌经常利用词汇的多义性和结构搭配的意义不确定性等特点,使用委婉语、含混等辞格。这些辞格故意采用晦涩生僻的表达手段,公然违反了方式准则“意思明确,表达清晰”的要求,然而却能取得激发读者丰富联想、令他们驻足思索的效果。

(1)委婉语(euphemism)是一种用温和的、令人愉快的或圆滑的词汇来替代粗俗的、令人不快的或带有侮辱性的词汇的修辞格。委婉语是一种修辞格,更是一种文化现象。这种故意不直白本意,而用迂回曲折、委婉含蓄的话来表达的辞格是对“避免晦涩生僻的表达方式”次准则的违背,但是却遵守了“礼貌准则”,给他人“留住了面子”,同时也保护了自己。例如:

He clasps the crag with crooked hands;
Close to the sun in lonely lands,
Ring'd with the azure world, he stands.

The wrinkled sea beneath him crawls;
He watches from his mountain walls,
And like a thunderbolt he falls.

(Alfred Tennyson, The Eagle)

我们不难看出,诗人 Tennyson 给这首短诗最后一行中的 fall 一词赋予了双重意义:雄鹰俯冲,迅雷不及掩耳;诗人的朋友 Arthur Hallam 的突然辞世,惊天动地。特别值得一提的是,在取第二层意思时,fall 也是一种委婉表达,表示朋友的突然辞世,这要比用 die 委婉许多。Robert Burns 在 Robert Bruce's March to Bannockburn 一诗中的诗句“Free-man stand, or Freeman fa' / Let him on wi' me.”里的“fa'”(=fall)亦有异曲同工之妙,该诗句歌颂了革命者“不自由,勿宁死”的英雄气概。

(2)含混(ambiguity)手法的运用,使诗歌的韵律更加美妙,含义更加丰富,但这种修辞格也是对方式准则的“避免含混”的次准则的违反。因此,在使诗歌意义更加丰富的同时，也给诗歌的理解增加了难度。例如：

Never seek to tell thy love
Love that never told can be.

(William Blake, Never Seek to Tell thy Love)

在这里，诗人使用了两个歧义词(句)：love 在这里既可指爱的对象(即“爱人”)，也可以指感情(即“爱情”)。另外，诗中的定语从句也有两层意思：既表示 that can never be told，也蕴含 that (once told) can never be(此时 be 作 continue 讲)。这样，这两行诗句就有 4 种(2×2=4)可能的解读。诗人在这里没有直言任何一种可能性，而是故意含混这 4 种解释，让读者去作无限的遐想。例如：

When I consider how my light is spent
Ere half my days in this dark world and wide,
And that one talent which is death to hide
Lodged with me use less, though my soul more bent,
To serve the rewith my Maker, and present
My true account, lest He returning chide,
“Doth God exact day-labour, light denied?”
I fondly ask...

(John Milton, Sonnct XIX)

为什么说 light 能够 spent? 实际上，这种含混是诗中的含混现象引起的。只要我们找出与某些词在意义上有关联但未在诗中出现的那些词就可以理解诗中的含混了。对于 light 一词，与其在意义上有联系的词有“视力”(因为只有有视力才能看见 light)、“光阴”(因为 light 与 day 有关，而 day 又可代表光阴)、“生命”(因为人们总是将生命看作光明，而把死亡看作黑暗)和“希望”(因为希望与光明是密不可分的，有希望就有光明)。诸如此类的含混现象一旦被破译，那么关于 light 为何与 spent 搭配就不言而自明了。

诗化语言借助大量修辞，偏离了“语言常规”，以一种新颖的方式，将人们习以为常的语言推到背景位置，而将各种对标准语言的违背推向前景，这种对语言的“陌生化”或“非熟悉化”处理，就是对交际合作原则的违反，因此赋予了诗歌以特殊的会话含义，取得了普通标准语言难以达到的效果。

(原文载于《青岛农业大学学报》2009 年第 1 期，有改动)

索绪尔纵聚合、横组合轴理论与诗歌含混的破译

诗之所以为诗，除了其在诸如音韵、格律等外在形式上有别于散文外，主要还是因为诗的含混(ambiguity)，这种含混使诗的内容构成了诗的精妙之处。使诗的内涵具有多重性，使诗具有了不可译的特点。正是这种含混构成了诗的精妙之处。要欣赏一首诗的精妙之处，就必须发掘诗的含混，努力发现并破译构成这种含混的双关、多义、隐喻及象征的背后的意义。

诗的双关、多义、象征等手法是构成诗的含混的主要的也是最常见的手段，所以，发现和理解一首诗中的双关词和多义词便成了理解一首诗，尤其是意义比较隐晦的诗的必要手段。为了更好地说明这一问题，我们以弥尔顿的十四行诗《失明》(On His Blindness)为例，详细说明一下理解诗中含混的方法。

一、诗歌含混的认定

要寻找和理解隐含在诗中的双关词、多义词和象征词背后的意义，就必须首先确定诗中的词哪些是双关词、多义词和具有象征意义的词，哪些词是一般意义上的词。一般来说，因为双关词、多义词及象征词背后有多重意义，那么它们和与它们相搭配的词结合在一起就通常呈现出有别于常用语的新奇，而这种新奇面貌既是诗歌语言的美妙之处，也为我们提供了寻找双关、多义、象征等现象的线索。根据这些线索，我们便会找出一部分双关、多义及象征，然后再根据它们相互间意义上的联系，找出与之相关的其他双关、多义和象征。

以《失明》为例，诗中出现了一些新奇的表达方式，如“how my light is spent, present my true account, they also serve who only stand and wait”

等,所以这些表达方式中可能隐含双关和多义现象。如果 how my light is spent 是双关的话,那么与之相关的 half my days 和 light denied 也可能是双关;与 present my true account 相关的 one talent 也可能是双关之类的表达方式;与 they also serve who only stand and wait 相关的 God 也可能是象征。一般情况下,light 是不能"花费"的,为什么作者又说 how my light is spent 呢? talent 为什么要用 one 来强调,而死亡又要把它"藏"起来呢? present my true account 之前的诗句里并未明显出现"记账"之类的字眼而现在为什么要"交账"呢? 为什么说那些"站着等待"的人也是在为上帝服务呢? 一系列的疑问提示我们这首诗有明显的含混因素,而与这些疑问有关的一些字眼有双关、多义和象征之类的多重意义。

这样,我们便初步确立了诗中有含混意义的词和句子,下一步便是确立这些含混词和句子的具体意义了。

二、诗歌含混的破译

诗歌含混的破译主要是通过对诗的详细阅读(即新批评所强调的 close reading),努力发掘诗行的纵聚合轴(即索绪尔语言学理论中的共时轴)和横组合轴(即索绪尔语言学理论中的历时轴)上的各对立项,也就是要找出与具有含混意义的词在意义上有关联的但并未在诗行中出现的词和具有含混意义的词在意义上有关联同时又在共上下诗行中出现的词,并把这些词与具有含混意义的词加以比较和综合从而确立含混的具体意义。

(一)纵聚合轴上的破译

在诗行中出现的词总是与未在诗行中出的词形成意义上既相关联又相互对立的二项对立,并在这种二项对立中显现诗行丰富的含义。在《失明》的第一行中 light 与未出现的 life, eyesight, hope 等词在意义上有关联,因为 light 与 day(白天)有意义上的联系:"白天"与"阳光"密不可分;而 day(时光)与 life(生命)也有意义上的联系:因为生命由时光组成,所以 light 也就有"时光""生命"的意思;light(光明)又是成功或希望的象征,所以 light 又暗示 hope。所以,在纵组合轴上未出现的 life, eyesight, hope 等词恰恰是 light 一词隐含的多层意义。诗的第三行中 talent 与 genius 意思相近,指"才华",又是古代罗马及中东地区的货币名称,指代钱币;第五、六行中的 present my true account 一是相当于 turn in my true account,即交账,二是相当于 make my quirtus,指"结清账目,交代清楚",也就是"清清白白了结一生"的意思;最后一行的 stand and wait 中 stand 的对立项有两个,一个是 lie down,一个是 rush forward,即 stand 是与"倒下"和"匆忙前进"相对而言的,

wait 的对立项也有两个，一个是 give up，一个是 act in haste，即 wait 是相当于“放弃”和“匆忙付诸行动”而言的，所以，stand 暗含“不卑躬屈膝”和“不因等待而心焦”之意。

(二)横组合轴上的破译

诗的意义不仅依靠纵聚合轴上的二项对立，还要依靠横组合轴上的二项对立才能完整显现出来。诗中的每个词和它左右相连接的词句中的词之间存在着微妙的联系，在这种与各个词组成的关系中含混的意义也会有整体统一性。因此，对诗的含混的破译同样也需要在横组合轴上的分析。《失明》一诗中的 light 有 life，eyesight 和 hope 等多重含义，Ere 引导的时间状语从句中 half my days 便也要和它的主句 how my light is spent 的多义相一致，也有多重含义。half my days 在这种横组合轴上便相应地有了 half of my life after losing my eyesight（与 light 作 eyesight 讲相一致）和 half my life when I am deprived of hopes（与 light 作 hope 相一致）等多重意义。这样，half my life 便有了“我的后半生”“我的将来失明的时日”和“我将来没有希望的时光”三重意义，同样，在横组合轴上 talent 和 present my true account 相关联和互相说明，于是 talent 既指诗人的才华，也指人的生命，而这种才华和生命都是为上帝服务和事业成功的“本钱”；present my true account 相应地也有多重意义，一是指向上帝汇报自己的一生是如何度过的（即如何花费生命这个本钱的），二是指向上帝汇报自己的才华是如何使用的，另外还有“总结自己的一生，使自己无愧于心”之意（因为这种账是 true account，是不容弄虚作假的）。第七行中的 day-labor 和 light denied 在横组合轴上受上下文和它们二者本身互相关系的制约也有多重意义。day-labor 有“白天的劳作”之意，但因为第二行的 day 有“生命”和“光阴”之意，这里的 day-labor 便有了“生命的重负”和“光荣的工作”两层意义；同样道理，light denied 中的 light 也有了“光明”“光线”“希望”等多重含义。第十二行和第十三行 at his bidding speed/And post o'er land and ocean without rest 在横组合轴上受下一行的制约，除了字面上的“遵照上帝的旨意在海陆上四处奔波”之意以外，还有“一刻不停地坚持工作、斗争”的含义。另外，God 在横组合轴上受上下文有含混意义的词的制约和暗示，也有了象征意义。作为清教徒，弥尔顿笔下的上帝当然可以是神圣革命事业的化身（当然，在《失乐园》中其又是反革命暴君的化身，这是因为一部作品在某种意义上是一个自给自足的整体，这并不影响上帝在《失明》中象征的神圣性）。相应地，patience 除了宗教意义上的“忍耐”的意义之外，也被赋予了“革命的坚韧性”的意思。

二、诗歌整体意义的确立

一旦诗中的带有含混意义的词的意义得以破译，那么诗的整体意义便会明朗起来。我们把纵聚合轴和横组合轴上的对含混的破译结合起来加以理解，便很容易得出全诗的整体意义。

以《失明》为例，我们把纵聚合轴上对 light 多重意义的破译和在横组合轴上对 God 的象征意义的破译结合起来，并以这两个词的结合点作为支点，将每个词在纵组合轴上的意义和在横组织轴上的意义相互交叉，从而织成一张具有多重意义的网络。我们把这张网看作一个整体，把每个词都看作网上闪烁的根根丝线，并对这张网进行全面的综合分析，最终使它整体上的多重意义得以显现出来。这样分析下来，我们不难发现，《失明》至少有以下几层意义：

(1)关于失明：作者因失明而感到痛苦，一度怀疑上帝的不公，但他的忍耐力和他对上帝的忠诚使他没有怨恨上帝，而是认为既然受上帝指示在海陆间奔忙固然是奉行上帝的旨意，那么在尘世间默默等待，准备效忠上帝又何尝不是忠于上帝的旨意和为上帝效忠的善举呢？

(2)关于生命：作者因命中多难，失去光明而感到痛苦，一度怀疑命运的不公，但他的坚强忍耐和他对生活的执着追求使他没有怨恨命运的不公，而是认为轰轰烈烈地干一番事业固然是不枉此生，但默默工作、忍辱负重地生活一样是充实的问心无愧的一生。

(3)关于革命事业：作者因革命的失败而倍感痛苦，曾一度想埋怨历史的不公，但他坚强的革命精神使他没有消沉，而是坚信轰轰烈烈地为革命流血牺牲固然是忠于革命，但坚韧不屈、待机而动、默默地为革命工作一样是为革命服务。

当然，因为诗中的关键词具有多重含混意义，所以《失明》还可以有其他解释，但无论从哪个角度诠释这首诗，得出的结论总的来说是万变不离其宗的——这首诗表现了弥尔顿的坚忍不拔的向上精神和不畏艰难的毅力。这恰恰说明了诗的精妙之处——虽然诗的用词是十分精炼的，但诗的意义是多层次的，含义是十分丰富的；反过来说，虽然其意义是多层次的，但其终极意义是可寻的，因而诗的欣赏和评价也是有一定规律的。就在这似动非动之间诗才显现出自己的独特的魅力，而这一魅力的主要源泉便是诗歌的含混。

附

On His Blindness

John Milton

When I consider how my light is spent
　　Ere half my days in this dark world and wide,
　　And that one talent which is death to hide
　　Lodged with me unless, though my soul more bent
To serve therewith my Maker, and present
　　My true account, lest He returning chide
　　"Doth God exact day-labour, light denied?"
　　I fondly ask. But Patience, to prevent
That murmur, soon replies, "God doth not need
　　Either man's work or his own gifts. Who best
　　Bear his mild yoke they serve him best. His state
Is kingly: thousands at his bidding speed,
　　And post o'er land and ocean without rest,
　　They also serve who only stand and wait."

（原文载于《山东外语教学》1997年第3期，有改动）

论《威尼斯商人》的语言陌生化现象

摘要 本文从研究莎士比亚的名剧《威尼斯商人》中的语言陌生化现象入手，论证了该剧的语言陌生化之于剧情的推进、人物的刻画和主题的深化等方面的积极作用，也从侧面说明了语言研究之于文学作品评论的重要意义。

关键词 陌生化；修辞；剧情；人物刻画；主题；《威尼斯商人》

在西方文学批评派别中居重要位置的形式主义认为，文学作品的特殊性在于文学作品的“文学性”，而文学性则在很大程度上在于文学作品的“语言的运用和修辞技巧的安排组织”，在于文学作品的新奇的、有别于日常用语的表达手段，包括夸张、比喻、婉转说法、双关、多义、平行句式、重复、冗赘等，即文学作品的语言“陌生化”。文学作品的语言陌生化现象不仅能使语言呈现出新颖别致的面貌，还有助于深化主题、塑造人物、推进情节等。艺术大师莎士比亚的《威尼斯商人》之所以能成为喜剧的典范作品，不仅是因为它有丰富的内容、深刻的主题以及有趣的情节，而且在很大程度上得益于它使用的陌生化的语言。具体说来，《威尼斯商人》中的语言陌生化的作用有以下三个方面。

一、推进剧情

由于篇幅关系，我们不妨以全剧中最精彩的第四幕“公正的法庭”为例，说明莎翁的语言陌生化现象对剧情的推动作用。

本篇一开始便通过公爵之口使用了平行句式，说明夏洛克是“A stony adversary, an inhuman wretch,/ Uncapable of pity, void and empty/ from any dram of mercy”，从而突出了夏洛克的狠毒心肠，使读者马上意识到安东尼与夏洛克的矛盾冲突已在所难免。接着作者通过公爵之口在一句话中两次使用了 strange 一词的一个较为晦涩的意思，即“令人吃惊的”，使观众明显感到公爵明知不可为而为之的决心，感受到公爵决意劝说夏洛克放弃割安东尼一磅肉的努力，并且像剧中公爵所期盼的那样，期盼夏洛克能够回心转意。同时，作者通过使用意义相同的 brassy bosoms 和 rough hearts of flint 以及 Turks 和 Tartars，突出了夏洛克的狠毒，使观众更加强烈地意识到矛盾的不可调和性。公爵的调和努力失败后，莎翁又安排了夏洛克和巴萨尼奥的辩论。通过使用相同句式，作者更加突出了矛盾的尖锐性。当巴萨尼奥问夏洛克：“Do all men kill the things they do not love”时，夏洛克的反唇相讥：“Hates any man the thing he would not kill?”使观众明显感到夏洛克杀安东尼的决心。而夏洛克使用的一个冗赘表达法和一组平行句式，则使观众感到安东尼要死于夏洛克之手已成铁一般的事实：“You have among you many a purchased slave/ Which like your asses and your dogs and mules/ You use in abject and in slavish parts,/ Because you bought them”；如果威尼斯人能够“Let them be free!... Let their beds/ Be made as soft as yours, and let their palates/ Be seasoned with such viands”，那么夏洛克就可以饶了安东尼。当然，威尼斯人不会像夏洛克所说的那样做，那么夏洛克也就决不会饶了安东尼。这些话句句掷地有声，使观众的心为安东尼的生命安全愈加焦灼。恰在紧张之际，鲍西娅的乔装出场使此时的紧张气氛得到些许缓解，观众盼望新人物的出现会使矛盾出现新的转机。鲍西娅在其著名的对“怜悯”的论述中，使用了明喻和暗喻等修辞手法，把怜悯比作“和风细雨”，将其看作是比王冠和王杖更具威力的力量，是王者心中的王者，试图以此来劝诫夏洛克。鲍西娅的劝诫使观众心中再次生出对安东尼获救的希望，而这种希望随巴萨尼奥请求公爵的平行句式“To do a great right, do a little wrong”而又增大了许多，但这种希望很快便随着夏洛克对鲍西娅裁决的反复称赞而消失。夏洛克使用了一连串同义词不嫌啰唆地称赞鲍西娅“wise”“most reverend”“noble”“upright”，这使观众明确感受到夏洛克已经胜券在握了。而安东尼所说的“I'll pay it instantly with all my heart”中的“heart”是一个多义词，既指心脏，又指情感，又是生命的根本，突出地表现出安东尼已决心心甘情愿地(heart →情感)、不惧忍受割肉之苦地(heart →心脏，夏洛克割肉割深了便会伤及安东尼的心脏)同时又不怕牺牲地(心为生命之本)为朋友去死了。这个多义词使观众的心境达到了痛苦的顶点——坏人计谋得逞，好人也甘心就范了，悲剧似乎已成定局。

这时，巴萨尼奥使用了一个不对等的词汇排列，表示要牺牲“自己的生命”“自己的妻子”和“世上的一切”，表达了自己宁愿舍弃一切也要救朋友于水火的愿望,使这时的悲剧色彩变得更加浓厚。但恰在此时,鲍西娅用了一个不完全表述法:"Your wife would give you little thanks for that",奈丽莎使用了一个在英语中叫"移情"的修辞手法:"The wish would make else an unquiet house",通过幽默的语句暗示出轻松的气氛和矛盾转机的兆头。而鲍西娅连续使用平行句式"—The court awards it, and the law doth give it—""The law allows it, and the court awards it",使观众明显地感到鲍西娅(无论观众知其身份与否)已经不是在迫于法律的尊严而帮助夏洛克,而是在不合情理地心甘情愿地支持夏洛克,这之中必定大有文章。紧接着,此剧的大包袱终于抖开。鲍西娅此时使用了强调句型"This bond doth give thee here no jot of blood 和 if thou doth shed / one drop of Christian blood"和重复手法"Take then thy bond, take thou thy/ pound of flesh",用一句"thy lands and goods/ Are by the laws of Venice confiscate/ Unto the state of Venice",明确告诉夏洛克:只准割肉,不准割出血来,否则将被没收财产。恶人搬起石头终于砸了自己的脚,观众此时终于舒了一口气。格莱舍诺对夏洛克句式的反复模仿"O upright judge! O learned judge",则使这个剧中的最大的喜剧高潮得以延续。

坏人受到惩处,好人得到好报,皆大欢喜。这种喜剧气氛在格莱舍诺对大词与小词的幽默搭配中弥漫至落幕。当鲍西娅提醒夏洛克向尊贵的公爵请求宽赦时,格莱舍诺则要夏洛克请求公爵免费提供一根绳子好吊死自己:"Thou hast not left the value of a cord;/ Therefore thou must be hanged at the state's charge";当鲍西娅问安东尼要给夏洛克什么怜悯时,格莱舍诺则要求安东尼仅允许夏洛克免费使用绞刑架。加上夏洛克以比喻的手法对自己境况的哀叹:"You take my house, when you do take the prop/ That doth sustain my house. You take my life/ when you do take the means whereby I live",莎翁终于使这一喜剧在高潮中圆满结束。

由此可见,莎翁语言的"陌生化"使得剧情有张有弛、错落有致,使剧情发展的步骤更加清晰明了。

二、人物刻画

莎翁借助语言的陌生化使人物性格更加鲜明,人物的心理活动也更加细腻真实,从而使人物形象更加栩栩如生。以夏洛克这一人物为例,莎翁通过夏洛克本人之口,使用平行句式,罗列了人们一系列的荒诞的心理反应:"why he cannot abide a gaping pig, why he a harmless necessary cat, why he a woolen bagpipe?"说明夏洛克的狠毒就像人们无缘无故地恶心张大嘴的猪或风笛的声音一样，既是天生的，也是无法更改的，使夏洛克狠毒的心肠与诡计得逞后洋洋自得的心态跃然纸上。而作者通过安东尼之口使用的一系列平行句式则更突出了夏洛克的铁石心肠：

You may as well go stand upon the beach
And bid the main flood bate his usual height;
You may as well use question with the wolf,
Why he hath made the ewe bleat for the lamb;
You may as well forbid the mountain pines
To wag their high tops and make no noise
...
As seek to soften... his Jewish heart.

格莱舍诺与夏洛克的争论则使夏洛克这一人物形象更加丰满。作者通过格莱舍诺之口使用同音异形词和冗赘表达法使夏洛克残忍的形象达到了无以复加的地步。格莱舍诺说夏洛克不是在他自己的 sole 上，而是在他自己的 soul 上磨一把杀人的刀，并且他是集 wolfish，bloody，starved 和 ravenous 于一身的恶狼。夏洛克对格莱舍诺的反唇相讥则反映了自己敏捷的反应能力。当格莱舍诺问他"do all men kill the things they do not love?"时，夏洛克采用相同的疑问句式反击了格莱舍诺的指责："Hates any man the thing he would not kill?"当格莱舍诺对他破口大骂时，夏洛克则采用了讽刺手法"Till thou canst rail the seal from off my bond,/ Thou but offend'st thy lungs to speak so loud"和反语"Repair thy wit，good youth"表现了自己沉着老练、才思敏捷、舌利如箭的恶人特点。

莎翁利用语言的陌生化现象，在人物的心态以及性格特点的刻画上总能起到既惜墨如金又画龙点睛的作用。例如当鲍西娅再次提醒夏洛克可以接收 3000 铢的赔偿而放弃迫害安东尼的契约时，夏洛克一连说了多个 oath：An oath，an oath! / I have an oath in heaven;/ Shall I lay perjury upon my soul，使他自己对基督徒的刻骨仇恨昭然若揭。莎翁在表现鲍西娅与奈丽莎表达自己对丈夫舍妻救友的打算的反应时，选用不同的词汇和句式，惟妙惟肖地反映了二人的不同身份和性格。前者认为丈夫若舍妻救友，妻子就会"give you little thanks"(委婉表述法)，以示妻子可能会不满，但不一定会吵架，这明显是大家闺秀的看法；后者认为如果丈夫如此舍弃妻子，妻子自然会跟丈夫吵闹，会造就一个 unquiet house(指家庭不和，大吵大闹)，这显然是泼辣女性的反应，但既然她能用 unquiet house 暗示家庭不和而不明说"大吵大闹"，显然是有一定的文化素养，这与其大家闺秀的侍女身份十分相符。由此可见莎翁利用语言的陌生化现象画龙点睛的功底。

由此可见,《威尼斯商人》作为一部喜剧,语言的陌生化在人物塑造方面功不可没。

三、深化主题

莎翁在深化主题方面运用的语言陌生化现象是十分突出的,由于篇幅关系,我们且不说鲍西娅如何运用比喻手法将怜悯比作和风细雨从而歌颂了资产阶级的博爱思想,也不论安东尼如何利用 heart 一词的多义现象表达了甘为友谊献身的精神,更不谈夏洛克如何运用暗喻将金钱比作生活支柱从而暴露了旧资产阶级嗜财如命的贪婪本性,在这里我们只讨论本剧隐含的主题——夏洛克的残忍与嗜财乃是宗教偏见和社会不公的必然产物。

(一)夏洛克的残忍是对宗教歧视的报复

夏洛克作为一个犹太人,在威尼斯是被当地公民视为异教徒的,是受歧视的。在整个戏剧高潮中,只有公爵偶尔直呼他的名字,而其他人,包括以律师身份出现的鲍西娅,都称他为"犹太人"。而在第四幕一开始,作为公正的裁决者的公爵却先表现出了先入为主的偏见。他称安东尼为"a royal merchant",而称夏洛克为"Jew",并且认为他是"a stony adversary, an inhuman wretch,/ Uncapable of pity, void and empty/ From any dram of mercy"。显然,公爵及其他人可以有多种方式称呼夏洛克,但他们却选择了突出夏洛克种族的称呼,这很明显暗示了威尼斯当地人排斥外族的潜意识。公爵本应公正、毫无偏见,但在第四幕一出场就将安东尼定位为一个"高贵的商人",并特意使用一个平行句式,将夏洛克看作一个"铁石心肠的对手、毫无人性的小人",可见其偏见根深蒂固。当公爵劝说夏洛克要稍施善心、弃恶纳善时,他明确指出如果夏洛克如他期望的那样,夏洛克就是从"brassy bosoms and rough hearts of flint"和"stubborn Turks and Tartars never trained"转变成了向别人施予"温情有礼的帮助"(offices of tender courtesy)的人,而且是给公爵本人一个"gentle answer"。在这里,莎翁借公爵之口使用了冗赘陈述,将同义词组 brassy bosoms 和 rough hearts 及 Turks 和 Tartars 组合在一起,突出了公爵对夏洛克的憎恶,又借公爵之口用了一个双关词 gentle(既表示"友善的",又表示"gentile",即"非犹太的"),突出了公爵对夏洛克的种族偏见,即夏洛克是犹太人,是非友善的,是铁石心肠的。换句话说,只有不是犹太人的人才可能是友善的。

威尼斯人对外族人的偏见集中隐含在其城邦的法律之中。威尼斯的法律有明显的排外倾向,它规定:"If it be proved against an alien/That by direct or indirect attempts/He seek the life of any citizen,/The party 'gainst the which he doth contrive/Shall seize one half his goods ... the offender's life lies in the mercy of the duke only..."在这里,莎翁未笼统地用 a person 代替 an alien,也未用 other people 代替 any citizen,而是用特定的 an alien 和 any citizen 鲜明地突出了两个词组的对立关系:如果一个外国人(或异教徒,即 alien)图谋伤害任何一个本邦市民(any citizen),那么这个外国人就会受到严厉的惩处。如果一个威尼斯人也犯了相同的罪行呢?假设这个本邦人也会受到与外国人一样的惩处的话,那么法律条文就没必要将外国人和本邦市民的罪行和惩处分开进行规定了。法律之所以分别加以规定,很显然是二者的权利和犯法后所受的惩处是不一样的。所以,莎翁用了两个具体的名词词组代替两个笼统的泛指词组,目的就是暗示这种宗教不平等。第四幕的结尾也暗示了这种宗教不平等,安东尼会饶恕夏洛克,但必须在夏洛克皈依基督教的前提之下。一般人认为,饶恕一个恶人的前提条件是恶人弃恶从善,而安东尼饶恕夏洛克的前提却是夏洛克成为"一个基督徒"。莎翁在此让安东尼要求夏洛克成为 a Christian 而不是 a kind-hearted man,显然是要暗示威尼斯人根深蒂固的宗教偏见——基督徒与善良之辈是同义词,异教徒与邪恶之人是同义词。

这种宗教歧视恰是夏洛克仇视基督教的原因之一,难怪他发誓"I have a daughter,/ Would any of the stock of Barabbass / Had been her husband, rather than a Christian"。他宁愿将女儿嫁给一个十恶不赦的恶人,也不会将她嫁给一个基督徒,可见他对基督教的强烈憎恶之情。

(二)夏洛克的恶毒仅是诸多社会邪恶的一种

夏洛克在《威尼斯商人》中是个反面角色,而且在英语中 Shylock 一词早已成了贪财、恶毒的小人的代名词。但是,莎翁通过排比、暗喻、重复等多种手法,使语言陌生化,使隐含意义凸显出来,从而使当时的社会不公暴露出来。

当公爵劝导夏洛克发发善心,放弃向安东尼追索一磅肉时,夏洛克反唇相讥:

What judgement shall I dread, doing no wrong?
You have among you many a purchased slave,
Which like your asses and your dogs and mules,
You use in abject and in slavish parts,
Because you bought them. Shall I say to you
"Let them be free! Mary them to your heirs!

Why sweat they under burdens? Let their beds
Be made as soft as yours, and let their palates
Be seasoned with such viands?" You will answer,
"The slaves are ours." So do I answer you:
The pound of flesh which I demand of him
Is dearly bought, is mine, and I will have it.
...
I stand for judgement...

在这里,莎翁借夏洛克之口打了一个暗喻:我夏洛克索要一磅肉的行为是与威尼斯人购买奴隶并让他们当牛做马一样的行为。如果威尼斯人认为压榨奴隶没有什么过错是因为是威尼斯人花钱买了奴隶的话,那么夏洛克割下安东尼一磅肉也没什么过错;如果威尼斯人要劝夏洛克放弃这一磅肉,就首先应当放弃对奴隶的奴役;如果威尼斯人无法善待奴隶,那么夏洛克也有理由追索安东尼的一磅肉。夏洛克在谈到威尼斯人对奴隶的奴役时使用了明喻和冗赘陈述:"Like your asses and your dogs and mules/ You use in abject and in slavish parts",莎翁在此用冗赘的名词罗列 asses, dogs 和 mules 和冗赘的形容词排列 abject 和 slavish 来突出奴隶牛马不如的生活,来突出威尼斯人的残忍不亚于夏洛克的残忍。在谈到劝解自己放弃追索一磅肉的可笑性时,夏洛克又用了一个平行句式:"Let them be free! Marry them... Let their beds... Let their palates...",突出了要求自己放弃追索这磅肉的不合理性,也暗示了改变奴隶买卖的不可能性。而且,夏洛克明确指出,从安东尼身上割一磅肉是符合法律规定的,并且他不厌其烦地说:"What judgement shall I dread, doing no wrong?""I stand for judgement""I stand here for law""I crave the law";当鲍西娅准允了他的请求时,夏洛克高呼:"A Daniel come to judgement!"显然,夏洛克渴望用法律来捍卫自己的权利,来为自己主持公道,助他割下安东尼的一磅肉,因为他知道,威尼斯的法律既能保护威尼斯人对买来的奴隶的所有权,也会保护他对买来的一磅肉的所有权——威尼斯法律保护人们对用金钱买来的任何东西的所有权。这样,借夏洛克之口,莎翁通过使用"I stand for judgement""I stand here for law""I crave the law"等平行句式,突出了威尼斯法律捍卫金钱买卖关系的实质。在保护一切金钱买卖关系的法律的保护下,有血有肉的奴隶都可以买卖,而且对他们的生杀予夺之权全掌握在其主人手中,那么夏洛克根据法律索要他花大钱买来的别人身上的一磅肉又有什么大惊小怪的呢?所以说,如果说夏洛克的所作所为邪恶的话,那么威尼斯的所有拥有奴隶或从事奴隶交易的人，甚至那个保护一切都是赤裸裸的金钱关系的威尼斯法律都是邪恶的，那么夏洛克的邪恶也仅是诸多社会邪恶当中的一种了。

语言是文学表现的工具，同时也是文学的实体。莎翁通过他那生花的妙笔，使自己的文学语言既有别于以往文人的某些陈词滥调，呈现出引人入胜的新鲜感，又有别于人人都使用的日常用语，使自己的语言带有永恒的艺术魅力。这种艺术语言的陌生化现象使语言作为文学实体的功能增强，使语言本身的文体功能直接地介入到文学的表现功能中，从而使语言意指功能之外的功能也有效地推动了剧情、刻画了人物和表现了主题。

《箭与歌》欣赏

The Arrow and the Song

I shot an arrow into the air,
It fell to earth, I knew not where;
For, so swiftly it flew, the sight
Could not follow it in its flight.

I breathed a song into the air,
It fell to earth, I knew not where;
For who has sight so keen and strong
That it can follow the flight of song?

Long, long afterward, in an oak
I found the arrow, still unbroke;
And the song, from beginning to end,
I found again in the heart of a friend

箭与歌

我往长空射支箭,
它落于何处,我却没看见;
因为,箭行如飞,我的目力
怎能赶得上这如飞的箭。

我对长空哼支歌,
它飘向何处,我却无法揣测,

因为，谁的目光如此敏锐
能跟踪这飘扬的歌？

许久许久之后，在一棵橡树上
我发现了那支箭，仍未折断；
还有那支歌，自始至终，
我又发现活在一个朋友心中。

亨利·沃兹沃斯·朗费罗（Henry Wadsworth Longfellow，1807～1882）是美国著名诗人，他的诗主要描写美国人民的生活、美国的自然风景，以及一些优美的民间故事和传说等。他以写这类诗见长，因而闻名于世。此外，他还写了许多反对罪恶的畜奴制度、同情劳动人民的诗歌。

《箭与歌》是朗费罗的一首著名短诗。它貌似浅显，但内容丰富；貌似信手拈来，其实独具匠心。

在现实生活中，射出一支箭或唱一首歌本是极普通极平常的事，但诗人通过这些日常琐事向人们揭示出一个永恒的主题——爱与恨。恨的力量貌似强大（如射出之利箭），却永远不会有什么好结果；爱，貌似柔弱（如悠扬的歌声），却会永远被人们铭记在心中。无论是爱还是恨，也无论时光怎样流逝，施爱者总要收获爱，施恨者总要收获恨。

在第一节中，诗人以利箭为象征说明恨的施与过程。从字面上看，这一节似乎写生活中极普通的一件小事：随便射出一支箭，由于箭飞得太快，目力不及，不知箭落何方。然而细细品味，我们自会发现它寓意丰富，耐人寻味——恨的行为，无论是攻击性的言辞，还是破坏性的行为，正如射出的箭一样，我们不经慎重考虑就施加到别人身上，也像对待一支失去的箭一样，我们或许不知道我们的恨会产生什么后果，而且我们也不想知道，总认为时间的流逝会抹去一切记忆。就这样，恨被我们随随便便地施与，又被我们轻轻松松地忘却。

第二节和第一节的叙述方式一样，以歌为象征说明爱的施与过程。从字面上看，这一节写的也是日常小事：随便哼支歌，由于歌声飘扬，自信没有人会记住它。在日常生活中，我们也会毫不费力地将爱施与别人：一支歌，一个微笑，一个理解的眼神……这些都是爱的体现。或许我们会觉得这一切都无足轻重，不会得到回报，也不希望得到回报。爱被我们随随便便地施与，轻轻松松地忘却。

第三节可谓画龙点睛之笔。在前两节貌似平淡的叙述之后，作者突发惊人之语(当然依旧是以平淡的手法表达出来):很久以后,发现箭插在一棵橡树上,这支箭不但失去了自己的自由、自己的生机、自己的价值,而且损伤了生机勃勃的橡树——象征我们在无休止的破坏中耗费了青春,伤害了自己,尤其是恨的接受者。相反,那支歌却自始至终活在朋友心中——象征我们爱的收获,它始终萦绕在人们心头,温暖着人们的心,使整个世界充满了快乐的歌声。

《箭与歌》之所以成为名篇,不仅在于它揭示了人生永恒的主题,而且在于它结构布局巧妙。它淡雅飘逸而又文韵并茂。诗人把爱和恨(箭与歌)以同样的结构、同样的语气叙述出来——都是送入"空中",都是"不知落于何方",而且大多数词都是相同或相近的;更妙的是,两节都是戛然而止,诗人并不急于道出诗的用意,而是给读者以思索玩味的余地,为第三节打下了坚实的基础。第三节在前两节画龙的基础上点睛,指出箭与歌的归宿,既出读者意料之外,但又不使读者觉得唐突。

诗歌虽揭示了人生的一个普遍性的主题,但却无直接的说教。通读全篇,我们听到的是歌声,见的是蓝天、绿树、利箭,它们全是日常生活中的普通事物,而且彼此结合得那么和谐自然,那么天衣无缝,实在令人叹服。诗歌原文的韵脚是 aabb,读起来朗朗上口,则更使读者"喜闻乐读"了。

(原文载于《山东外语教学》2000 年第 4 期,有改动)

第三编　英语文学研究

近30年英国文学发展态势

摘要 近30年来，英国人逐渐从两次世界大战的阴影和国运衰落造成的失落感中走出来，对社会问题、历史问题、两性问题、民族和种族问题的思索也趋于冷静，对某些习以为常的理念进行了解构或再思索，这在近30年的英国文学中则表现为四大态势，即对历史的回顾，对殖民、民族、种族等问题的反思，对女性问题的关注，对当今现实问题的探索。

关键词 英国文学；历史；现状；殖民；两性

近30年来，英国人逐渐从两次世界大战的阴影中走出来，对各种社会和历史问题的思索趋于冷静；同时英国的国际地位也从一战之前的世界霸主降为二战后的美国的追随者，对此英国人或多或少有些失落，然而随着时间的推移，英国人的这种失落感逐渐转化为对以往历史的回忆和冷静的思索以及对以往某些习以为常的理念的解构。在文学上，近30年的英国文学则表现出四大态势：一是对历史的回顾；二是对殖民、民族、种族等问题的反思；三是对女性问题的关注；四是对当今现实问题的认识。

一、对历史的回顾

二战之后，英国失去了原来的世界霸主地位，这是许多英国人都不愿接受的现实，因此，“他们比以往任何时候都更加关注历史”（Peck & Coyle, 2002：290）。他们努力地去调整自己，去找寻自己国家在与欧洲诸国关系中的位置。尤其是在与欧洲关系日趋微妙的近二三十年，如何去找寻自己的民族身份和地位，在许多英国人看来，这是一个只有历史才能够提供参照的问题。因此，近30年来，历史文学在英国十分繁荣，历史小说、历史传记等作品吸引了大量读者，为民众在历史与现实之间架起了一座桥梁。

这类文学中比较有代表性的作品当属拜亚特（A. S. Byatt）的《书踪迷

情》(*Possession: A Romance*, 1990)。这部小说通过20世纪末英国现代人对维多利亚时代的一位诗人与其情人之间关系的探索和研究,着重展现了维多利亚时代的两性关系、社会价值观和行为准则在不同时期的不同的人心中产生的不同的认识和评价以及对他们产生的不同的影响,最终向读者暗示历史是人构建的历史,但它也在不断地塑造人。是人"占有"了历史,还是历史"占有"了人?这是小说提出的最令人沉思的问题。

在表现历史题材方面的另一位出色人物是彼得·阿克罗伊德(Peter Ackroyd)。他的创作主要集中在历史小说和历史传记两个方面。近年他的历史小说包括《霍克斯莫尔》(*Hawksmoor*, 1985)、《切特顿》(*Chatterton*, 1987)、《迪医生的房子》(*House of Doctor Dee*, 1993)和《弥尔顿在美国》(*Milton in America*, 1990);其历史传记包括关于狄更斯、布莱克、莫尔等人的传记,分别在1990年、1995年和1998年出版,在2000年他出版了一部记述伦敦生活历史的传记。他的历史小说与传统的历史小说有很大不同,它们主要关注的是现在而不是过去,也就是说,作者关注的是现代人对历史的"占有",即对历史经验的吸纳。他的历史传记与传统的历史传记也不同,他在其中使用了大量小说的手法,加入了作者个人的想象成分,并且着重表现的是历史与我们现代生活的关系以及与现代的不同。

当然,任何人都逃脱不了历史的框架作用。认识历史就是认识自己,发现历史就是发现自己,历史可以为人类未来的发展树立一面镜子。这个主题在罗丝·特莱梅恩(Rose Tremain)的历史小说《复辟》(*Restoration*, 1989)中表现得尤其明显。《复辟》主要是关于查理二世统治时期的历史,它主要描述了罗伯特·麦里维尔(Robert Merivel)命运的兴衰,着重表现的是麦里维尔从自己的荣辱兴衰中,尤其是他从自己被逐出宫廷后的艰难旅程中所产生的感悟和自我发现,可以说他被逐后的旅程就是他自我发现的历程,而他的命运、他的感悟和自我发现都为20世纪80年代的英国人提供了一面借鉴的镜子,有利于他们在失落之后找回自己,有利于他们对唯物主义和犬儒主义保持一种清醒的认识,从而为将来选择一条更为现实的道路。

当然,历史更为一个民族提供了一面借鉴之镜。英国在近几十年失去了自己在欧陆的领导地位,在与欧洲各国的关系中,英国人心中一直存在着一种不确定感,一直无法确定自己国家的民族身份和地位。1995年诺贝尔文学奖获得者、北爱尔兰诗人谢默斯·希尼(Seamus Heaney)在其诗歌中就表达了这种民族情怀。希尼是北爱尔兰人,但他自认为是爱尔兰人。他从一个边缘人的角度,对爱尔兰民族与英国人的关系和英国与欧洲其他国家的关系进行了深刻思索。他近些年的诗作包括《山楂灯笼》(The Haw Lantern，1987)、《酒精水准仪》(The Spirit Level，1996)和《电灯》(Electric Lights，2001)。另外，希尼总是带有双重民族身份，一方面他是一个英国人，身上带有英国人的特质，对英国在欧洲的地位充满关切；另一方面他又是个爱尔兰人，他的诗作充满了爱尔兰的泥土气息，并且这种气息总能与英国人的绅士风度相得益彰，而且他同时还能在这种和谐的氛围中表达他对爱尔兰与英国的复杂关系的严肃思索。他翻译的《贝奥伍夫》就是他对爱尔兰与英国的矛盾冲突思索的一种较为直接的表现，因为《贝奥伍夫》本身既是英国的民族史诗，又是北欧文化的沉淀。

历史是今人的一面镜子，但这面镜子不是一个客体，而是由主体的意识所构造的。人们讲述历史的方式的不同恰恰折射出人们的意识形态的不同；同时，人们对历史的讲述又受前人对历史讲述模式的制约。文本是具有历史性的，历史是带有文本性的，对一种历史文本的讲述和解读总是要受其讲述者和解读者所处的历史、政治、宗教、语言、文化、种族、职业等语境的影响；同时，文学作品和其他非文学文本之间有复杂的"话语交流"，作家(或讲述者)同社会和历史、主体与客体之间是一种相互塑造的关系。正如新历史主义者斯蒂芬·格林布拉特(Stephen Greenblatt)所言："艺术作品不是历史经验在上而留下印记的被动的外表，而是历史经验形成和再形成的创造性动因之一。"(Greenblatt，1988：iii)因此，从历史的讲述方式和所传达的信息两方面而言，历史制约了我们的思维，又被我们的思维所制约。这一新历史主义的观点在格雷厄姆·斯威夫特(Graham Swift)的《湿地》(*Waterland*，1983)中表现得非常充分。一位中年历史教师正面临着一种困境：历史不能再用传统的教学方式教下去了，他转而向他的学生讲述他个人的生活，就像他向他的学生讲述历史故事一样。在历史课上，他讲述的内容就如同他的个人生活一样，充斥着破碎、苦难和悲剧，但一个故事总是有人为强加的对偶然事件的连接，例如因果关系、对观众情绪的安抚等。这位老师同时也知道，作为一个中年英国人，总有一些事情属于过去，受历史的制约，他自己所构建的叙述未免过于褊狭。但是，作为一个讲述者，他似乎无他路可走。作为一个英国作家，斯威夫特清楚地意识到，他无法完全摆脱旧的看待问题的视角，又无法摆脱已广为人们接受的讲述故事的方法。在斯威夫特的小说中，历史、现在的关系以及看待历史和现实的视角问题一直是其关注的焦点，历史对我们的占有和我们对历史的占有总是一个永恒的主题。

二、对殖民、民族、种族问题的反思

英国近二三十年文学发展的另一个特点是"局外人"(outsiders)文学的

兴起。从广义上讲，在英语文学界美国文学才是主流文学，英国文学是非主流文学。在近二三十年，英国还没有一个作家能够跻身于所谓引领主流的地位。但从狭义上讲，从英国文学内部而言，如果说还有一些作家能够从某种意义上引领主流的话，那么这些作家往往从某种意义上讲是“非主流的”“局外人的”，他们往往具有独特的民族或种族背景，往往是威尔士人、苏格兰人或爱尔兰人，或具有非洲、亚洲或其他异族血统的人。这些作家由于其独特的背景和身份，对殖民问题、种族问题和民族问题有着与英国本土作家迥然不同的视角。这类作家中较具代表性的有赛尔曼·拉什迪（Salman Rushdie）。他的《午夜之子》（*Midnight's Children*）发表于1981年，发表后立刻引起关注，读者马上意识到这部作品与以前的文本相比有许多全新之处。《午夜之子》是一部关于印度独立后的历史的小说，这种历史与书中叙述者的个人历史偶合。叙述者撒里姆·西纳（Salaem Sinai）出生于印度独立日的第一个小时，他的叙述与传统的西方小说有许多“背道而驰”的地方。西方小说是西方文化的产物，一旦植根于不同的文化（比如该小说中的印度），要么会蜕变为对西方小说苍白无力的机械模仿，要么会演变成一种全然不同的形式。《午夜之子》就属于后一种情况，它使用魔幻现实主义手法，讲述了一个怪异、杂乱的故事，里面充斥着怪异的人物和诡异的事件；它打破了传统的线性时间观，打破了传统的逻辑思维。拉什迪的叙事方法别具一格，与殖民者与被殖民者关系的分裂和分化相一致的是其叙事风格也重在不连续性、非逻辑性和诡异性，反映在语言里则是其充分展示了印度英语和英国英语的差异。从本质上讲，《午夜之子》属于两种传统，既属于印度文学传统，也属于英国文学传统；既反思了印度历史，也从形式、结构、题材上折射出了西方历史。这种特色恰好反映了后殖民主义者的关于文化商讨的理论，“异质文化的碰撞，并不是对殖民地文化的绝对否弃，而是将对立或矛盾的成分同时予以表述的历史过程，即一个非常复杂的持续不断的商讨过程”，从而形成了一个“非此非彼”的状态。（陈厚诚、王宁，2000：519）

拉什迪的另一部作品《撒旦诗篇》（*The Satanic Verses*）发表于1988年，是一部涉及伊斯兰教敏感话题的小说，由于其政治内容，在伊斯兰世界被列为禁书，作者的人身安全也因此遭到了威胁，他被迫东躲西藏了好多年。但在西方，读者对《午夜之子》和《撒旦诗篇》的态度截然不同，他们既对其中所反映的社会现实感兴趣，更对小说中借助小说的结构反映人们梳理经验的方式倍感新奇，因为拉什迪使西方读者从这种方式中突然意识到在西方社会他们建构的某些价值观和准则的本质在东方人眼中是多么怪诞。

另外，两位印度裔小说家维克莱姆·塞西（Vikram Seth）和阿兰德汉蒂·罗伊(Arundhati Roy)在近10年也引起了英国人的很大关注。前者的《金童》(*A Suitable Boy*, 1993)和后者的《微物之神》(*The God of Small Thing*, 1997)主要表现的都是印度生活,但同时也为西方读者提供了一个审视英国生活和英国小说艺术的独特视角。

在殖民、民族、种族问题上,英国黑人作家和英国亚裔作家可谓是两支生力军。卡里尔·菲利普斯(Caryl Phillips)出生在印度西部,自幼年就生活在英国,他在20世纪八九十年代创作了一系列关于殖民问题的小说,其中包括《最后的旅途》(*The Final Passage*, 1985)、《独立之邦》(*A Sate of Independence*, 1986)、《剑桥》(*Cambridge*, 1991)以及《血之本色》(*The Nature of Blood*, 1997),这些小说均对殖民问题及殖民遗留问题进行了深入探讨。另一位亚裔作家汉尼夫·库瑞什(Hanif Kureishi)(其父是巴基斯坦人,其母是英国人)则更多地触及了英国多元文化背景下的由于文化杂交问题而形成的代沟问题。库瑞什的作品包括电视剧《年少轻狂》(*My Beautiful Laundrette*, 1985年被改编成电影)、《我疯狂的儿子》(*My Son, the Fanatic*, 1998)、《郊野佛陀》(*The Buddha of Suburbia*, 1990)、《黑色唱片》(*The Black Album*, 1995)及《亲密无间》(*Intimacy*, 1998)。非洲裔作家布奇·埃梅切塔(Buchi Emecheta)出生于尼日利亚,20岁移居伦敦,她的小说,例如《衮多伦》(*Gwendolen*, 1989)、《做母亲的快乐》(*The Joys of Motherhood*, 1979)等,更多地关注的是黑人妇女在多元文化背景下在婚姻、母性、女性权利等问题上的困惑和牺牲精神。

另外,新世纪新出现的两位新人也值得关注,一位是《皓齿:一部小说》(*White Teeth: A Novel*, 2000)的作者扎迪·史密斯(Zadie Smith),另一位是《红砖胡同:一部小说》(*Brick Lane: A Novel*, 2003)的作者莫尼卡·阿里(Monica Ali)。前者的父亲是英国人,母亲是牙买加人,她在小说中展现了穆斯林、英国、牙买加文化中的三代人在爱情、家庭、亲情、友谊、战争等方面的文化冲突、文化协商和文化杂交;后者在其小说中通过一位在18岁通过婚姻移民到英国的孟加拉乡村姑娘娜芝恩(Nazheen)在婚姻、家庭、爱情等方面的困惑、探索和发现,反映了孟加拉本土文化和英国现代文化之间的冲突和杂糅。

尽管菲利普斯、库瑞什和埃梅切塔以及史密斯、阿里的小说有许多不同之处,但它们有一个共同点,那就是它们都反映了一种社会和文化传统与另一种社会和文化传统相碰撞时所产生的复杂关系。

三、对女性问题的关注

近30年的英国文学是“局外人”的文学,从民族的角度而言,是少数民族裔作家的崛起；从性别的角度而言，就是女性作家群体的壮大。当然，作为文学大潮的一部分，这些女性作家除了关注女性问题以外，也对民族问题、历史问题给予了应有的重视。

随着女性主义文学批评和性别批评的兴盛，近 30 年的英国文坛对女性的关注也越来越深入。女性作家们将关注的焦点从女性的政治、社会地位逐渐转移到对母性、性别、身体甚至叙述方式等与社会、政治之间的关系上，大胆地对女性的私密心理、女性的身体、女性同性恋、母性、女性叙述方式等进行了表现和探索。其中较有代表性的包括小说家安吉拉·卡特(Angela Carter)、简妮特·温特森(Jeannette Winterson)，戏剧作家卡瑞·邱琪儿(Caryl Churchill)和诗人斯黛薇·史密丝(Stevie Smith)。

近 30 年女性主义的热潮深刻地影响了英国小说界，英国女性作家的许多作品中都充满女性对社会、对家庭、对文学等问题的独特见解。安吉拉·卡特尽管英年早逝，但仍属于多产作家。她不仅创作小说、电影剧本，还撰写了大量新闻报道和评论。她较出色的作品包括《新夏娃的激情》(*The Passion of New Eve*，1977)、《智慧之子们》(*Wise Children*，1987)和《杂技团之夜》(*Nights at the Circus*，1984)等。她的小说从形式到内容均对男权传统提出了挑战，以带有颠覆性的游戏风格和戏剧性见长。《马戏团之夜》是她的第八部小说，主题是对男权传统中的传统叙述和传统性别观的颠覆。小说主要是关于杂技表演艺术家菲弗斯(Fevers)和新闻记者威尔塞尔(Wulser)之间的故事。威尔塞尔一直在试图解构关于菲弗斯的生活的传闻，但在卡特充满调侃和奇思妙想的笔下，无法逃脱男权思维定势的威尔塞尔的一切努力均告失败。他没能解构菲弗斯的传闻，他的传统的男权叙事方式以及对世界的男权思维定势均被解构。实际上，卡特颠覆了男性传统对性的问题、人的行为问题甚至是人物的动机等问题的看法，使这些问题变得无法用男权传统的话语和思想来定义和分析。

另一位女性作家简妮特·温特森对女性问题表现出了同样的关切。她的小说从男权的视角来看充满了反叛精神。她较重要的小说包括《橘子不是唯一的水果》(*Oranges Are Not the Only Fruits*，1985)和《写在躯体上》(*Written on the Body*，1992)。其中颇具争议的小说《橘子不是唯一的水果》讲述了一个女孩的心理成长历程。这个女孩由一个信仰福音主义的妇女所收养，自幼被浓厚的宗教氛围所包围，但出人意料的是，这个女孩到十几岁时却决定离家出走，决心过一种女同性恋的生活。她这个出人意料的决定不是因为她的情感被男权宗教权威的说教所压抑、扭曲而成一种非正常的性欲望，而是因为那些狂热的宗教信仰者本身的偏执激发了这个女青年的反叛精神，她的同性恋倾向只不过是一种反传统的方式而已。因此，在温特森笔下，同性恋不是不正常的性取向，而是一种对男权社会文化的正常反叛。这与艾德里安娜·里奇(Adrienne Rich, 1983)的关于母性和性行为方式均是政治的产物的观点不谋而合。(143-145)

《写在躯体上》是温特森的另一力作，其实验色彩更浓。它对性别(gender)和性(sexuality)的建构提出了挑战，小说讲述者的性别是模糊的。因此他(她)与他(她)的几个情人之间的关系也是不确定的，或许是同性恋，或许是异性恋，或许是男同性恋，或许是女同性恋。这样，作者似乎在传达这样一个信息：性别在恋爱中已经不再那么重要了，只有没有性别的躯体才是重要的；性别角色不再是制约性的，异性恋也不再是强制性的了，异/同性恋的对抗不应再有“自然的”和“怪异的”标签，而均应当以人性天然的感觉、感情和欲望为基础。这样，作者就彻底打破了传统社会在性别、性行为等方面人为设置的一些界限。

女性主义文学近30年在英国戏剧界也同样有一定影响，其领袖人物当属卡瑞·邱琪儿。她的《顶尖女子》(*Top Girls*, 1982)可谓风靡西方戏剧界；1987她发表的《大把大把的钱》(*Serious Money*)对撒切尔夫人当政时期的社会现象进行了讽刺，产生了不小的反响。《顶尖女子》将女性问题放在历史的宏大视野中去考察，作者把历史上的女性，如乔叟《坎特伯雷故事集》中的温顺妻子的典型帕深特·格里瑟尔达(Patient Griselda)，放在当代女性日常生活的背景中，使她们与当代女性形成一种非同寻常的对话，从而探讨历史长河中女性所受的压迫和女性为自己的地位所进行的斗争。邱琪儿认为，当代女性的地位与男性依旧是不平等的，这种不平等源于千百年来人们习以为常的性别意识。正如剧中人物路易丝(Louise)所认识到的那样：路易丝在职介所工作了20年，一直从事中层管理工作，她周围的男青年一个个地升迁，但从没有人注意过她，她工作出色别人习以为常，她出了差错无人觉察，人人都认为她的工作无可挑剔，也应该无可挑剔，但她永远与升迁无关。她的处境恰恰是历史上所有女性的地位：她们应该扮演男性社会分配给她们的角色，应该永远无可挑剔，但她们的无可挑剔的工作应该是为男性服务的，她们的地位永远低于男性，永远被剥夺了自我实现、自我完善的机会。路易丝渴望升迁的愿望实际上是20世纪后半叶女性渴望受到社会承认、渴望取得内在意义上的和外在意义上的平等的表现。可以说，邱琪儿的《顶尖女子》不仅表现了她对历史的深刻认识，而且也表现了她渴望重构社会秩序的愿望。

近30年，英国诗歌界女性主义的声音也不弱，其中较为强劲的有斯黛薇·史密丝和卡洛尔·安·达菲(Carol Ann Duffy)。史密丝1975年出版的《诗集》(*Collected Poems*)表现了女性的性焦虑和对基督教的复杂矛盾的心情。这些诗歌在形式上看似正统、典雅,但内容上却属于女性独有的诗歌传统,表达的是女性独有的、隐秘的、压抑的、在男权社会看来有伤风化的情怀,可以说是诗人用一种令人入迷的隐秘暗示对男权社会约定俗成的利益的突破。达菲于1994年出版了一部《诗选》(*Selected Poems*),该诗选以戏剧独白的手法写成,其内容有点让当时男权社会文化熏陶出来的人感到不安。她善于用简单、平常、世俗的字眼和细节来传达感官感觉,甚至是某种性恐慌。在其中一首诗《暖热她的珍珠》中,诗人借描摹一个侍女替她的女主人暖热珍珠(好让女主人戴上时舒服点)的心理活动,传达出了一种近似女性同性恋的情怀。在这首诗中,侍女对女主人似乎有一种同性恋的情怀,她"流入"到珍珠的体温使人联想到性活动的细节,而绕在她脖颈上的女主人的项链在她心中是"链子"(rope),这似乎暗示她对女主人的同性恋情怀与死亡紧密相连。侍女为女主人"甘心劳作",一厢情愿地暗恋于她,但女主人却似乎只是将她视为仆役,并无任何情感可言。女仆在此境地下,一方面因爱得不到任何回应,另一方面恐怕她自己也清楚这种爱本身的出路也注定与死亡相遇,因此,她最后的结局也只能是:她用体温暖热的项链只能是套在她自己脖颈上的锁链,她的同性恋的爱情也只能成为她心中的死神。

可以看出,诗歌界的女性声音在大胆地袒露女性的私密地带的同时,也带有很浓重的反男权文化的色彩。

四、对现实问题的冷静思索

英国近30年的文学虽然更多地关注民族、文化问题、女性问题和历史问题,但它并未忽略现实问题。实际上,英国近30年文坛上也不乏针砭时弊的作品。在小说界,马丁·艾米斯(Martin Amis)的《金钱》(*Money*, 1984)和《伦敦旷野》(*London Fields*, 1989)两部小说均对撒切尔夫人时代的社会现状给予了猛烈抨击。两部作品均讽刺了现实中的荒原人物,他们热衷于追求自己的物质利益,却把文化和情感当成多余的无用之物。艾米斯用现实的眼光,而不是历史的眼光来审视当今的英美现状,表达其中的冷酷和无奈。尽管有些评论家批评艾米斯所关注的问题并未逃出他父亲金斯雷·艾米斯(Kingsley Amis)的范式,但他对现实的关注却是难得的。

在戏剧界,对现实的关注在近30年似乎更为强烈。在英国国运走下坡路的岁月里,一些剧作家怀着强烈的社会责任感,承担起审视国家现状的重担。大卫·黑尔(David Hare)的《谁为我伴》(*Plenty*, 1978)、《自语的法官》

(*Murmuring Judges*, 1991)和大卫・埃德加(*David Edgar*)的《那个夏天》(*That Summer*, 1987)均反映了当时的某些特殊社会问题,如《那个夏天》反映的是1984～1985年英国的大罢工,同时从广阔的视角而言,也反映了上世纪下半叶英国社会体制的弊端。爱德加・邦德(Edgar Bond)的《李尔》(*Lear*, 1971)则通过对莎士比亚的《李尔王》的重写,影射当时的英国社会比李尔王所处的那个尔虞我诈的社会更加残酷。如果说20世纪五六十年代的贝凯特(Samuel Beckett)展示了20世纪现代社会的荒诞的话,那么邦德则努力告诫我们,当今英国社会充满可怕的、毫无意义的残酷。

最后需要指出的是,一批战后作家,如多丽丝・莱辛(Doris Lessing)、伊丽丝・默多克(Iris Murdoch)、哈罗尔德・品特(Harold Pinter)及威廉・戈尔丁(William Golding)在近30年的时间里仍笔耕不辍,传达他们对各种社会问题的深切关注,对文坛产生了相当大的影响。他们的创作并不局限在一个方面,而是涉及历史、民族、性别及社会等多个层面。莱辛的最新小说《浮世畸零人》(*Ben in the World*, 2000)和《裂缝》(*The Cleft*, 2007),默多克的《大海,大海》(*The Sea, the Sea*, 1978)及戈尔丁的《可见的黑暗》(*Darkness Visible*, 1979)和《启蒙之旅》(*Rites of Passage*, 1980)等均可称得上是当代杰作,由于国内对默多克和诺贝尔文学奖得主戈尔丁的研究不少,故在此仅简评一下莱辛和品特这两位诺贝尔文学奖获得者的创作。

莱辛在1950年发表了第一部小说《野草在歌唱》(*The Grass Is Singing*)后,一直笔耕不辍,成为英国当代最具影响力的作家之一,并在2007年获得诺贝尔文学奖。1952～1969年,莱辛陆续发表系列小说《暴力的孩子们》(*The Children of Violence*)。发表于1962年的小说《金色笔记》(*The Golden Notebook*),被公认为她的代表作。20世纪70～80年代,莱辛开始向神秘领域探索,创作了《八号行星代表的产生》(*The Making of the Representative for Planet 8*, 1982)等一系列所谓"内心空间小说",同时推出了《简・萨默斯日记》(*The Diaries of Jane Somers*, 1984)、《好恐怖分子》(*The Good Terrorist*, 1985)等重要作品。1994年起,莱辛陆续推出了她的自传《在我的皮肤底下》(*Under My Skin*, 1994)和小说《重坠爱河》(*Love Again*, 1996)。后者是她步入晚年以后的代表作,标志着她的写作已到达了一个新的高度。1999年,莱辛在美国出版了她的最新小说《玛拉与丹尼》(*Mara and Dann*)。21世纪初,她一连出版多部小说,包括《浮世畸零人》《最甜美的梦》(*The Sweetest Dream*, 2001)、《祖母们》(*The Grandmothers*, 2003)。2007年年初,她出版了长篇小说《裂缝》。这部小说再度以科幻的形式出现,借罗马帝国濒死的历史学者之口,讲述人类起源的神话,并借此探讨两性关系。

莱辛小说的内容涉及殖民主义、种族主义、共产主义以及男女之间的关系和地位。她在小说中善于刻画边缘人的角色，借此传达一个重要信息：一个人的言行举止若是异于常人，往往会被家庭和社会排斥。她的创作生涯并非向主流价值观靠拢，而是呈现出另类的价值观，从而探讨边缘人的生命。虽然从20世纪60年代以来，她对当代心理学及伊斯兰神秘主义思想的兴趣在作品中时有体现，但她仍然关注重大的社会问题。她的许多作品都可以被定义为“女性文学”，但她并没有局限于感性的情感题材，而是将这种体裁纳入到更广阔的社会、种族、历史和文化的框架之内。

哈罗尔德·品特的作品风格比较奇特，笔下的角色常常有些精神不正常，充满各种奇思怪想。他的作品深刻地触及人物内心，突出人与人在生活中，尤其是家庭生活中的那种精神层面的矛盾，例如人与人之间的妒忌、猜忌等。这些东西在当时很少有人会关注，更少有人会把它们写在自己的作品里。他的作品实验性较强，既具有荒诞派戏剧的特色，又不乏自己的独特个性。

品特的作品可以分为三个阶段。第一阶段的作品受心理现实主义的影响；第二阶段的作品则以情感冲突为基调；第三阶段则主要以政治关注为特色。到目前为止，品特已经写下了32部戏剧和24部电影剧本，另有不少诗歌和散文。品特被评论界誉为萧伯纳之后英国最重要的剧作家。虽然他近期的作品主要是改编自他人作品的影视剧本，但他针砭时弊的精神一直透过影视深入人心，社会影响非常大。他早期的作品《看房者》(*The Caretaker*, 1959)、《生日晚会》(*The Birthday Party*, 1957)、《归家》(*The Homecoming*, 1964)、《背叛》(*Betrayal*, 1978)等代表了当代西方戏剧的最高成就。

（原文载于《东岳论丛》2010年第1期，有改动）

论文学“意识流”

摘要 本文旨在探讨意识流的起源、内涵、哲学基础、心理学依据和社会背景，从而加深读者对意识流的认识和理解。

关键词 意识流；现代哲学；现代心理学；心理时间；社会背景

作为一种小说创作手法，意识流对于广大文学爱好者或许并不陌生，但很少有人深入探究意识流的具体内涵、本质及其发展渊源，以便深入研究意识流作为一种文学创作手段的特点及其意义。因此，探究意识流一词的起源、内涵以及意识流文学的发展背景、哲学和心理学基础等变成了重要课题。

一、意识流一词的起源和内涵

意识流最初作为一个心理学术语，用来指人们内心任何一个时间段内的意识和潜意识中的思想和印象的流动，这种意识并不受一个人的主观意愿的影响。它首见于美国著名心理学家威廉·詹姆斯的著述《论内省心理学所忽略的几个问题》(*On Several Problems Neglected in Introspective Psychology*)一书中。詹姆斯又对这一术语作了进一步阐述，他认为人类的意识活动既不可用“片段”之类的词汇描述，也不能用“一系列”之类的词汇描述，因为人类的意识活动不是片段的衔接，而是一种斩不断的流，应当被称为“思想流、意识流或主观生活之流”，它是由理性的自觉意识和无逻辑的、非理性的意识所构成。

针对现代小说(甚至电影、电视)而言，意识流除了指一种叙事手法外，还更常用来指创作题材。现代小说运用意识流的手法来编写其人物的意识活动(包括人物的观察、思想、回忆、沉思乃至梦境)以及与这种意识活动密切相关的场景、事件等。

在描述人物松散的、随意的意识活动，即人物思想过程的波谱和流动的过程中，现代小说家们将感性知觉和意识、半意识的思想、记忆、期待、直觉及随意联想混合在一起，从而真实地展现了人物的“心理现实”和社会的“真正现实”。

二、英国意识流小说的文学渊源

尽管作为一种文学流派的意识流是 20 世纪文学的新生事物，是一种颇具先锋意味的文学，但作为一种创作的手法，意识流却是人类文化遗产，特别是欧美文学遗产延续和发展的必然产物。英国意识流小说的源头甚至可以追溯到莎士比亚戏剧中的戏剧独白。莎翁在其悲剧，尤其是《哈姆雷特》和《李尔王》中，运用人物的自言自语来使他们的内心活动得以展现在观众面前，从而使他们的人物性格更加丰满。莎翁还认为人物的心理活动要比他们的外在行为更具说服力和表现力，这种看法与意识流作家的观点不谋而合。

18 世纪的感伤主义小说家劳伦斯·斯特恩(Laurence Sterne)的小说与意识流小说也有许多相似之处。他的主要贡献在于打破了传统的叙事手法，使用全新叙事手法表现人物的内心世界，自由灵活地表现人们日常生活中的真实感受。其名作有《项狄传》(*Tristram Shandy*)和《感伤旅行》(*A Sentimental Journey*)。《项狄传》的创作手法颇似现代派的意识流小说，没有连贯的情节，没有所谓的典型人物形象，只由一些表面上互不相干的人物对话、日常生活小插曲和人物凌乱的感觉构成，因此，有人认为斯特恩是现代派文学的先驱。

给意识流小说以极大影响的还有 19 世纪的心理小说和法国的内心独白技巧。19 世纪后期，法国的小说家们吸取了现代心理学的知识，创造了内心独白这种表现手法，着力表现人物的内心活动。在英国和美国，心理小说亦给意识流小说以很大影响。亨利·詹姆斯认为，人的心理活动应当是小说着力表现的主题，小说家们应当尽最大可能地将人物的心理活动作为一面镜子来折射外部现实。除了亨利·詹姆斯之外，英国的乔治·梅瑞狄斯和俄国的托斯托耶夫斯基对意识流小说的发展亦是功不可没。在其小说中，早已出现了记述人物内省的长长的段落。所以说，亨利·詹姆斯的心理小说以及乔治·梅瑞狄斯和托斯托耶夫斯基的心理描写均与意识流小说的创作原则不谋而合，似乎是“几个富有创见性的头脑(在意识流之前)已经各自独立地在一直不断地朝着一个全新的小说创作手段(即意识流小说创作手段，作者注)奋进”(Cuddon, 1995: 662)。

真正意义上的意识流小说出现于1888年的法国。在1888年,法国象征主义诗人爱德华·杜亚丹(Edouard Dujadin)出版了小说《丹桂树被砍掉了》(*Les lauriers sont coupés*),在这部小说中,杜亚丹对意识流手法作了粗糙但持续不变的尝试,把主人公六个小时内的主观情绪的变化以及给人物意识的冲击的全部场景和事件直接呈现在读者面前,因此,《丹桂树被砍掉了》被认为是意识流的最早的尝试。

作为现代主义的一个文学流派,意识流小说出现于第二次世界大战前后,1913年,法国作家普鲁斯特(Proust)出版了多卷集小说《追忆似水年华》(*A la recherché du temps perdu*);1915年,英国女作家多萝西·理查逊开始发表多卷集小说《朝圣》(*Pilgrimages*);1916年,爱尔兰作家詹姆斯·乔伊斯出版了《一个青年艺术家的画像》(*A Portrait of the Artist as Young Man*)。到20年代,意识流小说进入了全盛时期。

三、意识流的哲学基础

意识流文学着力洞察和表现现代西方人的生活经验和内心体验,着力表现现代西方人的孤独、彷徨、失落、隔膜、虚无等。可以说,这种文学触及了现代西方社会的本质。但需要指出的是意识流文学对西方社会本质的认识源于数种现代西方资产阶级哲学,也就是说,意识流文学的哲学基础有叔本华的自由意念或理论、尼采的非理性哲学、柏格森的直觉主义和心理时间理论等。

德国理性主义哲学家亚瑟·叔本华(Arthur Schopenhauer)认为,人类拥有一种无法控制的自由意念或冲动,这种自由意念构成了人的本质,也是世界上一切意识的根源。根据他的观点,意念决定了人类的一切意识活动和心理变化,它不仅是反映存在的一面镜子,也是解释生活和世界的重要基础。很显然,叔本华为人类的自由意念的意识流的发展提供了理论基石。

另一位德国哲学家弗雷德里奇·尼采(Friedrich Nietzsche)的超人哲学和历史虚无主义也为意识流文学打下了哲学基础。他认为,历史的真正创造者是"超人",普通人民只不过是"超人"的奴隶和工具。他还认为,垄断资本主义的出现加速了人类文明的沦落,也使人类的野心快速膨胀。他的非理性主义,特别是其超人哲学和历史虚无主义向西方人展示了西方社会的本质,也为意识流文学提供了合适的表现主题。

对意识流文学影响最深最直接的当属法国现代哲学家亨利·柏格森(Henri Bergson)。他的非理性主义、直觉主义和心理时间理论无疑给意识流文学打下了最坚实的理论基础。柏格森认为,人类认识世界本质的唯一根据是直觉、本能和感觉。

他同时还发展了威廉·詹姆斯关于时间、非理性和无意识的理论，明确提出了空间时间和心理时间的概念。他将常识中的时间定义为空间时间，即客观时间，这种时间按照过去—现在—未来的顺序延伸。他所谓的"心理时间"就是主观时间，"它是过去—现在—未来等各个时刻相互渗透的、表示强度和质量的概念"(宋寅展、苏全成，1994：252)。

四、意识流文学的心理学基础

在各种思潮中，给意识流影响最大的当数现代西方心理学，尤其是威廉·詹姆斯的心理学理论和弗洛伊德的心理学理论。

威廉·詹姆斯不仅首创了"意识流"这一术语，而且对人的意识流作了十分精辟的论断。他认为，人的意识活动不是片段的衔接，而是一种斩不断的流。这种意识流是由理性的自觉意识与无逻辑的、非理性的意识所构成。人的过去的意识会浮现出来与现在的意识交织在一起，从而形成一种在主观感觉中具有直接现实性的时间感。他的这种观点之于后来的意识流小说家的以下共识产生了积极作用：(1)人的内心感情活动是不连贯的、无逻辑的；(2)决定思想感情转变的是心理的自由联想；(3)作家应当运用内心独白、自由联想等手法来表现人的意识活动。

奥地利心理学家弗洛伊德(Freud)把人的精神分成三个部分：第一部分是本我(id)，即人的无意识的本能冲动之源的那一部分精神；第二部分是自我(ego)，即人对处于与他人的关系之中的和处于整个外部世界之中的自己的知识和经验；第三部分是超我(superego)，即一个人的被道德、制度等制约了的精神状态。由于自我受到了来自本我的冲动和超我的道德意识等的压抑，人们往往被带入一种紧张不安的状态。而意识流作家所致力描摹的也往往是这种充满了焦虑、不安、恐惧的自我。

另外，意识流作家们也从弗洛伊德的性本能学说和对梦的解析中找到了灵感。弗洛伊德精神分析学强调潜意识，尤其是性本能在心理过程中的决定作用，甚至认为文学艺术也是性本能的"升华"。弗洛伊德还认为，梦境往往是被压抑了的本能的突然再现，是人本能的曲折表现和释放。受他的心理分析学的直接或间接影响，意识流作家们往往着力描摹人的内心独白、白日梦和冥想状态，力图全面展示人物的内心世界，从而展示世界的本质。

五、意识流发展的社会背景

正如任何一个时期的任何一个文学流派一样，意识流文学的产生也是有其特定的社会背景的。

作为现代派文学的有机组成部分，意识流文学是欧美资本主义进入帝国主义阶段的产物，是资产阶级精神危机和文化危机在文学上的反映。20 世纪初，资本主义社会进入垄断阶段，它固有的矛盾更加激化，最终导致了两次世界大战。这两次规模空前的现代化战争不仅使几千万人丧生和亿万人失去家园，也打碎了资本主义国家的人民对理性的盲目崇拜，动摇了他们的宗教信仰、传统的道德观念和价值观。同时，尽管由于当时科技水平的突飞猛进，物质财富剧增，人们的物质生活相应得到改善，但随着贫富两级分化的加剧、物欲的膨胀、竞争的激烈，人们的精神生活却变得愈加贫乏。此外由于生产过程的自动化，人们逐渐沦为机器的奴隶，人们的心理逐渐地异化，恐惧、虚无、彷徨等也相应地充斥于人们的心头，精神危机笼罩了整个西方现代社会。

由于当时现代西方人的阶级局限性和社会局限性，他们的心中虽充满了危机感，但却看不清危机的来源；虽然生活中也不免有各种物质追求带来的烦恼，但由于当时他们的物质生活已得到相对改善，所以他们最关注的焦点却是精神领域的危机。因此，以描摹人类的意识活动为己任的意识流文学也就应运而生了。

总之，有了合适的社会环境，也有了雄厚的哲学理论作为后盾，又有了现代心理学作为科学依据，意识流无论是作为一种创作手法，还是作为创作主题，抑或是文学流派便登上了历史舞台。

索绪尔对结构主义文学批评的影响

结构主义文学批评理论是在西方最富影响的文学批评理论之一，它在20世纪60年代的法国知识界，后来在欧美各国都产生过很大影响。直到现在，它所建立起来的理论、方法以及它取得的成就仍然在西方引起各种不同反响，仍是文学界不断争论和评论的焦点之一，但我们在研究和讨论这一影响颇深的文学批评派别的同时，经常会遇到这样一个无法回避的问题：索绪尔的语言学理论对结构主义文学批评产生了怎样的影响？这一问题的完整答案对于我们理解结构主义文学批评的长处和不足及找出它让位于后结构主义的原因都具有十分重要的意义。

一、索绪尔的语言学理论

结构主义文学批评的理论基石是瑞士语言学家费迪南·德·索绪尔(Ferdinand de Saussure)在其《普通语言学教程》中所构建的结构主义语言学理论。《普通语言学教程》首次发表于1915年，之后迅速成为现代语言学研究领域内最有影响力的著作。在这本书中，索绪尔系统地阐述了一些对后来的文学结构主义批评起奠基作用的理论。

在《普通语言学教程》中，索绪尔建立起共时语言学(synchronic linguistic)理论。他认为语言不仅可以用历时(diachronic)方法去研究，还可以从共时的角度去分析，即把语言作为一个符号系统来研究。这样，语言的系统性(即结构性)得到了强调。他指出，语言是一个完整的自足系统(self-contained system)，组成这一系统的各个成分在性质上和意义上都取决于这个系统内部的一套规范。

索绪尔还给语言下了一个异乎寻常的定义，从而将三个层次的语言活动(即language，langue，parole)区别开来。其中language的范围最广，囊括了人类在体力和智力两个方面的全部语言潜力，因为它的范围太广，而且界限也不分明，所以我们还无法对其进行系统的研究。索绪尔把某个语言符号系统叫语言(langue)，把人们具体使用的词句叫作言语(parole)。具体的言语千差万别，但它们都能表情达意，都能让使用同一个符号系统的人明白其含义，这是因为无论它们多么千变万化，都是万变不离其宗，都遵从同一种语言规范。索绪尔认为，语言学研究的中心对象必须是语言系统，而对语言和言语的区分突出了语言系统的结构性质，确认了任何具体言语都没有独立自主的意义。这不仅使对语言系统的研究成为可能，而且使其必要性也得到了强调。结构主义文学批评家们把索绪尔的这套理论应用于文学研究，把个别的文学作品当作语言学里的言语，即文学的言语；把一类文学作品的传统程式当作语言学中的语言，即文学的语言。这样，结构主义这一全新的文学批评流派便迅速壮大起来，形成许多令人耳目一新同时也颇有建树的许多分支：结构主义神话学和童话学、结构主义叙事学、结构主义诗学等。这些分支的研究领域虽然各不相同，但其理论基石是一致的，都是以索绪尔的共时语言学为理论依据的；其研究方法都是将个别文学作品这一特殊"言语"放入整个文学体系的传统程式这一"语言"中进行结构性研究，并且强调整体的结构性的研究的重要性，认为如果脱离了文学程式这种"语言"，只把注意力放在单个作品上，就不可能从真正意义上理解一部作品。

另外，索绪尔的二项对立原则还为文学批评理论提供了一套行之有效的研究方法。他认为，语言是一个由相互依赖的各项组成的系统，其中一项的价值完全取决于其他各项的存在，也就是说，语言中的任何一个词或句型都只有在和别的词或句型形成二项对立时才有意义和价值。这种对立表现为历时性的(diachronic)，或者说横聚合的(syntagmatic)，和共时性的(synchronic)，或者说纵组合型的(paradigmatic)，也就是说，语句的展开是按时间的先后运动的，每个词都因与它前后的词形成对立而表现出它本身的意义，同时一句话里的每个词和没有在这句话里出现的但与这个词相关联的词也形成对比。语言中任何一项的意义都取决于各个词与其上下左右其他各项的对立。而且语言中并没有肯定项，而只有无肯定项，所以语言中的任何一项都是相对于其他各项而存在的。这种二项对立的理论之于结构主义叙事学和结构主义诗学的研究方法都不失为一种理论基石。

二、索绪尔与结构主义的神话学和童话学

结构主义的神话学的主要人物当属克劳德·列维-斯特劳斯(Claude-Levi-Strauss)。此人根据索绪尔的语言学理论认为神话与语言一样，在其系统之内必然有一个结构在起规范作用。世界各地的神话虽然表面上千差万

别，但实际上却大同小异，这说明各民族的神话并非是任意创造的，而是受同一个神话系统制约。换句话说，神话是一个自足的符号系统，即“语言”，而在这一结构中生成的各个神话便是具体表述，即“言语”。在此理论的基础上，列维-斯特劳斯又仿照语言学中的二项对立对神话的系统进行了分析。

列维一斯特劳斯把索绪尔的二项对立理论应用于深化分析，认为同一神话不仅在一种叙述中展开，而且和这个神话的不同变体和其他与之不同的神话相关联和对立。分析神话时不仅应分析它在历时性的即横组合轴上展开的叙述，而且应当分析它在共时性即纵组合轴上与别的变体或别的叙述的关系，只有在这种纵横交错的对立网中神话的意义才能被确立。另外，神话的逻辑也是一种二项对立的逻辑，即神话的逻辑是用自然事物在二项对立中代表抽象的关系，目的是用来解释原始人的世界，如日、月可以分别代表夫妻、兄妹或刚柔对立的二项。为了便于神话分析，列维一斯特劳斯运用音位原理把不同民族的神话或同一神话的各种变体加以比较后得出的功能上的类似关系称为神话素(mythemes)，并以神话为基本单位，并仿照语言分析的方法对神话进行了结构性分析。他将神话叙事归纳成神话素后，又将整个研究工作的关键放在对神话素的排列上。在他看来，一个神话就是整个一种文化利用代码传送给它的各个成员的信息。只要一种文化保持着一种单一性质，一个具体神话就将继续为它作证，这个神话的各种新说法也将仅仅是同一信息的不同表达。只要我们能适当地排列神话素，即不简单地按照流传至今的叙事顺序，我们就能破解代码并解出信息。这种看法很明显是建立在索绪尔的结构主义语言学基础之上的。以这种理论为前提，列维-斯特劳斯将单个神话看成一支管弦乐曲的总谱，并指出神话学家的任务是重新确立总谱中音符的正确排列，即将所有的1和所有的2、3、4等排列在一起。他以希腊神话中的俄狄浦斯的故事为例，通过排列方式将神话素排列成8栏5行的最佳排列，并找出各栏的特点和各栏之间的关系，如：第1栏强调过于亲密的亲属关系；第2栏则强调因自相残杀和杀父而被破坏了的亲属关系；第3栏强调对人类是土生土长的说法的起源；而且第1栏和第2栏、第3栏和第4栏总是呈现出二项对立的特点。这种分析虽然很难使人理解，甚至难以让人相信，但列维一斯特劳斯却找到了神话背后的逻辑结构的蛛丝马迹，抓住了神话背后的某些重要的普遍规律。

神话是原始人的文学、哲学和逻辑学，是一切叙述文学的雏形和模式。神话分析之于文学批评理论实在意义非凡，而给列维一斯特劳斯以启发的，无论是理论基石，还是分析方法，都应当说是索绪尔，是索绪尔帮助他掌握了神话语言(langue)，使人们读懂了看似荒诞不经的神话，即神话的深层结构。

结构主义童话学的代表人物当属俄国学者弗拉基米尔·普洛普(Vladimir Propp)。普洛普像索绪尔分析语言和言语一样,逐一比较各个童话,研究了所有童话的共有的结构,发现了童话里的人物虽然千差万别,但他们在童话里的活动和作用对情节发展的意义所起的作用却很有限,这种活动和作用被称为"功能"。通过研究,普洛普发现虽然一个故事中的人物可以千变万化,但他们在故事中所发挥的功能却是永恒的和有限的。普洛普把功能描述成"根据其在行动过程中所具有的意义而界定的一个人物的行动",并以其逐步归纳的 4 条规律使得童话学的研究有了一个新的基础。这 4 条规律就相当于语言的语法,对具体童话起到了一种规范作用。而童话里的人物功能有 31 种,每个具体童话中总是包含这 31 种功能中的一些,而且完成这些功能的情节共有 7 个"行动范围",与这 7 个行动范围相应的角色也有 7 种,并且这些角色在童话里可以由各种人物担任:有时同一个人物可以担任几种角色,有时几个人物共同担任同一角色。这样,就像索绪尔透过纷繁复杂的具体言语发现了具有普遍规律的语言一样,普洛普透过纷繁复杂的具体童话找出了一个由角色和功能构成的基本故事框架,抽象出一套基本的规则,使变化多端的文学现象趋于简单化;而一切童话则都是这个基本故事的变体和再现,都受那些基本规则的制约。这种理论对研究叙事文学的本质很有帮助,为结构主义叙事学奠定了坚实的基础。

三、索绪尔与结构主义的叙事学

在列维-斯特劳斯的神话学和普洛普的童话学的基础上,结构主义者又把重点放在了寻找文学作品的基本叙事结构上,探讨所谓的"小说诗学"。

作为结构主义叙事学三巨头之一的格莱麦(Greimas)认为,因为人是唯一的会说话的动物,那么语言结构就会决定这一动物的一切叙述,最终构成文学的"情节语法",而这种语法的根本规律也就是索绪尔所谓的二项对立规律。根据索绪尔的语言学理论,格莱麦把普洛普总结的人物的各种功能归纳起来,提出 3 类"叙述组合"——"契约组合"(包括命令的叙述和接受、禁令和违背禁令等二项对立)、"完成性组合"(叙述由历险、争斗、完成任务等组合成的二项对立)和"分离性组合"(叙述来去、别离与会面等二项对立)。这些组合关系把"行为者"的活动组合为情节,使文学作品的故事像语句那样成了一种可以分析的语义结构。

对"叙述语法"方法贡献较大的结构主义者还有茨维坦·托多洛夫(Tzvetan Todoro),此人把情节按类似性结构(homological structure)分为 4 栏,同时在注重语句的排列的基础上探讨基本的叙述结构。他把叙述分为3个层次——语义层次、句法层次和词语层次。与格莱麦不同的是，他主要不是在语义层次上分析，而是在句法层次上分析，即把每个故事简化为纯粹的句法结构，然后再作出分析；而分析的基本单位是命题(proposition)和序列(sequence)，实际上就是句和段，其中命题是基本的叙述单位，序列则由可构成单个完整故事的一连串命题组成。一个故事至少包括一个序列，但其往往由多个序列组成。在对命题的探讨上，他完全按语法分析的模式把人物都看作名词，把人物的属性看作形容词，把所有行为看作动词，而命题则主要由这样的名词和动词构成，就像一个句子主要由主语和谓语构成一样。

结构主义叙事学在文学体裁理论方面也颇有建树。克劳迪奥·继廉(Claudio Guillen)认为，文学史和语言一样，总是明显地表现出向系统化即结构化方向发展的趋势。根据这一理论，继廉对流浪汉小说(the picaresque)进行了结构主义分析，归纳出了这种小说体裁的8个基本特点。这8大特点实际上是一切流浪汉小说的基本"语法"，而实际上一切流浪汉小说家在写作过程中都在有意无意地遵从这种语法。

总之，在索绪尔共时语言学的影响下，结构主义叙事学把各种形式的叙事作品进行简化、归纳和概括，找到了最基本的叙事结构，发现了隐匿在一切故事下面的那个基本故事，并把复杂而范围广阔的文化现象概括成容易把握的基本原则，为理解个别文学现象提供了一个可以参照的"结构"，并且对文学体裁的结构性进行了分析，从而揭示了文学的系统性和连续性。

四、索绪尔与结构主义的诗学

结构主义的诗学同样是建立在索绪尔的语言学理论上的，结构主义诗学的主要代表人物之一罗曼·雅格布逊(Roman Jakobson)便是一个结构主义语言学家(同时他也是一位形式主义者)，他一直致力于研究文学作品的文学性以及语言之所以成为诗的语言的奥秘。

雅格布逊在研究语言交际活动的背景之上探讨诗的语言的特性，发现诗的语言具有时性功能，这种功能强调诗的文字本身而不是其所指向的那个外部世界，也就是说诗性功能把读者的注意力引向构成诗的形式的诸因素，如音韵、词汇、句法、修辞等，使其语言的实用目的趋于消失。雅格布逊关于语句构成的理论与索绪尔的共时语言学理论不谋而合。他认为语句的构成总是具有选择(selection)与组合(combination)两轴，前者相当于索绪尔的纵组合轴，后者相当于索绪尔的横组合轴，而诗的语言则是最大限度地将对等原则从选择轴引申到组合轴上来，也就是使诗句中前后邻接的组合中出现对等词语，如"窗含西岭千秋雪，门泊东吴万里船"中的"窗"和"门"，"含"和"泊"，"西岭"和"东吴"，"千秋"和"万里"，"雪"和"船"本是在纵组合轴上互为对立的二项，但是在诗中它们却被用作了横组合轴上的二项对立，使诗句出现了类似于汉语的对偶现象，增加了语言的诗性功能。英美诗歌则是普遍使用排比来达到这种"把类似性加到邻接性之上"的目的。通过这种方式，诗人把语音、语义或语法功能上对等的词依次展开，使语言灵活多变，形式又极度完整划一。和日常使用的语言相比，诗几乎成了独特的语言。

作为语言学家，雅格布逊把语言分析看成是诗的分析。他主要以语法分析为基础，寻找诗中各个部分的对等关系。这样便无形地把读者对诗的诗性功能的反应，即诗在读者心中所产生的效果排除在外了。而结构主义诗学的另一位主要人物乔纳桑・卡勒(Jonanthan Culler)则弥补了他这一不足之处。

卡勒对诗的程式颇有研究。他认为诗之所以为诗，除了诗的语言的独特性外，还有另一个起着决定性作用的因素，那就是读者的阅读态度。诗之为诗并不一定全是由于语言特性来决定，散文句子也可以入诗；而诗所以为诗，主要在于读者阅读时把它当作诗来读，即读者读诗时会不自觉地采取读诗的态度，作出所读的是诗的假设。这些城市化的期待(conventional expectation)才能使读者把诗的语言区别于日常使用的语言，从而使诗成为诗。具体说来，读诗的这种程式包括三点：一是读者首先假定诗不是实际的言语行为，而是带有非个人性(impersonality)的。诗的地点、时间、人称等并非指向现实，而是指向一个虚构的环境。这样读者即便读到一首个人的抒情诗，也不会努力发掘有关诗人个人性的、传记性的事实，而是去体味其中非个人性的情趣。二是读者首先假定诗具有整体性(totality)。这种假定使读者把诗中表面上并不一定有关联的各部分连贯成一个整体，并使其中各成分之间相互阐发。三是读者首先假定诗是有意义(significance)的，即首先假定诗的意义大于字面的意义，也就是假定诗是有言外之意的，这使读者在读诗时最大限度地发掘隐藏在字面意义之下的由双关、多义、对等、隐喻、象征等隐含的言外之意。另外一些词义晦涩或长度极短的小诗的意义往往能反应甚至探讨诗本身的问题，即这类诗的外在形式与意义极为和谐统一。解释这类诗时，关键是利用索绪尔的二项对立原则，把诗中各项看成比喻和象征，通过圆满地解释诗中的双关语和多义词，努力挖掘诗的言外之意。这条程式实际上是把各种修辞手法看成帮助解释文学作品的工具，把小诗中的各个词和句子看成象征形式，把词句与言外之意联系起来，并作出合理的解释。

从卡勒的诗的程式中我们不难发现，在弥补雅格布逊的结构主义诗学的不足之处的同时，卡勒本人也给结构主义提出了一个新问题——读者在文学作品的阐释过程中的作用，最终导致了结构主义的消解。

五、索绪尔与结构主义文学理论的消解

后结构主义的文学批评实际上是对结构主义的消解(deconstruction)，而对结构主义的消解的序幕便是对结构主义语言学的"消解"，或者说是对索绪尔理论裂缝的攻击。

结构主义者把语言学应用于文学研究，认为系统结构是单部作品意义的根据和来源，而后结构主义者则反对这一观点，认为作品文本"无中心系统"，无终极意义。而后结构主义的这一理论恰恰是利用了索绪尔的语言学理论的一个漏洞而创立的。

索绪尔在其语言学理论中承认语言中存在无肯定项的差异，也就是说，他承认符号的意义在于与别的符号形成对立和差异，并在这种对立和差异中显现出来，但一个符号可以与无数别的符号形成差异，因此符号的意义就在无数差异的对立关系中变动游移。符号意义的这种变动游移会对语言结构产生什么影响，索绪尔没有进行彻底严密的阐述。后结构主义者恰恰抓住了这一点，向结构主义发起了攻击。后结构主义者认为，在一部作品中，出现的符号上都留有未出现的符号的意义(即索绪尔所谓的纵组合方面的对立项)的印记(trace)，而这种印记使出现的和未出现的符号都显得若有若无，而且二者之间相互关联，所以任何作品里的文本都和别的文本相互交织，与别的文本相互吸收和转化，从而形成文学作品的"互文性"(intercontextuality)；所有的文本都是"互文"(intertext)的，而这种互文性决定了文学作品的意义是超出文本之外的和不断游移的，因此文学作品并不是由一一对应的能指和所指构成，也没有一个固定的结构，而是更像一个成分互相流通的网，一个无中心的系统，并无终极意义。这个网上的每个符号都相互对立又相互关联，都在网上闪烁游移，而这种游动的符号最终凝聚到读者的阅读中，所以只有读者才对作品拥有发言权。但读者是千差万别的，所以他们的理解也不会统一，他们对作品的体会也不可能具有终极意义。这样，后结构主义者就完全否定了文学作品"结构"存在的可能性，使结构主义的似乎明确的"结构"消失在符号的游戏之中，使文学批评运动转入了后结构主义的浪潮中。

由此可以看出，后结构主义是建立在索绪尔的语言学原作中的一些理

论缝隙和用典之上的，从这个意义上说，语言学同样对后结构主义的产生或者说对结构主义的消解产生了不小的影响。

因此，无论是结构主义的童话学，还是结构主义的神话学；无论是结构主义的诗学，还是结构主义的叙事学，无一不是建立在索绪尔的语言学基础之上的。

（原文载于《山东外语教学》1998 年第 3 期，有改动）

何为“真”，何为“美”

——济慈的美学思想在纵聚合、横组合轴上的破译

摘要 何为“美”，何为“真”？这是理解济慈诗歌的两个关键字眼，但对这两个字眼的解释历来众说纷纭。不同的解释导致对济慈诗歌的不同理解。这些解释哪些合理，哪些有悖于济慈对美和艺术的看法？或许运用现代语言学的理论，并借助于济慈本人的信件，从济慈本人的诗歌，尤其是他的《希腊古瓮颂》及其他颂诗中寻找答案是更合理的也是更有益的办法。

关键词 美；真；纵聚合轴；横组合轴；内涵；外延

“美即是真，真即是美”，济慈的这句名诗自它诞生以来一直被批评家们争论不休。何为“真”，何为“美”？对这个问题的回答不仅关系到对《希腊古瓮颂》(Ode on a Grecian Vrn)一诗的诠释，而且关系到对伟大的浪漫主义诗人济慈的对后世影响甚为深远的美学思想的理解，因此，探讨“何为真、何为美”的问题具有深远的意义。

一、对“美即是真，真即是美”的争议

尽管过去的文学批评家对“美即是真，真即是美”的诠释千差万别，但都是基于纯文学批评领域的传统批评手法，即依赖于对作品的主题思想、主要内容乃至对作者生前生平、文献的考察。A. C. Bradley(1929)认为这句名诗的真实含义是：“被加工改造的真理就会转变为美。”(189-190) Cleanth Brooks(1947)认为此句名诗的真实含义是“想象性的洞察包含着对本质的最基本的认识”(150)，这种认识是美的也是真实的。而E. R. Wasserman(1953)认为其真实含义是：艺术是智慧的最高形式的源泉。(49) Kenneth Muir(1969)认为：“古瓮宣称的不仅仅是美与真的关系，而是二者之间真实

的相同之处。”(70)而 Douglas Bush(1937：107)以及 C. M. Bowra(1950：146)均认为此句名诗并不像人们认为的那样玄奥，他们认为“真”即是“感官感觉到的现实”，“真”就是现实，“现实”就是我们人类唯一可以拥有的知识。

现代文学批评家的见解尽管也不尽相同，但至少可以为我们解决这个困扰许多批评家的问题提供一把钥匙。《夜莺颂》(Ode to a Nightingale)中的含混包含着二项对立，如双关(pun)(still 既可作“静静的”又可作“依旧”讲)、矛盾修辞法(oxymoron)(unravished bride)等，而恰恰是这种二项对立使得全诗保持着意义上的平衡。现代诗巨匠 T. S. 艾略特和批评家 Allen Tate 均认为“美即是真，真即是美”这句诗是不必要的，因为它实际上是对前面诗节中很明显的意思的总结。

显然，Allen Tate 等现代批评家要告诉我们的就是：“美即是真，真即是美”的真正内含存在于《希腊古瓮颂》中，而《希腊古瓮颂》的含义并不像人们想象得那样清晰明朗，因为济慈的诗历来以其感性描写见长。(Tate，1948：179)但是，要从那些只能靠感官来感知的诗行中找出诠释那句富含哲理的诗句的意义谈何容易，更何况济慈的诗句又以双关、多义、联觉意像等修辞手法闻名呢。但是，如果我们把索绪尔的纵聚合、横组合轴理论和新批评的细读理论运用到对《希腊古瓮颂》以及与之相关的其他颂诗的破译中来，我们就不难寻找出什么是济慈的“真”，什么是济慈的“美”，什么又是“美即是真，真即是美”的真正内涵。

二、纵聚合轴和横组合轴上的破译

诗之所以为诗，除了其诸如音韵、格律等外在形式有别于散文外，主要还是因为诗的含混(ambiguity)。这种含混使诗的内涵构成了诗的精妙之处。使诗具有多重性，使诗具有了不可译的特点。正是因为这种含混构成了诗的精妙之处，所以要欣赏一首诗的精妙之处，就必须发掘诗的含混，努力发现并破译构成这种含混的双关、多义、隐喻以及象征背后的意义。

具体到《希腊古瓮颂》的诠释，我们应首先运用纵聚合轴理论，将诗中几个关键的含义模糊但却对理解最后一段至关重要的短语和句子的含义破解清楚，然后才能找出破解什么是所谓的“真”、什么是所谓的“美”的线索。

在第一诗节中，诗人将古瓮比作是“沉寂”的未失童贞的新娘，是悠长时光和沉默的“养子”(foster child)，是“田园式的史学家”(sylvan historian)；这个古瓮上的画面所讲述的是一种“如花的故事”(flowery tale)和“带树叶镶边装饰的传说”(leaf-fringed legend)。这个画面上的故事比我们的任何诗歌都要甜美：小伙子在追逐中意的姑娘，美丽的姑娘却拼命逃避那如火的追逐。这个画面上所发生的事是人世间每时每刻都会发生的情况,应该没有多少特殊之处,但却饱含人间最普遍的人类温情。从这个意义上讲,古瓮才成了"田园式的史学家",成了悠长岁月的"养子"。从西方文化的角度而言,"田园"一词与"温情的""温暖的"在意义上有共通之处,所以,"温情的""温暖的"在纵聚合轴上就成了"田园式史学家"一词的隐含意义;而"养子"一词在纵聚合轴上的二项对立项则是"亲子"。

至此,我们不难看出,古瓮上所画的男女恋爱的画面是人间的富有人文特征的画卷,这种人文主义特征使这古瓮成了悠长时光的"养子",即它近乎永恒,但并非真正的永恒,因为它毕竟才是"悠长岁月"的"养子"而并非"亲子"。从这个角度我们不难看出诗人对"现实"的看法。人间肉眼可见的种种"现实",例如瓮上的恋爱画面所表现的情形,尽管它们可能是美好的或温情的,但都不是永恒本身。因为它们就如画上的绿叶、鲜花和少女一样,会遵循人间一切有生命的东西的规律,在时间的长河里瞬间即逝;尽管人间的温情有可能近乎永恒,但这种温情的载体"现实"会消失,如果这种"现实"无法被保存下来的话。这种情况下,被保存下来的可能只是像古瓮那样的"物体",只能是像冷冰冰的"史学家"似的"事物"。

诗人在第二和第三诗段进一步暗示了现实与美之间的不同。在第一诗段诗人描述了古瓮上的画面所表现的人文特性的温情美,即人间的现实美的一面,而第二、三诗段则描述了这种现实被保存到艺术世界后的永恒之美。人间的温情的一瞬被定格在艺术世界的永恒里,成了永恒之美。在古瓮的艺术世界里,在人间春发秋落的树叶不再凋落,在人间迟早会消失的恋爱激情也获得了永恒,迅疾凋谢的青春之美也永远不会消失:

Fair youth, beneath the trees, thou canst not leave
Thy song, nor ever can those trees be bare;
Bold Lover, never, never canst thou kiss,
Though winning near the goal—yet, do not grieve;
She cannot fade, though thou hast not thy bliss,
For ever wilt thou love, and she be fair!
...
And, happy melodist, unwearied,
For ever piping songs for ever new;
More happy love! more happy, happy love!
For ever warm and still to be enjoy'd ...

现实瞬间之所以成为永恒,是因为艺术的不朽的魅力,正如诗人在诗行里暗示的那样——“听到的曲子甜美，但听不到的更加甜美，/因此你柔美的笛子永远歌唱，/不是唱给那肉体的耳朵，而是无声地/唱给那灵魂的小调，更受欣赏。”

在这里，出现在诗行中的“听到的曲子”(heard melodies)与未出现的“看到的现实”在纵聚合轴上应当是同义词；“听不到的”(unheard)与未出现在诗行中的“看不见的”(unseen)在纵聚合轴上应当是统一的；“肉体的耳朵”(sensual ear)在纵聚合轴上应当与“‘灵魂’的耳朵”形成对立，而且实际它在横组合轴上已与下一个诗行的“灵魂”(Spirit)形成对立。因此我们不难看出，在这里，诗人告诉我们，在现实中用肉体的耳朵可以听到的曲子尽管可能是甜美的，但不会没有尽头；在现实中能够看得见、感觉得到的现实，尽管可能是美好的，但不会是永恒的。只有用灵魂去感知的没有声音的曲子才是更甜美的，才会像灵魂一样不灭不亡，获得永恒；只有用心去感知的、看不见摸不着的存在才是更美好的，才是永恒的。那么，什么才是“听不见的音乐”和“看不见的存在”呢？在本诗中，不难看出，它们就是被艺术的画面定格了的现实，即保存着现实瞬间的艺术。

艺术世界里的现实与真正的现实相比，保存了现实瞬间的艺术不知要美好多少倍。在艺术世界里，美才成为真正的美，人间的一切情感也得到升华——“它们超越一切一切人类的激情/不再使人心痛和餍足/不再使人头脑发热，口干舌燥”。显然，济慈的艺术世界映照出了现世中丑恶的一面：人类的情感都免不了与悲伤和餍足相关。从横组合轴上我们不难看出，此处的“心痛和餍足”(a heart high-sorrowful and cloyed)与上文中的“人类情感”(breathing human passion)和“爱情”有内在的意义关联。不难推论出，人类的这些情感，包括爱情，都不免会带来悲伤和厌倦。爱被拒绝便会产生恨和悲伤，而爱被接受之后不久便会生出厌烦和餍足。而且，任何一种人类情感都会使人“头脑发热，口干舌燥”。从纵聚合轴上而言，“头脑发热”与“冲动”“痛苦”和“病态”相关，而“口干舌燥”(a parching tongue)则与“渴望”“贪欲”密不可分。可以想象，人们的情感大多数往往使人冲动、痛苦、愤恨、贪欲顿生，甚至使人的心理陷入病态，远远不及古瓮上的男女之间爱情的清纯。当然，若在尘世现实之中，那份清纯之爱终归也会归于庸俗，只有古瓮这件艺术品才能真正留住那份清纯超凡，才使它得以永恒。这与当代批评家 Kitson(2001)的观点一致，他认为“诗的最后两行是古瓮的话语……它们强调艺术所提供的那种特殊的、脆弱的经验的价值”(199)。

诗的第四节中暗示了永恒的艺术美，即永恒之美的神秘超凡。古瓮上的男女恋爱的情景被艺术转化成了永恒之美，而一旦现实瞬间成了永恒的艺术，那么与现实相关的琐碎的信息也就永远成了不解之谜。没有人能够知道这画上的男女青年是谁，也没有人知道谁上了祭坛，牧师是谁，画的背景是哪个小城，小城又因何空无一人。一切一切现实中琐碎的信息都成为毫无意义的东西，只有人类所共有的普遍的情感和因艺术的定格作用而成为永恒的美会长驻人们心中。

最后一个诗节对全诗进行了总结。诗人将希腊古瓮称作“冰冷的田园诗”(cold pastoral)。从横组合轴上我们会发现诗人对希腊古瓮的称呼上的变化及其深层次的原因。当诗人侧重描摹古瓮画面上的情景时，他把古瓮称作“田园式的史学家”，旨在强调画面所表现的现实的人文特性和温情；而一旦现实的瞬间被艺术保存下来成为永恒时，这种永恒之美更多带有的是不变的超凡的乃至空灵的特性，也带有了更多的冷峻色彩。因此，诗人把作为艺术品的古瓮称为“冰冷的田园诗”，侧重强调它的永恒和冷峻。当然这种冷峻并非是指艺术表现的对象是缺乏温情的，也并非是指艺术本身带给读者或观赏者的冷漠，而是指艺术本身是永恒的，是超越一切现实中的琐碎因素的，是不受世俗观念干扰的。

至此，我们可以肯定地说，“美即是真，真即是美”中的“真”指的是现实，即被艺术保存下来的能够获得永恒的现实；“美”指的是基于现实但又超越现实的永恒之美。在这种意义上，“美”就是“真”，“真”即是“美”，是同一个概念的两个不同侧面。“真”强调现实和永恒，现实因艺术而永恒，“美”强调艺术的魅力，是艺术使现实的瞬间成为永恒。艺术本身不能凭空创造美，但可以保存“美”，使在现实中不能永久的美得以永恒。

至此，通过运用索绪尔纵聚合轴和横组合轴的理论分析《希腊古瓮颂》，我们似乎找到了“美即是真，真即是美”的真正含义。但是，如果我们不理解济慈对与此关系甚密的两个重要概念——现实和艺术——的看法，那么我们得出的结论将无异于一纸空文，毫无意义。

三、济慈的现实观和艺术观

济慈的现实观在其著名颂诗《夜莺颂》《忧郁颂》(Ode on Melancholy)中得到了充分的展示。在《夜莺颂》中有这样的诗句：

Fade far away, dissolve, and quite forget
What thou amongst the leaves hast never known,
The weariness, the fever, and the fret
Here, where men sit and hear each other groan;
Where palsy shakes a few, sad, last grey hairs.

Where youth grows pale, and spectre-thin, and dies;
Where nut to think is to be full of sorrow
And leaden-eyed despairs;
Where Beauty cannot keep her lustrous eyes,
Or new Love pine at them beyond to-morrow.

从纵聚合轴上而言,"这儿"与"那儿"相对立,而从横组合轴上而言,"那儿"显然是指后面诗人侧重描述的夜莺的世界,即美的世界、艺术的世界。所以,"这儿"显然指的现实世界。在这个世界里,人类被忧愁、痛苦、疾病和绝望环绕和湮没,美和青春会在瞬间消亡。而夜莺的世界,即美的世界,则是"永远不知疲惫、高烧和忧伤"的世界,是纯美的世界。到达这个世界的唯一办法是"乘着诗歌那无形的翅膀"。

从纵聚合轴上分析,诗歌与其他艺术形式如小说、散文等形成同义意群,代表的是艺术本身。所以,诗人在此暗示的内涵无疑是:要达到美的境界,或者说要保存美的唯一的办法"不是乘着酒神巴克斯和他的纹豹",也不是通过"安抚人的死神"(尽管诗人"差不多爱上了"她),而是通过诗歌,通过艺术手段。

单纯地谈艺术对一般读者而言似乎有些过于空洞的意味。对于艺术而言,什么因素才是至关重要的呢?《夜莺颂》给我们提供了暗示。在诗的前半部分,诗人指出夜莺的世界是美的世界,只有艺术才能使人到达美的境界,而在诗的结尾诗人又被"孤独"一词拉回现实,并感叹道:"再见,想象并不像她所闻名的那样善于欺骗,这个善于欺蒙的精灵。"夜莺的歌声"尽管不能给善于忘却者提供逃避现实的场所,但却有一种神圣和净化的力量"。从横组合轴上分析,此处的"想象"(fancy)与前文中的"夜莺的世界"和"诗歌"是同一个范畴,是对美的世界,即艺术世界的不同称谓。因此我们不难看出,对诗人而言,艺术的本质在于想象,这种看法与浪漫主义者一贯强调想象对艺术的关键作用极为一致,也印证了济慈在他的信件中的看法:"想象所抓住的美一定是真理。"至此,似乎又出现了一个悖论:在《夜莺颂》中诗人笔下的美是夜莺的世界,是艺术的世界,是想象的世界,这似乎与诗人所强烈不满的现实是相对立的,而并非是他在《希腊古瓮颂》中所暗示的,美是艺术保存下来的得以永恒的现实瞬间。但细细品味夜莺世界的美,我们发现无论是静谧的森林、芬芳的花香、嗡嗡的蜂鸣,还是具有抚慰作用的歌声,都是现实中的实物、实景、实情,只不过在现实中这些美好的东西不能永久而已。因此说在诗人看来,永恒的美还是以现实为基础的。当然这种现实不是指他那个社会中的丑恶的社会现实,而是人类所共享的人性美、人文美和自然美。富有吸引力的是“呼吸急促的人类情感”，而并非那“高高在上的东西”。艺术永远不能抹杀现实，正如诗人在《夜莺颂》中暗示的那样——“想象并不像她所闻名的那样善于欺骗，这个善于欺蒙的精灵”；想象并不是让人忘却现实的忘忧果，而是美的基础。

对于现实与美的关系，济慈的《忧郁颂》中暗示得更透彻。诗人在诗中写道：“忧郁与美相伴，而美注定要消亡。”当然，从诗中我们知道此处的美是指现实中存在的美。现实中存在的美，也存在忧伤和丑恶，它们形影不离，相克相生。作为人类，不应因现实中的丑恶而自暴自弃，不要走黄泉路，也不要辗碎毒草，榨出毒酒，饮了以了却残生。在丑恶的现实里，人类要努力寻求美，善于发现美。“当忧郁突然降临……要让它饱享早晨的玫瑰……或饱享牡丹的馨香”；“当你的情人发了盛怒，你要抓住她柔嫩的手，让她尽情叫骂，你要饱享她无与伦比的美目”。不难看出，诗人在这首诗中所暗示的依旧是：美存在于现实中，而现实则是由美和丑、善和恶构成的。要发现美就必须到现实中去寻觅。美在现实中不可能长久存在，但艺术却可以将现实的瞬间美保存下来，使之永恒。

作为浪漫主义的代表诗人，济慈的诗歌及其对美的看法尽管在他生前受到许多人的诋毁，但在当代却得到了愈来愈高的评价。他的声誉在西方大有超过其他浪漫主义诗人，包括雪莱、拜伦、华兹华斯等之势。在最近的数十年里，对济慈的诗歌和美学理论的研究一直在拓展，甚至延伸至其一度被忽略的未完成的作品。在这种大背景下，我们对那句早在20世纪初就被批评家C. H. Herford誉为是关于“艺术所能提供的伟大的富有洞察力的眼睛所理解的精神永恒”的至理名言的诠释也就有了不言而自明的意义。(Ward & Waller, 1914: 90)

（原文载于《山东外语教学》2003年第5期，有改动）

从爱尔兰的布卢姆节谈文学与文化遗产保护之间的关系

摘要　尽管布卢姆节仅仅是一个纪念爱尔兰现代主义作家詹姆斯·乔伊斯代表作《尤利西斯》的节日，但它却以丰富多彩的纪念活动以及这些活动对几乎所有西方国家的巨大吸引力，被世界公认为是借由文学经典来保护、弘扬和开发民族文化遗产的典范。其成功的原因主要包括其纪念活动高度的综合性、公众参与性、学术性、浓厚的民族特色、深厚的文化内涵和巨大的商机。这些原因也为我国利用文学经典作品进行文化遗产保护提供了有益参照。

关键词　布卢姆节；《尤利西斯》；文学；文化；遗产保护

爱尔兰是一个长期饱受英国殖民侵害的国家，独立后在世界上的知名度并不高，地位平平。在过去的几十年里，除了其国内的民族争端外，世人对爱尔兰的了解并不多，但在近几年，爱尔兰却吸引了越来越多关注的目光，这个国家的文学和凯尔特文化成了世界文学和文化界研究的重点之一。更令人惊奇的是，爱尔兰的一个仅因著名现代主义作家詹姆斯·乔伊斯的代表作《尤利西斯》而产生的节日"布卢姆节"竟成了几乎所有西方国家热烈庆祝的节日，对爱尔兰独特的文学和迷人的凯尔特文化的研究也借由这个节日在西方国家迅速升温。

随着布卢姆节在西方国家的流行，不仅乔伊斯这位为世界现代文学精英所推崇的现代主义巨匠被越来越多的普通读者所了解和接受，而且爱尔兰的传统民间音乐、民间手工艺品、民间饮食文化、建筑文化、传统教育、民间礼仪、服饰文化等也被越来越多的人所了解。随着世人对爱尔兰民族文化的了解越来越多、越来越深入，爱尔兰文化遗产，尤其是非物质文化遗产的保护和开发进入了一个良性发展的轨道，布卢姆节也在文学圈内被公认为是一个借由文学经典来保护、弘扬和开发民族文化遗产的经典例证。

一、布卢姆节的由来和节日活动

（一）由来

全国性的节日通常是为纪念历史上某一真实的事件或人物，尤其是纪念一个民族的共同祖先，但爱尔兰的布卢姆节纪念的却是一部文学作品中虚构的人物。这个节日不仅是爱尔兰仅次于国庆节的重大节日，而且发展成了世界性的节日，已有60多个国家和地区每年都在庆祝它，这不得不说是人类历史上节日方面的一个奇迹。

布卢姆节始于1954年，日期定在每年的6月16日。它的初衷是纪念爱尔兰现代主义文学巨匠詹姆斯·乔伊斯，并重现他的代表作《尤利西斯》中的故事和场景。由于《尤利西斯》是关于所有人物，特别是男女主人公在1904年6月16日这一天中的活动的，所以这个节日的主要庆祝活动集中在6月16日；又由于《尤利西斯》主要是关于主人公布卢姆(Bloom)在这一天的日常活动，所以这个节日就以“布卢姆节”(Bloomsday)来命名。除此之外，6月16日也是作家乔伊斯第一次外出与妻子诺拉·巴那可尔(Nora Barnacle)约会的日子。

爱尔兰在1954年6月16日首次举行布卢姆节，纪念布卢姆1904年在都柏林的大街小巷畅游50周年，于是一个虚构的日子和那些真实的纪念日一起成了爱尔兰的国家节日。从此，都柏林每年都举行吃布卢姆餐、走布卢姆路线、朗读《尤利西斯》等纪念活动。时至今日，布卢姆节的庆祝活动已不仅仅局限于6月16日这一天，而是长达一周至数周乃至五个月不等，纪念活动也由最初的数项逐渐增至80多项。2004年恰逢布卢姆畅游都柏林100周年，爱尔兰举行了为期5个月的布卢姆节纪念活动，从4月1日一直持续到8月31日。纪念活动总称“重现乔伊斯·都柏林·2004”，包括灯火表演、音乐会、街头戏剧表演、电影展映等80多项纪念活动，活动的高潮则是在奥康纳大街举行的由上万人参加的免费露天“布卢姆早餐”。

（二）丰富的庆祝活动

布卢姆节是由一系列的文化活动组成的，通常包括以下内容：

1. 公众游行。每年的6月16日早晨8点，身着《尤利西斯》人物服饰的公众聚集在小说主人公布卢姆所住的艾克里斯(Eccles)大街上，在一位化装成布卢姆的人的带领下，步行去布卢姆一天中所去过的各个地点，进行布卢姆在这一天中进行过的所有活动，包括去邮局、墓地、报社、饭馆、医院、咖啡馆等；公众也可以在其他时间和其他地点开始布卢姆在都柏林一天的游历。只要是布卢姆在6月16日去过的地点，游客均可以在指定地点由扮演成布卢姆的导游带领去步行参观，并把自己想象成布卢姆，去体验布卢姆一天的活动和生活。在步行途中，游客不仅可以加深对《尤利西斯》的理解，而且还可以在途中体味爱尔兰的各种文化活动。这些步行活动有些是免费的，有些却是收费的，尤其是在著名的景点。

众多的游客身着1904年风格的服装浩浩荡荡地踏上布卢姆的"征程"，已成为布卢姆节上最热烈、最激动人心的一道风景。

2. 朗读。朗读分为街头公众朗读、特定群体的朗读和名人朗读表演三类。人们所朗读的内容均是《尤利西斯》中的片段。街头公众朗读往往是由一个领读人带领着那些自发聚集而来的市民和游客大声朗读《尤利西斯》中的段落，朗读场所一般设在街头和广场上，或设在酒馆和宾馆里；特定团体的朗读活动往往是由学校、研究机构或博物馆等特定机构组织的，最著名的这类机构包括《尤利西斯》第二章曾描写过的学校、第一章所描写过的乔伊斯纪念馆(James Joyce Museum)及詹姆斯·乔伊斯中心(James Joyce Centre)，这类朗读活动往往都邀请当地名流、政府要员、外国使节等；名人朗读往往在剧院中举行，一般由明星演员来完成。前两类一般是免费的，市民和游客来去自由，朗读的持续时间也各异，布卢姆节的铁杆粉丝们甚至举行马拉松式的朗读，时间可达36小时，直到把《尤利西斯》全文读完为止。

布卢姆节的朗读活动遍布都柏林的街头、广场、酒馆、宾馆、学校、纪念馆等，此起彼伏的朗读声将布卢姆节推向一个又一个高潮。它不仅加深了读者对乔伊斯作品的理解，而且动情的朗读使参加者沉浸于爱尔兰丰富的民族文化氛围之中。

3. 品尝爱尔兰特色食品。在布卢姆节期间，人们早晨可以品尝到独具爱尔兰特色的风味早餐，这种特色早餐包括布卢姆在《尤利西斯》中所吃过的煎腰子和其他民间小吃，如杂碎汤、文火焙心、面包渣煎肝片、炸鳕鱼卵和烤面包片。如果时间充裕，人们还可以品尝到正式的爱尔兰传统早餐，这种早餐极为丰盛，有爱尔兰香肠、熏肉、血肠、白布丁、四个半生不熟的土豆和四个全熟的土豆、爱尔兰豆、白胡椒、爱尔兰黄油及都柏林奶酪。在都柏林供应这类爱尔兰传统早餐的著名餐馆有凯文斯顿餐馆(Caviston's)和扎基斯威尔餐馆(Juggy's Well)。中午人们可以品尝到爱尔兰风味的午餐，当然包括布卢姆在小说里吃的午饭。供应这种午餐较著名的餐馆有奥代尔饭店(Odell's Restaurant)和费兹杰拉德酒吧(Fitzgerald's Pub)等。游人在这些餐馆中还可以品尝到凯尔特人喜爱的"绿妖精"酒、博根迪酒以及畅销世界的爱尔兰名牌啤酒“健力士”。另外，人们在品尝爱尔兰传统美食的同时，一般都还可以欣赏到爱尔兰传统民歌和民族乐曲。

一个民族的饮食绝不是单纯的吃喝问题，而是民族文化的一个重要组成部分，因为人们对“食物的喜好和禁忌，在本质上都是文化”(詹姆斯·乔伊斯，1987：38)。布卢姆节的餐饮活动不仅吸引了来自世界各地的老饕，让店家在经济上获益多多，而且还弘扬和传播了爱尔兰的特色饮食文化。

4. 颂唱爱尔兰歌曲和欣赏爱尔兰音乐。爱尔兰是一个被音乐与舞蹈浸染的国家，在爱尔兰经常被酒吧当作金字招牌打出来的“快乐·美酒·音乐”可谓是对爱尔兰人生活最精确的描述。作家乔伊斯在《尤利西斯》中也向读者揭示了爱尔兰民众的这三大特点。在整部小说中，许多章节都萦绕着爱尔兰传统民歌和20世纪初爱尔兰流行歌曲，可见音乐和歌曲之于爱尔兰人民以及之于爱尔兰艺术家的重要性。正如著名乔学家吉尔伯特(S. Gilbert)所言，“都柏林白天最显著的特点之一便是各阶层公民对音乐的无限热情”(S. Gilbert, 1952：40)。布卢姆节上的一项重要庆祝活动便是颂唱爱尔兰民歌和欣赏爱尔兰音乐。这些民间乐曲和民歌既可作为展览活动的背景音乐在博物馆中演奏或演唱，也可作为弘扬爱尔兰民族文化遗产的主题节目在街头、广场乃至剧院演奏或演唱。游客们徜徉在都柏林街头，浸染在爱尔兰民间音乐与歌声中，不自觉地都会陶醉在独具爱尔兰民族特色的传统文化氛围里。

5. 戏剧、电影和杂技类活动。在《尤利西斯》的许多片段中，布卢姆时常情不自禁地回忆起街头的戏剧海报和杂技表演，因此戏剧和杂技表演也是布卢姆节的主要活动，在这些表演中，有些节目绘声绘色地再现了布卢姆心目中的都柏林人的文化生活，复活了《尤利西斯》中所描写的场景；还有些戏剧节目再现了作者乔伊斯的生平与创作。另外，都柏林的许多影院和剧院都会放映电影《尤利西斯》，或放映反映乔伊斯个人生活以及他所生活的那个时代的影片。这些影视作品不仅可以帮助观众了解《尤利西斯》及其作者乔伊斯，而且还会使他们中的大多数人不自觉地爱上爱尔兰文化。

6. 其他活动。博物馆也是布卢姆节活动的主角。节日期间博物馆会举办一系列介绍乔伊斯个人生活和创作活动的展览，展品包括乔伊斯的生活用品、出版的作品及手稿、私人信件、日记等，也包括他与其妻子巴那可尔的情书、定情物及互赠的礼品，还包括乔伊斯生活年代的一些具有代表性的物品。都柏林在举办展览方面做得比较出色的博物馆有伊斯纪念馆、戴尔基城堡(Dalkey Castle)和遗产中心(Heritage Centre)。通过这些展览，参观(加)者不仅会对乔伊斯及其作品有更生动具体的了解，而且还会对乔伊斯生活的那个年代的民俗民风有一个更为直观的认识。当然，博物馆除了举办各种展览外，还积极参加布卢姆节的其他活动，如组织公众朗读、戏剧表演、电影放映和学术研讨，并为这些活动提供场地。

另外，学术讲座也是布卢姆节主要的庆祝活动，活动的举办者和组织者往往是研究中心、博物馆和学校等学术机构。这些学术讲座主要诠释小说《尤利西斯》，并探讨乔伊斯的创作思想。

都柏林的商家在布卢姆节也不甘寂寞，他们会绞尽脑汁把自己的商品与节日联系起来，强化它们的爱尔兰民族特色。游客们徜徉在《尤利西斯》描述的大街小巷中，置身于极具爱尔兰民族特色的各类商品中，往往会产生时光倒流的感觉，仿佛又回到乔伊斯生活的那个年代。

当然，布卢姆节的庆祝活动不是仅仅局限在都柏林这个即便毁于一旦也可参照小说《尤利西斯》重建的城市(van der Elst，1999：23)，而是遍及西方各主要城市，其中较著名的城市有美国的纽约和洛杉矶以及日本的东京、意大利的的里雅斯特、法国的巴黎、西班牙的马德里，中国上海和台湾的部分城市亦有庆祝活动。这些城市的庆祝形式与都柏林大同小异，都以街头化装游行、街头表演、公众朗读等为主，然而这些城市的庆祝活动持续时间更长，活动内容也更丰富。

二、布鲁姆节在文化遗产保护方面的作用、原因及启示

布卢姆节的节日活动不但促进了人们对乔伊斯及其作品，特别是《尤利西斯》的了解和研究，而且还有效地促进了人们对爱尔兰文化遗产的保护、弘扬和开发。爱尔兰艺术、体育和旅游部部长马丁·加伦(Martin Cullen)认为，“布卢姆节激发了公众与文学界的想象，已成为詹姆斯·乔伊斯粉丝们纪念作为语言巨匠的乔伊斯及其独特创作技巧的节日，同时它也变成了我们首都一个意义重大的盛会……对很多人来说，乔伊斯就是都柏林”(Hoctor & McGuinn，2008)。从加伦的话中我们不难得出这样的结论：纪念乔伊斯的布卢姆节不再是文学界单纯纪念某个作家的日子，而是整个都柏林各层人民集体参与的盛会，是一个由乔伊斯集中体现的整个爱尔兰民族文化的大庆典。

布卢姆节由一个小小的纪念单个作家的纪念日发展为一个轰动西方世界的极具民族风情的节日，并产生了弘扬爱尔兰民族文化、保护爱尔兰民族文学遗产的巨大作用，这个奇迹值得民族文化遗产保护者们去密切关注和深入研究，找出形成这个奇迹的原因。

(一)浓厚的民族特色和深远的人类普遍意义

乔伊斯既是一个世界巨匠级的现代主义大师，更是一位爱尔兰民族作

家，他的《尤利西斯》被当代文学评论家称为爱尔兰民族寓言。(Jameson，1986：65-88)这部作品既探讨了人类普遍的真理，也书写了爱尔兰民族文化的困境与出路。因此，以纪念乔伊斯及其作品的布卢姆节也同时具备了鲜明的民族特色和深远的普遍意义。前者使这个纪念日独树一帜，具有了鲜明特色，从而吸引了世界各地的游客；后者使这个纪念日具有了深度和深远意义，使民族特色有了与世界沟通的桥梁，更利于这个节日成为国际性节日，使之风行于西方世界，也利于它保持经久不衰的魅力。

由此不难看出，吸引世人的关注、具有长久的魅力、寻求与世界沟通的途径乃是民族文化遗产保护的首要条件。如果一个民族的民族文化遗产保护措施缺乏特色，或只具有短期效应，或缺乏世界其他民族共同关注的普遍文化内涵，无法与国际接轨，便会失去开发和利用的意义与价值，也会慢慢失去保护和发展的后劲。

(二)高度的综合性

布卢姆节深受人们喜爱的另一个原因在于该节日高度的综合性。布卢姆节的庆祝活动不只是单一的歌曲或舞蹈，而是由多种活动构成；不仅有民歌演唱、民间音乐演奏、民间饮食品尝等传统庆祝活动，而且还有戏剧演出、电影展映、化装游行、公众朗读、博物馆展览、学术讲座等丰富多彩的适用于不同人群的活动。纪念活动不是仅仅局限于某个表演团体或某个组织机构，而是由公众、学术团体、博物馆、餐馆、酒店、宾馆、剧院、影院、学校等各个阶层的人共同完成，而且这些活动也是相互结合，综合在一起进行的。

布卢姆节纪念活动的综合性使这个节日避免了单调与乏味，吸引了不同层次、爱好各异的观众和参与者；同时也将爱尔兰民族文化的多种表现形式展现在世人面前，使世人能够更深入、更全面地了解爱尔兰民族文化遗产。

(三)高度的公众参与性

布卢姆节成功的另一个原因是公众的参与性高。首先，公众街头化装游行不仅使公众亲身体会到《尤利西斯》人物的内心世界，而且还可以身临其境地感受到爱尔兰民族的服饰文化、礼仪文化、建筑文化；人们在游行途中还可以参加公众朗读活动，品尝爱尔兰美食，亲身体会《尤利西斯》丰富的文化内涵。许多街头和广场演出都是由群众完成的，例如，《尤利西斯》中课堂活动的再现都是由当地师生共同完成的，学术讨论更是群众性的集体活动。其次，公众的广泛参与不仅避免了把这个节日封闭在狭小的学术精英的圈子中，还避免了使这个节日沦为民族主义者文化自恋的宣传手段，重要的是提高了一般民众对布卢姆节的兴趣。再次，广泛的公众参与还扩大了这个节日的影响力和感染力，使之成为一个遍布都柏林大街小巷的盛会，而不是一个局限在几个会场或剧院或广场的表演秀。最后一点也同样重要，布卢姆节的许多节目都是以公众为主体，任何公众和游客都可以随时加入其中，亲自参与，这就大大提高了他们对节日活动的兴趣，加深了他们对活动的感悟，同时也使节日免于流于形式，增加了节日的活力。

（四）深刻的学术深度和浓重的文化内涵

布卢姆节紧扣纪念《尤利西斯》这一艺术主题，以《尤利西斯》为核心，将《尤利西斯》中所涵盖的爱尔兰民族文化的诸多表现形式展现给公众和游客。节日的许多庆祝活动都衍生于《尤利西斯》这一伟大的现代主义作品，具有很高的学术价值，同时又由于《尤利西斯》本身对爱尔兰民族文化进行了方方面面的深刻思考，因而许多庆祝活动也就具有了广阔而深刻的文化内涵。因此，与学术挂钩，拓宽文化涵盖面，这就使布卢姆节避免了当下一些所谓的文化节的不足，即内容过于单一，缺乏深刻文化内涵，仅仅流于唱唱跳跳的表演形式。

（五）巨大的商机

布卢姆节是一个文化节，也“是全世界读书爱好者们的节日”，虽然在国人看来读书节“无利可赚”（文静，2007），但“给这座城市（都柏林）带来的旅游收入‘不计其数’”[①]。这种借由文化而创造的巨大效益主要得益于布卢姆节的文化内涵与商机开发之间天衣无缝的结合。这种结合使那些看似无钱可赚的街头游行、广场群众表演和朗读变成了巨大的商机。除了传统的文化节所能带来的演出门票、博物馆门票、食宿以及纪念品等收入外，公众化装街头游行用的服装道具、朗读用的《尤利西斯》读本等都是众多的参与者必掏腰包的物品，给举办城市带来了滚滚财源；丰富多彩的纪念品、民族食品、民族服饰、乔伊斯的各类出版物等不仅给举办者带来了不菲的收入，更是随着游客的归途流向世界各地，进一步扩大了布卢姆节和爱尔兰文化的影响。

纵观布卢姆节庆祝活动的设计及其在文化遗产保护方面发挥的作用，我们不难看出，在现代社会以一部文学作品为主题设定节日时，只要这些节日具有浓厚的民族特色、深刻的普遍意义、高度的综合性、公众参与性、浓厚的文化内涵以及巨大的商机，其就可以像传统节日一样深入人心，一样具有民族文化传承的意义。

反观中国文学史，具有浓厚的民族特色、深刻的普遍意义、高度的综合

---

① 央视国际：纪念《尤利西斯》——用狂欢向意识流致敬。2004 年 6 月 16 日，http://apps.cctv.com// news/entertainment/20040616/101870.shtml.

性、公众参与性和浓重的文化内涵等要素并能成为节日依托的文学作品不止一部，例如《红楼梦》《水浒传》《西游记》等。事实上，我国一些地方也设立过“红楼文化艺术节”“水浒文化节”和“西游记旅游文化节”。这些活动借助经典文学名著，以较鲜明的民族特色和较深刻的文化内涵吸引了国内外游客，创造了一定的经济效益，也较有效地弘扬了中国传统文化。

但对照布卢姆节的特点来看，我国目前的一些文化节还存在诸多不足之处，比较突出的有：公众参与性低，纪念活动仅仅以展览展示和演员表演为主，游客只能充当看客，只有极少游客有机会参与到互动节目中；活动的综合性不强，尽管活动名目繁多，但各个组织者条块分割，各自为政，无法吸引各层次具有不同爱好的人参与其中，其影响力也就只能局限在某个小圈子内；活动场所的开放性不够，活动场所较为集中和封闭，规模较小，没有很好地走向街头和广场等群众聚集性场所，没能有效地走向民间，走入群众，因此也没能造出足够的声势，发挥出足够的影响力；文化内涵与商机的结合不够紧密，由公园或饮食企业发起的文化节往往过分注重经济效益，忽略了其中应当蕴含的文化内涵，而由学术团体发起的文化节又往往单单强调学术水准，忽视其中可能蕴含的商机。

参照布卢姆节的成功经验，笔者认为可以采取以下措施弥补我们的不足：首先，要认真设计纪念活动节目，让众多的游客参与其中；其次，应当避免活动的单一性，将多类活动纳入其中，将化装游行、公众朗读、赛歌赛诗、灯谜对联、美食服装、学术讲座、展览展示、戏剧电影等各类节目有机和谐地综合在一个文化节中，使多层次、多类型的节目相结合，以吸引不同层次、具有不同兴趣的群众参与进来；再次，节日活动的组织者不要局限于某个团体或某个实业，而应由公众、政府、学术团体、博物馆、学校、酒店、宾馆、剧院等协同完成；另外，活动场所应从单一的公园、景区或校园扩大到街头、广场、学校、田间、影剧院、博物馆等多种场所，由封闭活动为主转为以露天开放为主，由以买票入内为主改为以自由免费参与和买票入内相结合，由以游客观看为主改为以群众（包括当地居民和外地游客）参与为主；最后，应当积极开发在街头或广场大规模进行的公众参与性活动，通过文化节的内涵带动与之相关的服饰、书籍、饮食、纪念品等商品的销售，同时努力扩大文化内涵的影响力，吸引更多的民众参与进来，进而促进各类文化节商品的销售，并带动旅游、住宿和饮食业的发展，形成文化内涵与商业利益互利的良性循环。

总之，通过了解布卢姆节的由来、历史和具体的庆祝活动，我们发现它的成功与其丰富多彩的庆祝活动密不可分，也与它的综合性、民族特色、国际性、公众参与性、学术性有很大关系。它的成功不仅向我们证明了通过借由单个著名作家设立纪念日来进行民族文化遗产保护的可行性，也折射出我国此类文化节的不足之处，更重要的是，向我们昭示了保护民族文化遗产的有效途径。

（原文载于《民俗研究》2010 年第 1 期，有改动）

论《尤利西斯》中的中国形象

摘要 《尤利西斯》是一部现代主义的鸿篇巨制，也是关于爱尔兰民族文化的历史、现状和未来的民族史诗，其中充满了乔伊斯关于民族文化与异族文化之间关系的真知灼见。在对爱尔兰民族文化之外的文化书写中，乔伊斯对中国文化的书写是支离破碎的，但含义却是最深刻的。《尤利西斯》再现了小说人物在外貌、饮食、特质、宗教、语言、道德等方面对中国形象的扭曲、误解和妖魔化，表现了这种定式化思维背后不同的动机和相同的危害性。当然，乔伊斯在《尤利西斯》中书写这种对中国的定式化印象的目的是揭露殖民主义文化和民族主义文化对他文化的"他者化"的手法、目的和危害，并展示殖民主义文化和民族主义文化通过大众传媒对普通民众所产生的无处不在的影响，从而达到批判殖民主义和民族主义的目的。

关键词 《尤利西斯》；中国形象；定式化思维；殖民主义；民族主义

詹姆斯·乔伊斯(James Joyce)的《尤利西斯》是一部现代主义的鸿篇巨制，它不仅反映了现代人孤独、隔膜的生活状态，而且还反映了乔伊斯对处于英国殖民文化压制下的爱尔兰民族文化两难处境的思考和最终走向文化协商、文化杂糅前景的展望，并展现了当时英国殖民文化和爱尔兰民族主义文化中共同存在的问题——将异族、异族文化作为"他者"加以神秘化、妖魔化，并借此界定自我和本族文化的肯定性、合理性。为了展示这种对异族文化妖魔化、神秘化行为的普遍性，乔伊斯运用大量的篇幅来书写英爱文化之外的文化被"他者化"的现象，并展示了殖民主义、民族主义将异族文化边缘化、神秘化、妖魔化的荒谬和危害。

《尤利西斯》对英爱文化之外的文化的书写主要集中在被异族文化认为是备受歧视的犹太文化的遭遇上。除此之外，《尤利西斯》对其他民族文化也有所涉及，其中涉及较多的便是中国文化。尽管涉及中国文化和中国人形象的文字在《尤利西斯》中往往是只言片语，且分散在《尤利西斯》的各章节中，并且一直未引起乔学批评家们的注意。但如果我们将这些只言片语连接起来，作为一个整体来考虑，就会发现它们在《尤利西斯》中的地位相当重要。表现西方文明对中国形象的扭曲不仅可以表现西方殖民文化对"落后"民族文化神秘化、边缘化、妖魔化所惯常使用的伎俩，而且还可通过普通人对这种扭曲的接受来展现殖民文化通过大众传媒对大众意识所产生的负面影响，同时还可以展示民族主义者对民族文化盲目纯洁化、神圣化的荒谬。

一、《尤利西斯》对中国形象的扭曲

(一)对中国人外貌的丑化

"没下巴的中国佬"是《尤利西斯》中作为英国殖民文化帮凶的穆利根在谈及民族文化时冷不丁冒出的一句话。这句话原本是当时在西方盛极一时的反映所谓东方情调的轻喜剧《艺妓》中的一句台词，但却出现在穆利根关于民族文化的长篇大论中，这足以反映"中国人下巴短"这一定式化思维已经成为西方帝国主义文化贬低中国形象的有效手段之一。这与西方人对中国人的"小眼睛、塌鼻梁"等相貌方面的负面想象如出一辙，是西方人从人种学的角度贬低"他族""他者"的司空见惯的做法，因为"将少数民族描述成具有像猩猩一样的长相是一个世界范围的趋势"。(Parrillo，2003：87)英国殖民主义人类学家在他们绘制的人种谱系树上将黑人放在比大猩猩只高一点的位置上(Cheng，1995：28)，英国殖民主义漫画家则将爱尔兰人丑化成大猩猩(Parrillo，2003：87)，那么他们将中国人丑化成"短下巴、塌鼻梁"则一点也不出人意料了。同时，西方人对中国人外貌的贬损也是与他们对"中国愚昧落后状态"的想象联系在一起的。

《尤利西斯》的女主人公莫莉认为，中国人早晨起来为一天作好准备，其主要活动首先是梳理他们的"猪尾巴"辫子。这里的"他们"包括男人和女人，这反映出在莫莉心中中国人全都是梳着"猪尾巴"辫子的老古董。

中国人的"猪尾巴"辫子似乎成了中国人落后的标志——"他们奇特的衣服样式和辫子看起来十分不合时宜"(Parrillo，2003：294)。这与西方人想象中的中国人"娘娘腔"、喝"老鼠汤"等一起构成了可证明中国人"落后""荒蛮"的"有力证据"。(Palmer，1934：12)实际上，我们知道中国人并非人人都是短下巴，1904年(也就是《尤利西斯》所描写的那一年)，在中国即使是男人也并不都梳着"猪尾巴"辫子。当然，西方人对中国人的这种外貌上的想象是与他们对自我的"进化、开化、文明"等民族特点的定义是相关联的，他们对自我的“进化、开化、文明”的定义是建立在对“他者”的“落后、原始、动物化”的定义的基础之上的，因为西方人眼中的“他者”总是他们的“自我”所不是的那一类人。(Cheng，1995：20)

(二)对中国人饮食文化的扭曲

中国菜闻名世界，这是众所周知的事实。但在西方人眼中，他们对中国饮食的想象同样有许多负面的东西。例如《尤利西斯》中代表现代“每个人”的布卢姆在看到都柏林人大吃大喝的时候就联想到：人们在饮食上有许多稀奇古怪的习惯。例如中国人喜欢吃腌了50多年的鸭蛋，其颜色“先蓝后绿”，而且中国人“一桌席上三十道菜”等。(詹姆斯·乔伊斯，2002：344)这实际上反映了布卢姆虽然是一个在大多数情况下能理解其他民族习俗、能质疑一般人对“他民族”特点负面想象的人，但他自己并不能完全避免对异族人的偏见，同时也可看出西方帝国主义文化对“他者”特征的宣传已达到深入人心的程度。

另外，《尤利西斯》中作为代表身份的虚构性和不确定性的老水手摩菲对与他一同喝酒的人大谈一些可能是他胡编乱造的稀奇古怪的异族经历，其中就包括他与中国人的所谓接触。他说中国人喜欢用“老鼠汤”招待客人，而且味道非常好。(詹姆斯·乔伊斯，2002：1025)这实际上也是把中国人作为“他者”而进行妖魔化的典型例子，因为这与摩菲之前讲述的所谓非洲落后部落的风俗如出一辙。在西方，关于中国人饮食的负面想象流传甚广。例如，美国人阿尔伯特·帕尔默在20世纪初观察到，西方人总是戴着有色眼镜观察、丑化中国的一切，认为“中国城看起来十分诡异”，“中国人以吃鲨鱼甚至老鼠而著名”(Palmer，1934：1-2)。

这些对中国人饮食的负面想象绝不是单纯的对中国人饮食习惯的看法问题，因为“食物的喜好和食物的禁忌均在本质上是一种文化现象”，(van Der Elst，1999：38)对一个民族饮食的贬低也是对一个民族文化的贬低。西方人将非洲及个别部落食人尸的现象大而化之，宣传非洲人是“食人族”，同样是出于将非洲人动物化、野人化和妖魔化的目的。殖民者往往将“他族”成员中的个别现象(如个别中国人吃鼠肉或腌了多年的鸭蛋)进行普遍化，将这种他们认为是负面特质的东西强加在“他族”所有的个体身上，并不考虑这些个体之间的差别(如从未考虑大多数中国人都厌恶鼠肉)，这就像将非洲人想象成食人族一样。进行这些负面想象的根本目的在于贬低殖民地、半殖民地人民的文化，抬高殖民文化，以便为他们去殖民地、半殖民地进行所谓的“管理、教化”活动寻找借口。

(三)对中国“古老”“神秘”“奇异”等特质的想象

殖民者对“他者”特质的想象往往是“顺从”“混乱”“愚昧”“无开拓精神”

“懦弱”“粗俗”“无礼”“原始”“野蛮”“不开化”和“迷信”。在涉及“他者”的特质时，尽管殖民者认为被殖民者在本质上是“愚昧、落后、野蛮”的，但在他们的殖民话语中最常出现的字眼却是“神秘”“奇异”。在这种话语中，“神秘”似乎可以和“不开化”画等号，“奇异”可以和“怪异”甚至“邪恶”划等号。摩菲在谈到自己与所谓的“中国人”的接触时还说，他见到有的中国人有一种像油灰的药丸，“放在水中能幻化成房子、船、花朵等形象”。(詹姆斯·乔伊斯，2002：1025)摩菲的杜撰正好印证了帝国主义文化对中国的所谓“神秘”“古老”“奇异”等特点的夸大宣传在西方民间的深远影响。

根据中医中药的奇特原料或形态来对中国进行负面想象的做法在西方也屡见不鲜。例如西方人认为中国人怪异的表现之一就是用癞蛤蟆和蜘蛛制药。的确，中国中医认为蟾蜍和蜘蛛均可入药，但这并不能证明中国人是怪异、怪诞的。同样道理，对中国形象的这种负面想象并不是单纯出于对中药的好奇和一知半解，而是西方人先入为主的对中国文化的偏见在作怪，因为对“什么可以入口，什么不可以入口”的问题是一种文化问题。由于文化的影响，一种东西在一个民族眼中可以是美食，在另一个民族眼中或许是禁忌之物。(詹姆斯·乔伊斯，2002：38)刻意强调一个民族对某种禁忌之物的摄取，也是主流文化对从属文化的一种常见的妖魔化手段。

布卢姆对中国坟地的印象同样也可印证殖民者的殖民主义宣传对大众心理的影响。布卢姆的街坊马斯天斯基曾告诉布卢姆，中国的坟地上种着巨大的罂粟，在那里能够采到优质的鸦片。(詹姆斯·乔伊斯，2002：225)为什么西方人将他们的坟地插上十字架，期望死者的灵魂升天堂，而将中国人的坟地想象成种满了罂粟呢？这恐怕需要我们从殖民者的深层意识形态上寻求答案了。的确，在19世纪末20世纪初，中国人饱受鸦片之苦，但这要归罪于英国殖民者向中国倾销大量鸦片的所谓“贸易”行为。但殖民者却把个别中国人吸食鸦片的现象想象成他们想要的“他者”的实质，把它解释成中国人喜好吸毒的例证。实际上，关于中国人是“大烟鬼”的定式化形象在西方深入人心，甚至在1943年10月的美国《国会记录》中竟有这样的官方记录：“中国人是一群吸毒成性的‘大烟鬼’，他们一天中大部分时间都在吸食毒品。”(Congressional Record，1943：8626)作为这种官方负面想象的衍生物，像布卢姆的邻居这样的普通人将中国的坟地想象成种满罂粟的地方也就不足为奇了。这种现象将对富于神秘、阴霾之气的罂粟花的想象与中国所谓的古老、神秘特质联系起来，在潜意识层面把对中国“大烟鬼”的厌恶借助于罂粟与死亡(坟墓)的联系宣泄出来，极大地强化了中国神秘特质的阴霾之气。

(四)对中国人"异教徒"特质的想象

宗教历来是殖民者与土著文化的必争之地,因为"宗教和种族性(ethnicity)总是紧密交织在一起","宗教同样可以引发族内和族外的定式化思维"。(Parrillo,2003:575)西方殖民者不仅从一些世俗生活领域对"他者"的特征进行负面想象、证明和宣传,而且将基督教作为正统宗教,将殖民地、半殖民地等不信基督教的异族人定性为"异教徒",对他们的信仰大加贬低,以证明自己对异族的文化和宗教殖民的合理性。布卢姆对天主教与中国人之间关系的看法既反映了殖民文化对中国人作为"他者"形象的歪曲的影响力,也反映出他作为"他者"(即犹太人)所具有的"用别人看你的眼光去看别人"的较为开明的民族观和宗教观。他看到康米神父要进行布道的告示就想到:新教也好,天主教也罢,总是认为只有自己的宗教才是唯一正统的宗教,并为此斗得头破血流。他认为,西方神职人员"要拯救中国的芸芸众生。不知道他们怎样向中国异教徒宣讲。宁肯要一两鸦片的天朝子民。对他们而言,这一切是十足的异端邪说。他们的神是如来佛,手托腮帮,安详地侧卧在博物馆里。香烟缭绕。不同于头戴荆冠、钉在十字架上的。瞧!这个人!"(詹姆斯·乔伊斯,2002:174)首先,西方人"要拯救中国的芸芸众生"的行为,深刻地反映了殖民主义文化侵略政策的运作方式:殖民者通过宗教对殖民地人民进行精神控制,以驯服殖民地人民的思想,但殖民者却把这一侵略行为美化为"拯救";殖民主义思想具有十分隐蔽的欺骗性,甚至连殖民者国内的民众,包括从事这种文化侵略的神父们也深信这种行为具有十分神圣的救赎意义。但是,"不知道他们怎样向中国异教徒宣讲",这反映出被殖民者并非像殖民者想象的那样没有思想,他们也有自己的信仰,尽管他们的信仰被殖民者贬斥为异教,他们的信仰也同样排斥基督教或天主教。在殖民地人民眼中,被殖民者奉为正统宗教的基督教或天主教才是异教,因此殖民地人民不会轻易信奉殖民者的宗教。但是,殖民者作为当权者便采取另一种贬低中国人的手段来解释这种尴尬情况,他们对本国(帝国主义国家)的人民宣传说中国人"宁肯要一两鸦片",也不会信奉他们的宗教,即这些所谓"天朝子民"只不过是一群东亚病夫,一群愚笨、不可教化的动物,他们竟笨到去选择吸食鸦片,而不去信仰可给世人带来救赎的耶稣,因为"对他们而言,这一切是十足的异端邪说,他们的神是如来佛",而不是上帝。当然,在这里,尽管布卢姆不可避免地深受帝国主义文化宣传的浸染,对中国人的看法只是一知半解,充满虚构,但他难能可贵地跳出中西文化的对抗,站在一个中立、宽容的角度去看待这种文化对立,认为中国人看到"头戴荆冠、钉在十字架上的"耶稣时的感觉与西方人看到"手托腮帮"安详地侧卧在博物馆里的如来佛的反应一样，是出于一种看待“他者”的眼光来看待异国文化，只是觉得奇异、怪诞，充满着排斥、厌恶又好奇的感情，正如《约翰福音》中的罗马总督彼拉多看到头戴荆冠的耶稣时说“瞧！这个人！”那句话时的感觉一样。

这种好奇、厌恶、排斥的心理就像《尤利西斯》第6章中布卢姆回忆起的《中国游记》中的一句话所表述的那样，“中国人觉得白种人身上散发出一股尸体的味道”(詹姆斯·乔伊斯，2002：235-236)。白种人觉得中国人不爱洗澡，因此觉得中国人脏，有异味。而中国人则认为白种人身上有尸体味，所以天天洗澡。实际上，这两者只不过是将异族人放在“他者”的位置上，进行虚构、想象，将“他者”妖魔化，并以此来凸显“自我为中心”的优势而已。

(五)对中国语言文字的扭曲、变形

在《尤利西斯》中，乔伊斯还通过梦幻、造词、拼贴等手法对中国语言文字进行扭曲、变形。当然，乔伊斯的本意并不是歪曲中国文化，而是借此来讽刺殖民者或民族主义者对异族文化的扭曲、篡改。例如，布卢姆在幻觉中看到约翰·埃格林顿穿着“印有蜥蜴文字的黄色中国朝服”(詹姆斯·乔伊斯，2002：883)。在布卢姆的潜意识中，中国文字古老神秘，透出某种诡异，如同蜥蜴的形状。实际上，西方人对中国语言文字的负面想象司空见惯，他们认为中国人的“发音和方块字对一切非中国人来说是非常奇异的，正如他们的宗教一样”(Parrillo，2003：294)，甚至认为中国人“在拿着假嗓子说着他们怪异的鸟语”(Palmer，1934：1-2)。在《尤利西斯》第12章中，作者在对爱尔兰民族主义者纪念爱尔兰民族英雄的文章进行戏仿时，将孔子写成“布赖恩·孔子”(Brian Confucius)，将莎士比亚写成“帕特里克·莎士比亚”(Patrick W. Shakespeare)。(詹姆斯·乔伊斯，2002：571)将孔子与爱尔兰常用男子名布赖恩联系在一起，乔伊斯旨在讽刺爱尔兰民族主义者将自己的文化任意神圣化的做法。在当时的爱尔兰，有的民族主义学者甚至将莎士比亚爱尔兰化，四处罗织所谓证据证明莎士比亚有爱尔兰血统。乔伊斯对此立场很鲜明，他认为爱尔兰民族主义者能将莎士比亚说成是爱尔兰人，在将来某一天就会滑天下之大稽，将孔子说成是爱尔兰人，以证明爱尔兰文化的辉煌历史和伟大建树。

语言、文字、历史等历来都是殖民者和被殖民者文化冲突的主战场，殖民者总是企图通过贬低被殖民者的语言文字，甚至妄想用殖民者的语言文字取而代之和篡改被殖民者的历史，试图抹杀被殖民者的民族记忆和否定被殖民者的民族身份，从而使被殖民者顺从于他们的殖民统治；而殖民地的爱国文人和民族主义文人总是试图通过美化自己的文化和书写自己的历史来恢复自己民族的民族记忆和民族身份，以达到“激发本民族人民对抗异族文化侵略”的目的。(Baker, 2000: 39-40)

因此，《尤利西斯》中的人物对中国文化的扭曲不仅反映出殖民者对“他族”“他文化”的刻意贬低之于大众心理的深远影响，同时也反映出民族主义者同样为了自己的利益对“他族”“他文化”的刻意贬低及其对大众心理的深远影响。

(六)对中国人人格和道德的贬低

《尤利西斯》中对中国人人格方面的贬低只有一句，但它却能反映西方人对中国人的所谓“天性”的认识。布卢姆在幻觉中遇到困境，试图摆脱，便对对手说他自己“属于蒙古血统，对自己的行为不负任何责任”(詹姆斯·乔伊斯,2002: 828)。布卢姆的幻觉是他“在潜意识里被压抑的愿望和想法的曲折表现”(S. Gilbert, 1952: 318-319)，并非与他清醒的或实际的思想毫无关系。他的这番呓语是殖民者关于中国人本性邪恶的宣传在他心理屏幕上的折射。

在西方，关于中国人本性邪恶和道德堕落的说法很多：早在19世纪七八十年代，“黄祸论”就已盛行；在1879年，美国缅因州民主党议员布雷恩(James G. Blaine)就中国人缺乏所谓家庭伦理进行指责，他认为中国人“不关心家人，不注重夫妻关系，无视父母与孩子之间的纽带”等(Congressional Record, 1879: 1301)。他的论调对任何一个真正了解中国人的人来说都是毫无道理的，因为中国人浓重的家庭观念几乎是举世闻名的。更有甚者，不少西方人在过去将中国人看作天生的道德败坏者，例如帕尔默(A. W. Palmer, 1934)记载的20世纪30年代美国人对唐人街的看法就很能说明西方人当时的偏见：“唐人街被认为是邪恶的化身，它充满着赌博、吸毒、彩票、帮会打斗和嫖妓活动。”(1-2)连英国19世纪最具权威性的百科全书《大不列颠百科全书》也有类似的甚至有过之而无不及的偏见：“中国人冷漠、狡猾、不可信；经常随时随地利用一切他能够得到的机会；非常贪婪、欺诈成性；喜好争吵，睚眦必报，但又讷言卑怯。办公室里的中国人是一种蛮横与卑贱的混合体。”(Napier, 1842)这种将中国人妖魔化的言行可谓到了无以复加的地步。布卢姆关于蒙古血统的人对任何事情均不负责任的观念恐怕只是对这些帝国主义文化将异族文化、异族人妖魔化宣传的一个极其寻常的反映而已。帝国主义文化在对中国人进行妖魔化的描述中所使用的语调一般显得客观、冷静、毋庸置疑，他们宣称中国人“给人下毒药，用刀子捅人”(Parrillo, 2003: 296)，似乎他们编造的这一切都是中国人血脉中传承的邪恶，难怪布卢姆在潜意识中将中国人所谓的“不负责任”上升到血统论的高度了。

二、《尤利西斯》扭曲中国形象的目的

从以上分析不难看出,《尤利西斯》中尽管对中国形象的描述不多,且颇为零散,但却深刻反映了殖民文化对中国形象的扭曲和妖魔化,同时也微妙地折射出人类对"他者""他文化""他族"形象扭曲的深层心理原因。但在分析《尤利西斯》对中国形象的描述时我们还须注意以下几个问题。

(一)乔伊斯展示定式化的中国形象的本意

《尤利西斯》对中国形象的扭曲并不是乔伊斯的本意,也不是小说中相关人物本人出于恶意而进行的丑化。实际上,乔伊斯描述都柏林的普通人,包括深受殖民主义迫害的爱尔兰人和被西方主流文化排挤在边缘的犹太人在内心深处对中国形象的扭曲和偏见,目的是揭露殖民文化、民族主义文化的流毒对人们心灵的毒害。因为布卢姆、莫莉乃至摩菲这些人对中国人的偏见乃至妖魔化均不是空穴来风,而是殖民主义通过各种大众传媒,包括布卢姆书架上的《中国游记》和他随处可听到的流行歌曲,渗透到这些大众的意识中的。客观而言,布卢姆与莫莉属于饱受种族压抑和排挤的犹太人,对于强势文化对弱势文化的他者化和妖魔化深为反感,并从内心深处希望自己能超然于种族偏见和种族歧视之上,但他们这些深受种族歧视之害的人仍然不能超越种族偏见和种族歧视,对中国人仍抱有这样或那样的偏见,可见当时的殖民主义文化的传播之广、流毒之深。殖民文化通过大众传媒,包括报纸、歌曲、小说、游记,已经渗入到大众的心灵,因为"作为社会价值反映的大众传媒对人们人格的形成和群体的身份具有无比巨大的影响"(Giordano, 1987)。同时,这也说明这样一个道理,"一个人(群体)界定为'他者'和'野蛮人'的本质更多说明的是关于这个人(群体)的信息,而不是那个'他者'"(Cheng, 1995: 20)。布卢姆、莫莉、摩菲等人对中国的种种偏见反映了他们备受帝国殖民文化毒害的心理状态,也反映了英国殖民者将中国人界定为"他者"和"野蛮人"并靠贬低异族人格以抬高自我评价的做法背后狭隘自私和虚伪狡诈的心理。对这种心理的隐晦但不失强烈的批判恰恰是《尤利西斯》的主题之一。

(二)《尤利西斯》对中国文化的展示与对爱尔兰民族文化书写的关系

《尤利西斯》主要关注的不是殖民文化与中国文化之间的关系,而是爱尔兰文化与英国殖民文化之间的碰撞、商讨与杂糅。整部《尤利西斯》可以看作是关于爱尔兰文化与英国文化乃至其他文化碰撞、商讨与杂糅并最终走向世界文化的史诗。由于当时严峻的政治形势、高涨的民族主义运动和英国政府文化审查制度的限制,乔伊斯无法直接书写爱尔兰民族文化与英

国殖民文化之间的关系，不得不采取隐喻、象征和类比的书写策略。爱尔兰人被英国殖民者野蛮化、妖魔化，被称作是“需要管理的幼童”(Cheng, 1995: 28)，而身处爱尔兰的犹太人布卢姆则被爱尔兰人妖魔化为“犹大”“罪恶的携带者”和“吝啬鬼”等，备受排挤和侮辱，而作为“他者”的布卢姆又不自觉地对远在东方的中国人充满想象和偏见。由于“维多利亚的盎格鲁—撒克逊主义者普遍认为盎格鲁—撒克逊人种比其他任何人种都优越，尤其是在对自由的热爱和有效管理方面”(Cheng, 1995: 20)，并且在英国殖民统治下，爱尔兰人总是被与非洲、澳大利亚和东方的土著人相提并论(Curtis, 1968: 58)，与中国人、毛利人、西非人、苏丹人及其他被认为“野蛮”的民族归为一类，所以爱尔兰人、犹太人和中国人被他者化和妖魔化的遭遇可以互为类比，相互表现、说明，中国人在人类学、日常习俗、宗教、文化乃至天性等方面被野蛮化、妖魔化的现象，乃是爱尔兰人民在殖民统治下、犹太人在爱尔兰民族主义钳制下的遭遇的一面镜子。

(三)《尤利西斯》借助表现中国形象所要达到的双向批判目的

通过描述布卢姆等人对中国形象的扭曲，《尤利西斯》对来自殖民文化和民族主义文化两方面的对异族形象的丑化和妖魔化进行了讽刺。乔伊斯选取布卢姆这一犹太人的心理活动来作为进行双面讽刺的媒介，颇有创意。一方面，布卢姆作为犹太人饱受爱尔兰人的歧视和妖魔化之害，这正如爱尔兰人饱受英国殖民者的歧视和妖魔化之害一样；另一方面，布卢姆同时又对爱尔兰人、中国人等充满想象，不乏扭曲之处，这也与爱尔人对犹太人充满歧视与仇视是一个道理，两者均是受殖民主义和民族主义的“为提高自己的自尊而牺牲那些被定式化的他者的人格这一潜在逻辑的影响而产生的不良后果”。乔伊斯在《尤利西斯》中使用的批判武器是一把双刃剑：一方面通过英国人海恩斯对爱尔兰人斯蒂芬和卖牛奶的老妇人的定式化认识、爱尔兰民族主义者“公民”对犹太人布卢姆的妖魔化、犹太人布卢姆对中国人的形象的种种扭曲乃至妖魔化的描述，对从属(被殖民)文化被主流(殖民)文化的定式化印象和妖魔化进行了寓言式或类比式的批判；另一方面通过关于爱尔兰民族主义者“公民”对英国文化、布卢姆对中国文化、中国人对英国人的偏见和负面想象以及“公民”对爱尔兰文化的盲目吹捧的描述，对被压迫民族中盲目的民族主义文化思潮予以讽刺。布卢姆等人对中国形象的丑化和妖魔化折射出帝国主义文化的荒谬和对大众心灵的毒害，而布卢姆所听说的关于中国人对西方白人的所谓“尸体味”以及把基督教看作异端邪说的做法则反映了作为从属(被殖民或半殖民)文化对主流(殖民)文化及其人民的丑化和妖魔化。在乔伊斯眼中，两者的逻辑是一样的，产生的毒害是一样大的，都是应当受到唾弃的。

总之，在其现代主义巨制《尤利西斯》中，乔伊斯展现了犹太人和爱尔兰人对中国人的外貌、饮食习俗、宗教、语言文字、道德和民族特质等方面的扭曲、误解乃至妖魔化，并借此讽喻了殖民主义者和民族主义者所共有的将“他者”“他族”“他文化”野蛮化、神秘化、妖魔化的做法，揭露了他们妄图借此达到抬高自我文化的荒诞逻辑，揭穿了殖民者与民族主义者贬低异族文化的不同目的——殖民主义者贬损殖民地文化的目的是为自己的名为“管理、教化”殖民地人民，实则是为政治、经济和文化的侵略行为寻找借口。

（原文载于《兰州大学学报》2008 年第 4 期，有改动）

中国古典艺术对庞德诗学思想和诗歌创作的影响

摘要　中国的古典艺术对庞德的诗学思想和诗歌创作产生过深远影响。庞德从中国古诗中找到了他意象派诗歌创作中重要的表现手法——兴喻，也从对中国古诗的翻译和再创作中印证和丰富了他意象主义的诗学思想，同时他还从中国古诗中为他的诗歌引入了大量经典意象；从中国汉字的象形性特征中，他找到了他理想中理性和感性瞬间结合的表达手法，创造出了许多极具审美价值的经典诗歌意象，而且还找到了对意象旋涡理论的最简洁也最富有表现力的范例和理论支撑；中国古代绘画的技法和对意境的处理促进了他意象和意象旋涡概念的形成，催生了他关于诗歌意象要主客观结合的诗学思想，推动了他诗歌意象中的色与形、情与景的融合。

关键词　庞德；中国古诗；象形汉字；中国国画；意象主义美学思想

伊兹拉·庞德(Ezra Pound)是意象派诗歌的开先河人物之一，也是意象派诗歌最重要的大师和理论家。作为英美现代主义诗歌的先驱，庞德以其“不安现状、精力充沛、善于创新”(常耀信，2002：227)而闻名。但是，无论多么善于创新的人物，他的新观点和新思路也绝不会是凭空臆想出来的，而是对前人成果在某种程度上借鉴的结果。那么庞德的影响了许多现代诗人的意象派诗歌创作思想来自何处？对这个问题的研究，不仅可以有助于研究庞德的诗作，而且还有助于研究与他相关的其他诗人的诗作。

综观庞德一生的创作历程，笔者发现，对他的诗学思想和诗歌创作产生过影响的异域文化有希腊古典文化、日本传统文化和中国传统文化。在这三种文化中，对庞德影响最大、最系统的当属中国的古典艺术，特别是中国古典诗歌、中国汉字和中国国画。

一、中国古代诗歌对庞德诗学思想和诗歌创作的影响

中国古典诗歌对庞德的诗学思想和诗歌创作产生了深远的影响。将庞德领入中国汉字和诗歌研究领域的是美国学者厄内斯特·范诺洛萨(Ernest Fenollosa)。在整理范诺洛萨的笔记和手稿的过程中，庞德接触到了中国古典诗歌，这令他在诗学方面眼界大开，使他认为自己在中国发现了"一个全新的希腊"(Eliot, 1954: 215)，一个由他梦寐以求的表达手段构成的诗学新世界。

中国古诗对庞德诗学思想和诗歌创作的影响首先表现在他对中国古诗兴喻的借鉴上。中国古诗讲究"赋比兴"，其中的"兴"是西方诗学中所缺少的。所谓"兴"，即先言他物以引起所咏之词，是"民歌咏唱的习惯，言此意彼的文化心理"(余虹，1999: 168)而形成的诗歌表现手法。它的主要功能在于"文已尽而意有余"(赵则成，1984: 93)，其主要特点是具有起兴作用的景和物与所兴喻的人和情并列在一起，中间并无文字上的连接，物与人、景与情相互融合，二者之间的关系取决于读者脑海中的建构。中国古代诗学中的兴喻与庞德意象主义诗学中强调非个性化和"动力感"的特点十分吻合，也使一直苦于寻求具有非个性化和富于动力感诗歌表达手段的庞德如获至宝。因此，在他翻译并再创作的汉语诗中，庞德在舍弃汉诗起兴手法使用冗赘之词的基础上吸纳了汉语原诗兴喻的内涵，使其对应的英诗带有鲜明的汉诗由声入行、由景入情的兴喻审美特点。其中他翻译的王维的《送元二使西安》和李白的《玉阶怨》就是他将汉诗的兴喻手法引入英诗的典范。

庞德将王维的《送元二使西安》再创作为如下英诗：

A Poem of Departure

Light rain is on the light dust,
The willows of the inn-yard
Will be going greener and greener,
But you, Sir, had better take wine ere your departure,
For you will have no friends about you
When you come to the gates of Go.

不难看出，庞德在翻译此诗时进行了大胆的再创作，舍弃了原诗的韵脚，改用押头韵，突出了表示忧伤和清愁的两个辅音"l"和"w"，并用"light rain""light dust"和"The willows of the inn-yard/ will be going greener and greener"等一系列意象来兴喻对朋友的离愁别恨。

另外，庞德在翻译李白的《玉阶怨》中也是刻意保留了原诗中鲜明的兴喻特色：

The Jewel Stairs' Grievance

The jewelled steps are already quite white with dew,
It is so late that the dew soaks my gauze stocking,
And I let down the crystal curtain
And watch the moon through the clear autumn.

显然,原汉诗中的意象被完整地保留到了英诗中,其兴喻手法也不动分毫地被应用到英诗中。庞德之所以将仅仅20个汉字的《玉阶怨》收入他《华夏集》(*Cathay*)的创作之列,显然是被原诗不着一字而用兴喻手法和意象叠加的方式将女性的闺怨表现得淋漓尽致的特点所打动。

中国古诗对庞德诗学思想和诗歌创作的影响还表现在他对意象认识的印证以及他在诗歌创作中对大量中国意象的引入。对范诺洛萨的笔记和手稿的研究的直接结果是他对19首中国诗歌翻译后而成的诗集《华夏集》。庞德对中国古诗的翻译与其说是翻译,不如说是再创作,是对他受到东方文化,特别是中国文化的启发而萌发的对意象派创作原则的丰富和实践。这19首中国古诗均是富有代表性的中国古典诗歌,十分讲究意境和意象。庞德在翻译过程中,几乎完全忽略了原诗的音韵和形式,却保留了原诗的意境和意象。在他的译诗中,原诗的意境和意象几乎毫发未损,有时甚至能在译诗中得到强化。例如,李白的《黄鹤楼送孟浩然之广陵》在庞德笔下变成了:

Separation on the River Kiang

Ko-Jin goes west from Ko-kaku-ro①,
The smoke-flowers are blurred over the river,
His lone sail blots the far sky.
And now I see only the river,
The long Kiang, reaching heaven.

原诗古雅的文字、严格的韵律等都被忽略不计,而且原诗中对时间、地点的交代性诗句"三月下扬州"都被故意略去,但原诗中的"孤帆远影"和"碧空"等意象和离人愁绪的意境被完整地保留下来,而且译者还加进了十分生动的动词"渐渐模糊"(blurred)和"点缀"(blots),并将原诗暗含的愁思用"渐渐模糊"(暗示泪水模糊了双眼)和"现在我只看到"(now I see only)含蓄地表达出来。另外,原诗中的"烟花"似乎被误译成了"烟之花朵"(smoke-flowers),但这种误译可以看作是一种再创作,它使得原诗中"唯见长江天际流"的背景更加深远宏大。因此,庞德对这首诗的翻译不是原作的翻版,而是使

---

① "Ko-Jin"是"故人"的日文译音;"Ko-kaku-ro"是"黄鹤楼"的日文发音。

它焕发出了新的生机。

中国古代诗歌不仅在诗歌理论和创作两个方面深刻影响了庞德，而且还为他带来了很高的声誉。由19首中国古代诗歌翻译和再创作而成的《华夏集》不仅被认为是“或许应当作庞德最成功的诗作作品之一来读”(Ming，1999：210)的作品，而且还被伦敦《英语评论》(*English Review*)的主编福特·福特(Ford M. Ford)盛赞为“至高无上的美……是英语写成的最美的书”(Homberger，1972：108)。甚至连对庞德没有好感的诗人坎尼斯·莱克斯罗斯也不得不承认，《华夏集》是“20世纪美国大约一打最好的诗作之一”(Rexroth，1961：125)。

总之，中国古代诗歌给庞德的意象主义诗学思想以印证、启迪、丰富和练笔之地，更为他日后的创作提供了很多精妙的意象。可以说，中国古代诗歌对庞德的诗歌创作的影响是无与伦比的，正如英国作家梅·辛克莱尔(May Sinclair)所言：“对庞德来说，所有起过作用的异国影响，以中国诗人的影响最为有用。中国影响促成了他的理想越来越完美地实现，使他发现了最终的自我。”(赵毅衡，1985：159)

二、中国汉字对庞德诗学思想和诗歌创作的影响

中国汉字的独特魅力对庞德的诗歌意象和意象旋涡理论产生了更深远的影响。范诺洛萨的手稿帮助庞德认识到汉字的象形性之于意象派诗歌创作的非凡意义。范诺洛萨对中国汉字的研究颇为独特，尽管其中不乏他本人的主观臆断，但颇有独到见解。他认为中国汉字具有以下4个特点：(1)字在本质上是图画性质的(象形的)；(2)字的构成是基于自然的暗喻的；(3)汉字可以表达一种通常由口语来表达的自然过程；(4)汉字是诗歌的理想媒介。(Fenollosa，2008：75-104)

对汉字的研究使庞德找到了符合他理想中的意象的表达手段。尽管许多语言学家不同意范诺洛萨的看法，认为汉字并不比其他语言更具有暗喻性，但范诺洛萨以及庞德均认为汉字的象形性十分突出。他们认为许多汉字兼具表达动作的主体、动作本身以及动作的过程的功能，其生动性和含蓄性十分明显，而且许多汉字本身就是很好的意象或意象旋涡。经过对范诺洛萨手稿的研究和消化，庞德指出，英文符号在生动性、传神性和简洁性等方面与汉字相比具有明显的弱势，即英文的抽象性过强而生动性和传神性不足。他曾举例说，如果用英文回答“什么是红色”，说英语的人必须说“红色是一种颜色”；而如果要回答“颜色是什么”，说英语的人会说“颜色是光的振动”或“颜色是光谱的一个区间或光的一种折射现象”等，人们似乎永远得

不到一个具体生动的回答。而汉字本身则带有庞德理想的意象主义诗歌的美学特征：一个表意汉字往往由几个表意的部分构成，而这几个部分本身便是一个很好的诗歌符号，这种诗歌符号与它作为理性和情感的瞬间综合体的意象的定义是一致的。因此，庞德认为汉字本身就是一种特殊的意象（Wilson，1997：102），一种简洁、生动、含义深远的意象。比如"旦"字，其在英语中的对应词是"dawn"，但它比"dawn"要生动得多，因为"旦"上面是"日"，即太阳，底部的一横表示地平线，显然，"旦"表示"太阳从地平线上冉冉升起的意象"。

在庞德看来，汉字不仅生动传神，具有他所追求的理想意象的特点，而且汉字本身还是他入诗的极好的典型意象，并且带有极强的审美价值。在其代表作《诗章》（*The Cantos*）的第 86 章中庞德这样写道："Man under Fortune，/震"（在命运掌控下的人们，/震）。此处，庞德把汉字"震"作为一个意象用在诗中，来表现人在强大的命运面前颤颤巍巍的处境。根据庞德的看法，"震"的上半部"雨"代表上天，上天对人间命运的掌管是通过"振聋发聩"的雷电来实现的。因此，"震"字便是表现上天通过公正而严厉的震撼人间的雷电来掌管人间命运的最好意象。在《诗章》的第 74 章中，庞德又将中国古代的繁体字"顯"引入诗歌，创造了一个圣光普照人间的意象。诗人由"今天秋高气爽/喜迎万福观音菩萨"联想到西方的三位教皇；由他们的祈祷又联想到中国皇帝早春时节的祭坛和皇后在暮春时节给上天供奉的蚕茧。然后他写道："unwound the silk worms early/ in tensile 顯/ in the light of light is the virtù"（让春蚕早早吐丝/在柔韧的顯/在光之光中是美德）。汉字"顯"将神的威力与蚕茧和太阳联系起来，庞德用这样一个汉字构成的意象传达了丰富的内涵：神圣的荣光是光中之光，德中之德，它就像春蚕一样有生命力，也像透过如蚕丝般云丝的太阳光一样具有勃发力，让世界充满仁德。由此不难看出汉字作为一种特殊的意象对庞德产生的影响。这也是著名文学批评家科姆德（Kermode）在他的《浪漫的意象》（*Romantic Image*）一书中作出如此评价的原因："庞德所用的表意（汉）字就是浪漫意象的变体。"（Grieve，1997：5）

汉字的象形特点对庞德的影响还不止于此。对汉语中表意文字的研究还促使庞德的关于意象旋涡的观点趋于成熟。通过研究汉语中的表意文字，他认为，"表意法实际上是由这样一个过程构成：它将一件事情或一个事物的一面接着一面呈现出来，直到有一面从读者的死亡的、毫无敏感性的思想表面滑落下来，进入一个可以留下永久印象的区域"（Pound，1960：94）。也就是说，表意的汉字是将事物的方方面面一个接一个地呈现出来，并借助于它呈现出来的、出乎人们惯常思维的那一面给读者留下全新的印象。在庞德看来，表意的汉字具有意象旋涡的功能："一个接一个的念头自它而生，穿它而过，朝它涌进。"(Pound，1960：92)也就是说，在庞德眼中，许多汉字就是一个个生动的意象旋涡。例如，"信"字就是一个很好的意象旋涡，比英语的"sincerity"所包含的意义深远得多，生动得多。"信"的左边的"单立人"表示"人，人类"，右边的"言"表示"语言"，"言"字下面是一个"口"字，表示话从口出。何为"信"？人遵守自己的诺言就是"信"。因此，一个"信"字同时表达了动作的主体"人"、动作本身"遵守诺言"以及动作的一连串过程——"人"说出诺言、遵守诺言，进而建立诚信。

正是基于这样一种认识，庞德才将许多汉字作为意象旋涡引入到诗歌创作中，并将这种创作手法称作"表意文字法"(ideogrammic method)。在其代表诗作《诗章》中，尤其是后半部分，庞德使用了大量汉字作为意象或意象旋涡。例如，汉语繁体字"靈"是庞德非常喜欢的汉字，在《诗章》中多次出现，究其原因，是这个字在庞德眼中是一个很生动的意象旋涡。这个字在《诗章》第104章中就出现了两次。在这里"靈"字成了人类诗性生活的意象旋涡：人应当像猫那样生活，兼具"靈"所体现的三个特点，即"靈"字上部的"雨"所代表的自然性(under the cloud)、"靈"中间的三个"口"所代表的多种声音或兼容性(three voices)以及"靈"字下部"巫"字所代表的神秘性。因此，一个"靈"字就是人类诗性生活的一系列意象在瞬间的呈现：人类对自然的膜拜、人类对不同声音的容纳和人类对自然和人性神秘性的承认。毫无疑问，汉字在庞德笔下成了表达最简洁、涵义最深远的意象旋涡。难怪彼得·威尔逊认为，"至少在某些情况下，他(庞德)将表意汉字和意象旋涡等同起来"(Wilson，1997：103)。

汉字之于庞德诗歌创作的重要性也可以从他在诗歌中使用的汉字的数量上略见一斑。据赵毅衡的统计，庞德在《诗章》中使用5次以上的汉字就达14个之多，包括：正(14次)、明(10次)、本(10次)、止(9次)、新(8次)、靈(8次)、旦(8次)、人(8次)、仁(7次)、端(7次)、顯(6次)、日(7次)、中(7次)、周(5次)。仅在《诗章》的第98章中作为意象或意象旋涡来使用的汉字就多达44个。

当然，将汉字作为生动的意象来理解时，庞德有时也会对汉字产生曲解，但这种曲解却使庞德创造出了意想不到的美学效果。例如庞德在《诗章》第74章中翻译孔子的名言"學而時習之，不亦樂乎"时，就将繁体字"習"理解成了"白色的羽毛"的意象，但这种误解却令他创作出一个人沉浸于学习而不知岁月几何的忘我意象："To study with the white wings of time passing/ is not that our delight?"(学习，而时间随着岁月白色的翅膀飞走了,这不是令我们高兴的事吗?)庞德对汉字的理解虽偶有不当之处,但即便是误解也有意想不到的收获;他对汉字的翻译和运用虽有不恰当的地方,但也"有其合理性",而且其美学效果甚至"比原诗还美"。(周彦,1994:39)这种特殊现象也与庞德本人对诗歌的特质的认识相一致。庞德在其《意象主义》(Imagism)中提出,诗歌"字里行间的神韵是无法翻译的",如果非要对原诗进行翻译的话,那么译者最后也是诗人,这样这位译者兼诗人就可以进行名为翻译实为再创作的活动了,就"可以舍直译而刻意经营一个相近的效果",即创作出一个效果相似的意象了。(蓝峰,1984)

三、中国古代绘画对庞德诗歌美学思想的影响

庞德意象派诗歌的创作灵感和他"意象"(image)及"意象旋涡"(vortex)两个概念的形成在很大程度上也得益于中国古代绘画对他产生的影响。所谓意象,根据庞德的定义,乃是理智和情感在瞬间的综合体,是富有极大活力的相互杂糅的意念的旋涡。意象不是一般的形象,而是主客观融为一体的形象,是表达诗人一瞬间的视觉印象的视觉形象。中国的古代绘画同样讲究的是笔墨的洗练和对意象的渲染。这种特点引起了庞德极大的兴趣,吸引他不断地学习、研究并从中汲取美学养料,激发他形成意象和意象旋涡概念、理论和相关艺术创作的灵感。

首先,中国古代绘画催生了庞德关于诗歌意象要主客观结合的诗学思想。庞德在青少年时期就已接触到中国美术。他的家中就拥有一些中国古代艺术品,他在宾夕法尼亚大学时也接触过不少中国古代雕塑和绘画,而且他还看过他亲戚收藏的一本书中的《潇湘八景图》。(Qian, 2000: 101)《潇湘八景图》的作者相传是北宋宋迪,最早记录于沈括的《梦溪笔谈》里:这八景有"平沙落雁""远浦归帆""山市晴岚""江天暮雪""洞庭秋月""潇湘夜雨""烟寺晚钟"和"渔村落照"。潇湘八景的景名极富诗意,成为中国历代诗人和画家争相赋诗、作画的题材。虽然宋迪创作的《潇湘八景图》早已佚失,但根据原有的八个画题而绘制的《潇湘八景图》有100多幅,其中大部分在后世流落在日本和美国等国。《潇湘八景图》所蕴含的中国古代绘画的典型特征令庞德眼界大开,其直接结果就是《七湖诗章》(The Seven Lakes)的完成和出版。

"《七湖诗章》是一首严格意义上的最早模拟中国题画诗风格的西方现代绘画诗。"(谭琼琳, 2010: 19)《潇湘八景图》中美轮美奂、亦情亦景的中国意象给庞德留下了深刻印象,这种印象被庞德直接转化成文字植入到他的《七湖诗章》中。可以说《潇湘八景图》激发了庞德的意象旋涡美学思想,也

给他的意象旋涡提供了范例，而且《七湖诗章》本身就是《潇湘八景图》中一个又一个意象在庞德诗歌中的叠加。创作其中第一诗段为例，庞德采用中国绘画中意象叠加、由远及近的方式向读者展现了一个接一个的中国美景：雨(rain)——黄昏骤雨(rain in the twilight)、空濛的江面(empty river)——船篷下(under the cabin roof)、冻云中的火(fire from frozen cloud)——孤灯(one lantern)；而“孤旅”(a voyage)一词则是中国山水画“以情入画”的最高境界在庞德诗歌中的体现，使诗中客观的意象骤然带上了主观感情色彩，实现了庞德理想中意象的功能，使理性与情感、客观与主观在一瞬间达到完美的结合。

其次，中国古代绘画促进了庞德诗歌意象中的色与形、情与景的融合。使庞德从中国绘画精髓中受益最大的乃是大英博物馆的专家劳伦斯·彬扬(Laurence Binyon)的关于中国古代绘画的讲座，因为彬扬的讲座使他更进一步了解了中国古代绘画的精髓，促使他将中国古代绘画美学思想融入到他的诗歌创作美学和诗歌创作实践中。首先，彬扬的讲座使他将中国古代绘画的色调和其景与情的完美结合融入到其诗歌创作中。彬扬在20世纪初期举办了一系列详细介绍中国古代绘画的讲座，并在这些讲座中展示了许多中国古代绘画作品。庞德听了不少彬扬在这个时期的讲座。听完讲座后，庞德常去大英博物馆仔细观看彬扬所分析过的中国绘画作品，有时在吃午饭时还与彬扬一起讨论中国文化的方方面面。中国古代绘画作品的色调和意境给他留下了十分深刻的印象。在他1913年的诗作《阶层之歌》(A Song of the Degrees)的第一诗节中，庞德表达了自己对中国古代画家的钦佩之情：“把我的命运交给中国色彩来掌管吧。”(Baechler, 1990: 95)在1917年的《三个诗章》(Three Cantos)的第一诗章中，庞德甚至想用中国北方山水画家的“青绿山水画技法”来作为他诗章的语言，他希望“用金龟子的蓝色和绿松石的青绿色涂抹作画”(Baechler, 1990: 233)。这里的“蓝色”和“青绿色”就是中国青绿山水画特有的颜色。中国青绿山水画用色凝重，用笔简练，注重意象和情境的结合。这种绘画特点被庞德巧妙地植入其诗歌意象中，从而使其能够别出心裁地创造出大量集色彩、形象和情感为一体的意象。例如，在翻译和再创作刘彻的《落叶哀蝉曲》中的“落叶依于重扃”一句时，他不仅把此句放在了英诗的末尾，而且改译成了“A wet leaf that clings to the threshold”(一片潮湿的落叶粘在门槛上)。短短的一个诗行就将美人逝去引起的哀愁、冷雨和被泪水般的雨水打湿的落叶联系在一起，创造了色与形、情与境的美妙结合，也使得该句英文诗成为美国诗歌史上的传世名句。

最后，除了中国古画的色彩和意境之外，使庞德受益更多的当属中国古代画家在构图、布局和渲染等方面的画技。在1911～1912年之间，庞德正在酝酿诗歌形式的革新，此时中国古代绘画对他美学思想形成的促进作用是显而易见的。中国古代绘画讲究神似、写意，讲究对意境的渲染，在画技上常使用点绘、泼墨、勾勒乃至没骨画法，在构图上强调背景对主体的烘托。例如，如果要表现美女面部的美丽，画家往往通过美女面部旁边的花朵或轻纱予以烘托；要表现竹子的清雅，画家往往通过描摹峻峭的岩石来渲染，这就是所谓的“人面桃花相映红”。庞德从中国古代绘画技法中汲取的营养在其短诗《在地铁站》(In a Station of the Metro)中表现得十分充分。

在《在地铁站》这首仅有两行的小诗中，除了有日本的俳句影响的痕迹外，中国古画的影响也显而易见。庞德或许以收藏在大英博物馆中的被英国人称为“A Lady Meditating by a Lake”的仇英古画《湖边仕女图》作为样板创作了这首诗。画家对那位沉思的美女的面部着墨极少，但是对背景中和她前面的繁花盛开的树木却作了刻意的描绘，其原因是中国画家强调画面的平衡效果，而且认为画面中的各部分具有映衬效果，例如鲜花可以烘托美女面部的娴雅之美。鲜花对人面部的烘托效果和并列关系与庞德的《在地铁站》中的“湿漉漉的黑色的枝条上的许多花瓣”对“人群中这些面庞幽灵般的幻象”的衬托和比兴关系十分相似。

中国古画讲究意境，而意境则是通过典型的意象和巧妙的构图来完成的。庞德认为诗歌的精髓在于意象，而意象不是数学公式，也不是物理或化学公式，而是“与大海、与悬崖、与心境有关的东西”。(Pound, 1960: 91-92)从他的这番论述中不难看出中国古代画家的美学思想对庞德创作理念的影响。

综上所述，中国的古代诗歌、文字和绘画均对庞德的诗歌创作美学产生过深远影响。庞德从其中汲取了大量的美学思想，并将这些思想融进了他的诗歌创作技巧和诗学理论中。庞德从中国古诗中找到了他意象派诗歌创作中重要的表现手法——兴喻，也从对中国古诗的翻译和再创作中印证和丰富了他意象主义的诗学思想，同时他还从中国古诗中为他的诗歌引入了大量经典意象；从中国汉字的象形性特征中他找到了他理想中理性和感性瞬间结合的表达手法，创造出了许多极具审美价值的经典诗歌意象，而且还找到了对意象旋涡理论的最简洁也最富有表现力的范例和理论支撑；中国古代绘画的技法和对意境的处理促进了他意象和意象旋涡概念的形成，催生了他关于诗歌意象要主客观结合的诗学思想，推动了他诗歌意象中色与形、情与景的融合。

(原文载于《云南社会科学》2011年第3期，有改动)

客观关联物的诠释与整体意义的构筑

——论《J. 阿尔弗雷德·普鲁夫洛克的情歌》中意象的叠加及其背后的荒原意识

摘要 这篇论文通过系统研究《J. 阿尔弗雷德·普鲁夫洛克情歌》中的各种意象，探索了该诗的荒原意识。这些意象涵盖了从普鲁夫洛克的个人和社会生活的背景意象到普鲁夫洛克的诸如缺乏性活力和青春活力等身体方面的意象和诸如他的忧郁、优柔寡断、懦弱、迷惘、虚无和隔膜等心理意象和关于现实与他理想王国相矛盾的意象。这种研究旨在帮助人们理解艾略特著作中无处不在的荒原意识，并加深他们对艾略特整个艺术创作的理解。

关键词 意象；荒原意识；性活力；虚无；忧郁

《J. 阿尔弗雷德·普鲁夫洛克的情歌》(The Love Song of J. Alfred Prufrock，以下简称《情歌》)是 T. S. 艾略特早期富有代表性意义的诗作，但其命途多舛，一直是文学批评界争议的焦点。本诗初发表时，英国评论家哈罗德·门罗(Harold Monro)曾评说，它是“完完全全的狂人乱语”(杨岂深，1997：416)，而时至今日，对此诗的诠释仍层出不穷，究其原因，还是评论家约瑟夫·马戈利斯(Joseph Margolis)说得好：“本诗初看起来似乎一目了然，但越读越觉得它缺少连贯性。而且随着我们觉察到它的难处，看来是自相矛盾之处就越来越引人注意。本诗没有显而易见的内在结构，事实上它是支离破碎的，然而它又迫使我们去研究这样一种印象，即它有强有力而又是巧妙的层次关系。”(杨岂深，1997：416-417)恰恰是这首诗的“支离破碎的”表象下面的“强有力而又是巧妙的层次关系”吸引着众多的评论家去研究这部奇特的作品，并且对它作出了许多不同的诠释。

简单地说，对于本诗大体有以下几种看法：一是认为普鲁夫洛克是一个百无聊赖、极度空虚的上层人物,他对自己的生活十分厌倦,却又无力自拔,只好借助于想入非非来自慰;二是认为普鲁夫洛克是一个精力衰竭的上层社会的男人,他虽身处充满高谈阔论的沙龙,却时时想去和一个下层社会的女人幽会;还有一种看法是认为本诗体现了主观与客观的矛盾,即虽然客观世界可以不断成为人类的视觉对象或感觉材料,但人却总不能从根本上认识它的本质。然而从整体上来看,笔者认为这几种看法虽都不无道理,却都有失片面,因为第一种和第二种看法仅从普鲁夫洛克的个人生活和心理活动入手来进行诠释,第三种看法则仅局限于哲学领域。如果用以艾略特本人为先驱的新批评所倡导的细读(close reading)的方法并结合艾略特本人关于客观关联物(objective correlative)的理论研究本诗,则不难看出,无论是"廉价旅馆中的不眠之夜,还是妇女们谈论米开朗基罗的意象,都是孤独或厌倦的横切面"(Ford, 1963: 333),无论是对普鲁夫洛克个人生活的诠释,还是对他心理活动的探讨,均是这首诗整体意义的一个片面。因此,对本诗的诠释应是囊括以上几种观点的全方位的诠释。

一、艾略特的客观关联物

作为新批评的先驱,艾略特(1932)认为诗歌的最终目标不是表现个性,而是逃避个性,因为"艺术的情感是非个人的"(58-59)。而"在艺术形式中表现情感的唯一方式就是找到'客观关联物'"(100)。需要指出的是,艾略特在这里的所谓的"情感"指的是普遍意义上的情感,而并非是诗人的个人情感。诗人要表达带有普遍意义上的情感,就必须找到与这些情感相关联的客观关联物,即与这些情感紧密相连的一系列客观物体、情境、情节等媒介。换句话说,诗人要表达人类共有的某种情感,就必须借助于某些在现实世界中常见的、能引起人们共同反应的(即在人们心中能激发这种特定情感的)客观物体、情景和情节。对于深受印象主义、意象主义和象征主义影响的现代诗大师,艾略特诗中的客观关联物的主要成分无疑是众多的相互叠加的、相互印证的意象。因此,如果我们运用新批评家们所倡导的细读方法,将艾略特的这首诗中的客观关联物放在整首诗中进行详尽的分析,去发现各种意象之间的微妙联系,并在这种相互关联中确定那些暗示或含义模糊的单个意象的意义,最终就会如新批评家们所坚信的那样,我们一定会找出作品的整体意义,具体说来,就是找出《情歌》的"强有力而又是巧妙的层次关系",找出隐藏在它背后的丰富而复杂的"荒原意识"。

二、对客观关联物的诠释

因为《情歌》没有显而易见的内在结构,它是支离破碎的,所以,要对它进行诠释，就必须首先对它包含的众多凌乱的意象、情景等进行分类。综观全诗，其客观关联物大体可分为以下几类：(1)作为背景的意象；(2)作为普鲁夫洛克现实生活环境的意象；(3)作为普鲁夫洛克生存状态或内心世界的意象；(4)作为普鲁夫洛克理想世界与现实世界冲突的意象。分类之后，只要对这几类客观关联物进行分析，找出它们背后的深刻内涵，整首诗的意义也便自然而然地呈现出来了。

(一)背景意象的诠释

在作为《情歌》的大背景的意象中，雾和傍晚的意象占主导地位。在诗的开头，傍晚这一意象就为诗歌的时代背景定下了基调：傍晚无处不在，遮住了天幕，“如同躺在手术台上的被麻醉了的病人”——无力、疾病缠身、没有清醒的认识。在这个傍晚，雾弥漫着整个时空。在第三诗段，诗人用雾的意象为诗的时代背景描绘了一个更加完整的形象：大雾如同一个贪吃的浑身长满疥疮的癞猫一般，“时而在窗框上蹭蹭痒，/时而抹抹嘴和鼻子，/时而舔一舔傍晚的个个角落，/时而在阴沟的水洼边徜徉，/时而钻入灶台让烟囱的烟灰落在其背上”，时而又跃上平台屋顶“在那儿蜷作一团，小睡一番”。这个又懒又馋又脏又病的意象如同傍晚一样，无处不在，充斥着这个时代的每一个角落：它“睡着了……疲惫……或是装病，/瘫在地板上，在此就在你和我的身边。”

在诗中，傍晚和黄雾的意象时而融为一体，时而交替出现，共同为整首诗定下了一个时代大背景的基调，让读者仅靠直觉就能感到，这首诗的时空是一个充满疲惫、懒散、贪婪的欲望、疾病、迷茫的毫无意义的肮脏的时空。

(二)普鲁夫洛克的现实生活环境意象的诠释

从整首诗的大背景中，读者不难猜出，普鲁夫洛克生活的小环境应是与大背景相一致的，而这首诗中作为普鲁夫洛克生活环境的种种意象恰恰也证明了读者的猜测。在诗歌的第二诗段，这种生活环境便凸显出来：“在房中女人们走来走去/谈论着米开朗基罗。”显然，这是一个贵族沙龙上的典型情景，也是一种崇尚空谈、附庸风雅的典型意象。这种附庸风雅、无事生非的典型意象在诗中出现了两次，显然作者是在突出这种毫无意义的生活环境。在这种毫无目标、毫无实际价值的高谈阔论中，人们失去了目标、真理和时间的急迫感：“会有时间，会有时间/去装出一副嘴脸去应付你遇见的嘴脸；/会有时间去谋杀和创造，/会有时间去做。/一切把问题举起并放入你盘子的工作；/在干杯和喝茶之前，/你有时间，我有时间，/有时间去犹豫上百次，/有时间去想象重新想象上百次。”

装出一副嘴脸去应付其他嘴脸，这一情景明显地暗示了典型的缺乏真情、虚伪狡诈的作法,"谋杀和创造"(murder and create)紧紧相连,显然组成了一个任意捏造事实、扼杀真理的意象,这里"谋杀"的恐怕是真理、真情、信仰等,"创造"的则是虚伪、假象等。"上百次"的犹豫和想象与再想象,则是人们缺乏决断、缺乏自信,甚至缺乏信仰的意象;而"你有时间,我有时间"也并非是从容不迫的表现,而是无所事事,进而无事生非的表现。在这种生活环境中,"干杯""喝茶"等的表象下包含着虚伪狡诈、无所事事、扼杀真理、缺乏信仰的内核。

这种生活氛围不仅令人感到厌倦和空虚,而且它还有极强的控制力,使得生活于其中的人难以自拔,因为在这里所有人的眼睛都会"将你一言定终身",所有的人都会落得普鲁夫洛克的下场,被这种生活环境"用别针给结结实实地钉住"。"用别针给结结实实地钉住"这一意象很显然暗示环境对人的生活方式乃至思维方式的强大制约力。在这种制约力的控制下,虽然女性表面上"胳膊上戴着镯子,白而袒露","或轻放在桌面上,或裹在披肩里",一副淑女雅妇相,但实际上是兽性未泯,"灯光总能映出她们胳膊上的淡棕色的茸毛"。以"淡棕色的茸毛"为意象的兽性本是人性所不可避免的,但由于它掩藏在将人"一言定终身"的目光里,掩藏在"谈论米开朗基罗"的声音里,根植于"白而袒露"的戴着镯子的手臂上,似乎就带上了虚伪的面目,成了难填的欲壑的代名词了。在这样的氛围中,男性则更为可怜,正如普鲁夫洛克一样:虽然穿着"晨礼服,领子坚硬地顶着脸腮,/领带华丽而不耀眼,并用一个朴素的别针别住",穿戴整齐,大方而得体,但却生命力尽失,四肢细弱,头顶尽秃,一副毫无阳刚之气的模样,而且毫无决断,"一分钟内有足够的时间去决定再决定,/一分钟内再推翻决定",根本无法"吐出年月和方式的烟蒂",即根本无法与现在的生活告别,最终只好用咖啡勺衡量人生,靠吃喝来打发时日,消磨时光。

(三)普鲁夫洛克的生存状态意象的诠释

普鲁夫洛克的生存状态是无奈、空虚的。这种空虚和无奈可以从下面几个方面的意象来分析。

1. 普鲁夫洛克缺乏生命活力的意象

在普鲁夫洛克冗长的内心独白中,关于自己生命力已干涸的意象反复出现。当他扪心自问在生活中自己敢不敢跨出一步时,他的思绪突然一转,马上想到自己"头顶秃了一块",而且别人见他转身下楼时会说"他的头发变得多稀疏啊";他想到自己华丽而雅致的穿着时思绪也马上一转,认为人们会说"他的手臂和下肢真瘦啊",甚至在他幻想自己的头像施洗者约翰的头一样被砍掉放到盘子里时,他念念不忘的还是他的头"有点秃了"。很显然

"秃顶"和"四肢瘦弱"对男性来说均是证明其生命力日衰甚至性能力日减的典型形象。在艾略特笔下,男性生命活力和性能力的衰减往往是环境重压的象征,或者说是心理状态不健康的象征,例如《荒原》(The Waste Land)中男性的性能力的增减与某个国家的兴衰有着密切关系。(艾略特,1998: 86-87)在本诗颓废的生活环境中,普鲁夫洛克生命活力及性能力的衰减很显然是其无奈人生的有机组成部分。关于性的意象,在本诗中还有一个。在普鲁夫洛克问自己要冲破沉闷的生活去"冒昧"一番、去重新"开始"是否值得时,诗人用了一个球的意象:"这是否值得,/……/将宇宙挤成一个球,/让它滚向一个令人困惑的问题。"在这里,艾略特笔下的球"保存了(Marvell 诗中的球的)性的含义"(张剑,1997: 213),并且把这个球变成了保龄球。滚动这个球的最后结果是遇到某个难解的问题。滚动的保龄球这一意象显然暗示普鲁夫洛克寻求性爱的结果也仅仅是以一连串的困惑而告终,所以,难怪普鲁夫洛克要不停地怀疑"这是否值得"了。

2. 普鲁夫洛克社会生活缩影的意象

普鲁夫洛克显然属于上层社会的一员,这从他周围的女性都"走来走去,谈论着米开朗基罗"以及他本人华丽、雅致而严谨的装束可得到证明,而且从他的穿着上还可看出他对他所属的阶层从表面上还是认同的。但他对他生活的表面认同并未使他的阶层认同他。他同一阶层的女人们依旧用尖刻挑剔的目光审判了他,把他像用别针别住一样"平平地结结实实地钉住,钉在墙上",使他"痛苦地扭动",使他就像一个小飞虫被调皮的小孩用钉子钉住一样;就连他的秃顶和瘦弱的四肢也成了他周围人的笑柄——他们会说"他的头发变得多稀疏啊",而且还会说"他的手臂和下肢真瘦啊",在这种情况下,普鲁夫洛克对生活的感觉就只有厌倦了,他哀叹道:"我已熟知这一切,熟知一切;——/已熟知所有的傍晚、早晨和下午,/我已将我的生活用咖啡勺量完;/我知道在远处房间里的音乐里,/声音正随戏的收场而消失。""我已将我的生活用咖啡勺量完"是一个令每个人都能体验其中的厌倦和空虚的意象,它将普鲁夫洛克对生活现状极度厌倦的心境刻画得入木三分。普鲁夫洛克"已熟知这一切",他熟知上层社会的以白白的胳膊和淡棕色的茸毛以及对米开朗基罗和男人秃顶的讨论为典型意象的虚伪,他更熟知以"将你一言定终身"的目光为典型意象的残酷,他对这一切已厌倦至极。

自然,普鲁夫洛克渴望能有什么东西将他拉出空虚的深渊。于是,他对一个女性产生了爱意,但这种爱情可惜不是浪漫主义者笔下的可包治一切心灵创伤的爱情,而只是普鲁夫洛克企图走出精神困境的手段。更可惜的是,他发现他的这种企图是徒劳的,他不仅不能借自己的恋爱"将这个时刻推向关键时刻”,反而将自己的用整个世界捏成的性爱之球也滚向了“令人困惑的问题”,自己的爱情反而将自己带入到更深的困惑中。

造成这种深深的困惑的原因是复杂的。首先,普鲁夫洛克生活环境的强大制约力已将他牢牢地“钉在墙上”,使他无法获得自由。其次,他对性本身有一种本能的恐惧,他对灯光下女人胳膊上淡棕色的茸毛这一性的意象充满了惊恐,“人类爱的兽性把他吓住了”(张剑,1997：34)。更为重要的是,他十分怀疑情爱对人的融合力,因为他清楚地知道,即便是在准备与情人一道共浴爱河时,他们两人之间也无法达到心有灵犀一点通的境界,而且根本无法进行真正意义上的交流:“当你在她身边把枕头枕好”时,你依旧只能说“我完全不是这个意思,不是,完全不是”。在这种以枕好枕头躺在爱人身边为典型意象的良宵一刻值千金的时刻,普鲁夫洛克希望借其走出精神困境的恋人竟无法理解他要说的意思！这也难怪普鲁夫洛克要不断地怀疑“这究竟是不是值得”了。当然,这并非是说普鲁夫洛克的情人不善解人意,而是暗示了在那种缺乏信仰、自私虚伪、空虚混乱的大氛围中,真正的交流难以实现,因为人的心理状态变得如此复杂微妙,以至于普鲁夫洛克本人也无法准确表述自己,他自己的表述也只“好像一盏幻灯把神经的图案投射在银幕上”。语言就像神经脉络一样清晰可见,但其含义就像好多脉络组成的神经系统一样难以捉摸。所以说,“恋爱并不能使他走出困境”(张剑,1997：34),因为帮他走出这种困境对任何爱情来说都是不可能的。

在这种情况下,面对着这种恋爱所带来的两个后果:在上流社会他无异于“扰乱了宇宙”;在两人的世界他们不仅不能达成一种心灵的交流,而且这种恋爱于其心灵困境并无多大实际意义。普鲁夫洛克所能作出的反应也只好是游移不定了,他也只好“一分钟内有足够的时间去决定再决定,/一分钟内再推翻决定”,只好不停地感叹“我该如何大胆行动”,“我该如何开始呢”?

3. 普鲁夫洛克犹豫的意象

由于对现状的厌倦和对理想的实现及其后果所持的怀疑态度,普鲁夫洛克终日沉溺于犹豫之中。在全诗中,普鲁夫洛克满腹疑问、举棋不定的意象不断出现:他有时间去完成一切“在你盘子上拾起又丢下一个问题”的工作,他有时间去在一分钟内决定了再修改决定,并在一分钟内再推翻那些决定,他将他的整个“宇宙挤成一个球,/让它滚向一个令人困惑的问题”。可以说,他的整个世界便是成千上万个大的问号。

但是,普鲁夫洛克的犹豫绝对不是著名的哈姆雷特的犹豫。哈姆雷特的犹豫是英雄的犹豫、智者的犹豫,而且他的犹豫是以最后的果敢和牺牲告终的。所以,在这首诗中,关于主人公英雄气概尽失的意象是十分清晰的。

普鲁夫洛克哀叹“不，我绝不是哈姆雷特王子，天生就不是”，他只不过是“一个侍臣”，“一个顺从的工具”，“毕恭毕敬，甘心供人使用”，虽然“机敏，谨慎，卓有高见”，但只配作“为帝王壮大声威的人”，充其量只不过是一个“有点儿可笑”的“小丑”。这个出恭入敬的意象，暗示了作为一个现代人的最大悲哀：虽然时代钳制了你，但你无法作为一个英雄去挣脱这种钳制，你连一个犹犹豫豫的英雄也不配做，因为你的时代注定了你“天生就不是”这样的英雄；你只配做一个小丑，一个时代的“顺从的工具”。

这种状况的确是一个英雄尽失的时代的悲哀，但这种悲哀绝对没有一丝悲剧的庄严，没有一丝英雄末路的气概，只有一种令人欲哭想笑，欲笑生悲的无言的酸楚。这种酸楚被诗人用戏仿施洗约翰遇害的典故形象地再现出来。施洗约翰因捍卫基督教拒绝了莎乐美的爱情，莎乐美为报复施洗约翰，请求希律王杀掉约翰并将其首级装在盘子中。本来，施洗约翰的首级被装在盘子里这一意象传达了一种以身殉教的令人肃穆的气概，但在本诗中，它被戏仿成了普鲁夫洛克的头，而且还是“有点儿秃顶”的头，被装在盘子里，因此便带有了一丝悲喜剧的意味。尽管普鲁夫洛克曾如圣徒般为自己的“理想”哭泣过禁食过，哭泣过祈祷过，甚至如施洗约翰般牺牲过，但他心中并未因此产生过丝毫神圣感，因为他不会像施洗约翰那样有神圣的信仰、神奇的预见之明和以身殉教的神圣感，相反，他深深地知道，“我不是先知——这也没有什么了不起”。尽管他曾经有过“成为伟大的那一刻”，但那一刻在他的眼中却仅是“一闪而灭”，这种英雄感的破灭在他心中留下的是一种滑稽可笑的感觉，就像“那永远站着的侍者，举着我的大衣，哧哧而笑”。在这里“那永远站着的侍者”很显然是人类一切旁观者的总和，也是人类一切自我审视力量的代表，它在普鲁夫洛克的内心世界不时闪现，“哧哧而笑”这一意象则暗示普鲁夫洛克内心的自我审视力时时觉醒，使他感到自己的卑微、滑稽、可悲和懦弱，因此就产生了这样一种恶性循环：不满→渴望改变现状→没有勇气且自我怀疑→依然故我→依旧渴望改变现状→依旧没有勇气且自我怀疑→依旧依然故我。而且这种恶性循环在普鲁夫洛克身上一直持续，其结果只能是其内心时时受到自我省视的折磨，时时有那种滑稽而可悲的感觉。当然，这种恶性循环的症结所在也很清楚：一是他缺乏勇气，“总之，我害怕”；二是自我怀疑，不知一切一切的渴望“是否值得”，即使有奇迹出现，他果真获得新生，如拉撒路（Lazarus）被耶稣拯救死而复生那样，他能够一吐心曲，还归真我，并且将世界的最本质真理告诉世人，他依旧不知这样做是否值得，因为世人依旧不会理解，哪怕是与他同床共枕的人也不会理解，其结果也只是真理的传播者不得不说，也只能说“我完全不是这个意思。/不是,完全不是”,整个世界没有一个人能听得懂真理,普鲁夫洛克对“这是否值得”的怀疑也是必然使然的了。

(四)普鲁夫洛克的理想世界和现实世界的冲突意象的诠释

尽管普鲁夫洛克一直沉溺于犹豫不决、幻想与幻灭之中,但是,他对理想的渴望却并未因此而逐渐淡化,在诗的结尾处,暗示他对精神自由和新生的渴望的意象变得异常鲜明突出:“我要不要把头发朝后分开?/我有没有勇气吃一个桃子?/我将穿上法兰绒裤子,在海滩上漫步。”“把头发朝后分开”和“穿上法兰绒裤子,在海滩上漫步”显然是青年人自由、闲适的举止和外貌,“桃子”是多汁而甘美的意象,“吃一个桃子”无疑可补充能量,获得生机。

在普鲁夫洛克的脑海中,最能代表自由与生命原动力的意象当数美人鱼唱歌嬉戏的意象。“我听见美人鱼彼此面对面歌唱……我曾见她们乘着浪头驶向海洋/梳理着吹回海岸的波浪的白发/在风儿把海水吹得黑白相间的时候。”美人鱼自由地歌唱,自由地在海洋嬉戏,享受着风儿和海浪的自由与奔放。普鲁夫洛克对这种自由心仪不已,不由自主地幻想自己“在大海的一间间房子里畅游,/那房子都是海娃们用红褐色的海草装点起来的。”

但是,尽管他对自由心仪不已,他却在人世间永远找不到这种自由,因为他深深地知道,美人鱼们“不会是为我歌唱”,而且现实一直是与这种理想相冲突的,人类一旦回到现实,现实便会打破人类的所有希望,将人类淹死在失望虚无的泥潭中:“直到人声将我们唤醒,于是我们被淹死。”

很显然,现实中的“人声”是不可避免的,我们也注定要被这种现实“唤醒”,然后“被淹死”,这便是现代人在这个荒原中唯一的结局。

这种结局充分反映了诗人对现代的全方位的认识:现代人感到空虚、迷茫、虚无、疲惫、不满、失望、幻灭,但他们懦弱、缺乏生机、无所事事、时而自省、时而自嘲,即使是在现实的困境中濒临精神上的灭顶之灾也毫无悲剧英雄的气概。这种荒原意识不仅存在于普鲁夫洛克个人的内心世界,而且也弥漫于20世纪的整个时空;不仅存在于普鲁夫洛克的爱情世界,也影响着他对整个世界的认识;不仅属于社会范畴,也属于广义上的哲学范畴。

综上所述,我们不难看出,在这首现代情歌中艾略特通过使用各种客观关联物,通过各种意象的叠加,使一个充满疲惫、懒散、人欲横流且毫无意义的时空,一个充满迷茫、空虚而又尔虞我诈的社会和一个生活于这种时空和社会中的无所事事、不满现状、幻想不已但又缺乏勇气、毫无生机、被环境注定要变为一个可笑的小丑的现代人的形象鲜明而深刻地凸现出来,使读者在对它的富有挑战意味的解读中体味到弥漫于20世纪的荒原意识。

(原文载于《外语教学》2001年第2期,有改动)

为了忘却的记忆

——论《至爱》对黑人"二次解放"的呼唤

摘要 传统的黑人小说往往表现黑人在奴隶制下所受的苦难以及他们在苦难中的挣扎和斗争,极少涉及黑人在被解放后的精神状态。托妮·莫里森的《至爱》不仅从肉体和精神两方面展示了黑人奴隶所遭受的苦难,而且更侧重于表现黑人在解放后精神方面的问题。她不仅揭露了奴隶制在黑人解放后依旧对黑人心理产生浓厚的阴影,还表现了黑人"二次解放"的必要性。黑人要走出历史阴影,就要勇敢面对自己屈辱的历史,还要为了现在和未来忘掉历史。

关键词 黑人文学;二次解放;精神创伤;记忆;忘却

福克纳的小说《八月之光》中的拜伦·邦奇说过,无论一个人如何诉说他多么希望逃避活人的纠缠,"对他最有害的还是死去的人"(Faulkner, 1987: 81)。这句话用来评论托妮·莫里森的小说《至爱》(*Beloved*)是再恰当不过了。《至爱》中的所有人物,无论是女人苏西,还是男人罗·D;无论是青年丹佛儿,还是老人贝贝·撒格斯;无论是作为个人的苏西一家人,还是作为群体的124号附近的所有黑人邻居,在他们从奴隶制的枷锁下解放出来以后,仍然使他身心备受摧残的不再是生活中的活人,而是他们对奴隶制的挥之不去的痛苦记忆。

黑人在奴隶制下所受的痛苦众人皆知,几乎所有的黑人都不愿回顾这段历史。正如托妮·莫里森所言,那段历史是《至爱》中"所有人物不愿记忆的,也是我不愿记忆的,也是所有黑人不愿记忆的。我是说,这是一种民族失忆症"(Angelo, 1994: 257)。整个黑人群体都有意忘却这段历史,如同患了集体失忆症,在潜意识层面不断压抑对过去的记忆,"对重建生活或重新开始充满焦虑。他们最大的焦虑之一是觉得重建生活就是对在永远抹不去的过去死去的或饱受折磨的人的一种背叛”(Dominick, 1994: 200)。

但是,没有对过去的记忆就无法定位现在,没有历史就没有未来。黑人的民族失忆症“使他们失去了一部分自我,失去了精神生活”(Middleton, 2000: 210)。他们要拥有未来,就必须揭开历史的面纱,直面那段历史的个人记忆和集体记忆。

一、苦难历史的魅影

要使失忆症病人恢复记忆,首先应当找出失忆的原因。失忆病人失忆的原因大多是巨大的精神或肉体伤害造成的精神创伤,黑人民族失忆症的根由也是如此。吉尔·麦特斯认为,托妮·莫里森所谓的黑人“民族失忆症”的根由就是白人对黑人造成的巨大的肉体伤害引起的精神创伤和白人对黑人在人格上的贬低造成的精神创伤。(Matus, 1998: 103-119)现代科学证明,治疗精神创伤的“关键是让病人再次面对原来的创伤,再次经历原来的痛苦”(Middleton, 2000: 215)。黑人要摆脱“民族失忆症”的痛苦,就必须重新认识那段痛苦的历史,找到痛苦的根源。

《至爱》通过几个主要人物在潜意识层面一直压抑着的痛苦,展示了黑人在奴隶制下所受的折磨。但与过去黑人启示小说不同的是,《至爱》不仅揭露了白人奴隶主对黑奴在肉体上的折磨,更重要的是,它还揭露了白人奴隶主对黑奴的精神摧残。在《至爱》中,读者不仅为黑奴所遭受的毒打、关押、凌迟、吊杀、妻离子散、强奸等折磨感到震惊,更为白人奴隶主将黑奴降格为动物感到无比愤怒。《至爱》中的主要人物苏西的母亲在被贩卖的过程中多次被白人强暴,出于对白人的仇恨,她将她生下的那些白人的“孽种”一一投入大海中溺死。苏西是她唯一与黑人相爱生下的孩子,但苏西一生下来就被强行与母亲拆散。苏西从未享受过母爱,在很小时就亲眼目睹了母亲被处死的过程。苏西本人的孩子也与她一样,生下来就被强行与母亲分开。不仅如此,苏西还成了奴隶主研究所谓“黑人动物特点”的活标本。奴隶主“学校教师”为了探究黑人的“动物特点”,竟用刀划开苏西的背,以察看她的哪些器官与动物的相似。《至爱》中其他黑奴的命运也与苏西一样,甚至更惨。苏西的婆母贝贝·撒格斯生了9个孩子,但每个孩子刚生下来就被奴隶主夺走;保罗·D被关押过,被毒打过,还被人用铁链与其他许多黑人串在一起关在黑暗的地下险些丧命;每个黑奴都曾目睹同伴被毒打、被贩卖、被奸污、被吊死。

黑奴所遭受的苦难不仅是肉体上的,更是精神上的。奴隶主想尽一切办法从精神上奴化、贬低黑人，把他们当作牲畜。奴隶主“学校教师”用苏西亲手做的墨水写下了苏西及其种族的“动物特点”；他们剖开苏西的背以验证他们自己对黑人动物性的虚妄幻想；他们甚至剥夺黑人的话语权。“学校教师”指责饥饿的斯克叟偷吃小猪，斯克叟机智地辩解说偷吃小猪是为提高繁殖力，这对主人有益。他的辩解虽然“聪明”，但是“学校教师”还是揍了他一顿，以警告他定义的权力只能在定义者手里（Morrison, 1997: 190）。显然，在奴隶制下，定义者永远是奴隶主，被定义者永远是奴隶，奴隶主将你定义成牲畜你就得降格为牲畜，将你定义成小偷你就得承认自己是贼。如果把熬过了被长途贩卖的浩劫而幸存下来的黑奴与在那次浩劫中被折磨致死的六千万黑奴相比的话，我们真无法说出谁的一生更悲惨。正如苏西所体会到的，真正撕碎斯克叟的心的不是奴隶主的毒打，而是“学校教师”问他的旨在证明黑人动物性的问题；真正置斯克叟于死地的不是结束他生命的那颗子弹，而是“学校教师”随身携带的写有关于黑人动物性问题答案的笔记本。（Middleton, 2000: 234）同样，迫使苏西亲手杀死自己女儿的不是奴隶主对她的毒打、剖背，而是“学校教师”对她的动物本质的定义。因为白人奴隶主在黑奴人格上贴的动物性标签“使你肮脏不堪，致使你忘记了你到底是谁”（Morrison, 1997: 251）。“没有人，全世界没有一个人会把她自己的女儿的特性在纸上列到兽性那一边。”（Morrison, 1997: 251）面对“学校教师”及其爪牙的围困，面对女儿将重新落入奴隶主魔掌的危险，苏西选择了亲手杀死孩子，以使她免遭当畜生的厄运。更让人震惊的是，白人竟然剥夺了一个母亲悼念自己孩子的话语权。亲手杀死自己女儿的苏西悲痛万分，想在女儿的坟墓前的一块石头上刻上“至爱”一词，以告慰女儿屈死的小小灵魂。但这短短的一个单词的话语权竟是她不得不以十分钟的性交从那个雕刻墓碑的白人手里换来的！

惨绝人寰的毒打和虐杀，骇人听闻的精神折磨，使黑奴们永远生活在噩梦中。即便他们的肉体从奴隶制的枷锁下解放了出来，奴隶制还是如同驱之不去的魅影永远钳制着黑人的灵魂。《至爱》中所有的人物均生活在奴隶制的阴影之中，尽管他们已经从奴隶制之下解放了出来。苏西终日试图压抑自己，不去回忆悲痛的过去，但过去的惨状总是不断跃入她的脑海，奴隶主对她的肉体和精神摧残使她的精神状态极不正常。奴隶主对她进行剖背实验后，她的后背就失去了感觉；被迫杀死女儿后，女儿的鲜血使她对所有颜色失去了辨别能力，她对生活也失去了一切享受能力，一旦她有些温馨的感觉，过去的噩梦便会无孔不入，一旦她对年轻时代在“甜美家园”见到的美丽树林的记忆涌现脑海，那些树上便会出现被吊死的黑人孩子的魅影；而她被迫杀死亲生女儿一事使她丧失了母性，她不愿再要孩子，对家庭失去了应有的感觉和留恋。保罗·D在奴隶制的摧残下则失去了男性的阳刚和温情。他“只敢爱一点点”，“不敢爱得太多”，因为他知道在奴隶制下，黑奴爱得越多，失去的就越多，痛苦就越大。作为黑奴，他的地位竟不如一只公鸡。他羡慕公鸡随意踱步的自由和随意找母鸡恋爱的幸福。他认为苏西爱孩子本身就是一种过错，因为黑奴的孩子随时可能被奴隶主卖掉，黑奴爱孩子是一种可能招致巨大心灵创伤的奢侈。保罗·D是一个被剥夺了一切爱的权利的黑奴，他将心锁在一个烟盒子里，并将其深埋在胸中。没有爱的他好像变成了一头畜生，一旦踏进某个女人家门，不出几分钟就会让那个女人痛哭流涕。(Morrison, 1997: 17)他完全失去了一个人应有的情感。而丹佛儿则在奴隶制的摧残下失去了做人的起码勇气。奴隶制迫使苏西杀死了自己的女儿，而苏西亲手杀死女儿一事又给丹佛儿的心灵留下了永久的精神创伤。她终日生活在恐惧之中，唯恐有什么事情再刺激了苏西，使苏西杀死自己或自己的两个哥哥。当别人问起她是否曾与犯了杀婴罪的妈妈一起待在狱中时，她刹那间失去了听觉，从此离群索居，独守在家里与“至爱”的鬼魂为伴，终日恐惧地观察着母亲，随时提防着她再次受刺激杀死别的孩子。一生受尽奴隶主迫害并致力于鼓励黑奴自尊自爱的贝贝·撒格斯，在目睹自己苦心经营的黑奴避难所被奴隶主毁坏、儿媳被迫杀死自己的孙女后，不堪沉重的精神打击，从此卧床不起，终日沉浸在对床上用品的颜色的病态思索中。

综观《至爱》中各个人物的病态心理，我们不难发现其根源是奴隶主统治的阴影对奴隶心理的钳制。苏西之所以杀死亲生女儿，主要是因为她怕自己的女儿再次落入奴隶主之手而受到非人的待遇。而她和孩子之所以再次落入“学校教师”之手，是因为其他黑奴的思想依旧还受奴隶主向他们灌输的奴化思想的影响，自己不把自己当人看待。那些受贝贝·撒格斯照料和保护的黑奴们因为撒格斯用来招待他们的食品太丰富而背叛了撒格斯，在他们心中，被解放的黑奴没有资格享受这样丰富的食品，“面包和鱼是上帝的恩赐——它们不应由一个前黑奴来施与”。这些自我轻视的黑奴，竟在苏西危难之时拒绝伸出援救之手，任由“学校教师”大施淫威，从而导致悲剧的发生。可以说，这些黑奴的思想症结与保罗·D的“不敢爱大的，只敢爱小的”的症结一样，是黑奴没有走出奴隶主奴化思想的阴影的表现。

传统的关于奴隶解放的小说一般都是描述黑奴在奴隶制下的生活、逃脱以及争取自由之路(Willis, 1985: 220)，但托妮·莫里森的小说却在一个更高的层次上表现了奴隶“二次解放”的必要性，即治愈奴隶主的残暴给黑奴留下的精神创伤，使黑人获得精神上的解放。

争取自由是一回事，拥有自由的自我是另一回事。作者对奴隶的精神解放，即黑人的“二次解放”的必要性认识得十分深刻。“从奴隶制下解放出来，黑人团体必须学会给自己的欲望以自由”(Middleton，2000：237)，他们必须学会走出过去，自由地设想自己的未来。

而治疗精神创伤的关键则是要让病人再次经历原始的创伤，再次经历原来的痛苦。(L. Brown，1986：13-26)象征过去记忆的“至爱”就使苏西、保罗·D和丹佛儿重新经历了原始的创伤，重新面对了过去，从而恢复了自我。

二、为了忘却的记忆

“至爱”作为过去的化身转化成人形出现在现实世界时，苏西、保罗·D和丹佛儿恰恰“走在一起”，准备开始新生活。这是很有寓意的，任何准备开始新生活的黑人奴隶，都必须重温那几乎被忘却的过去，因为“回忆是反抗浊化黑奴过程的一部分，是找回自尊自爱的一部分”(Middleton，2000：214)。通过直接与“至爱”的接触，苏西恢复了母性，保罗·D恢复了情感，丹佛儿走出了孤独，他们开始了真正的新生活。

如上节所述，奴隶主们一直在扼杀着苏西的母性，他们拆散苏西母子，将苏西的奶水偷走，将苏西看成是“奶牛，不，是山羊，被拴在牲口圈中，脏得连同马拴在一起都不配”(Morrison，1997：200)，最后，他们又迫使苏西杀死了亲生女儿。在“学校教师”的眼中，黑奴永远只是替他们干活和生养“小牲口”的牲口。即便是在他看到苏西将自己的女儿杀死时，他的反应依旧是损失一头牲畜般的遗憾：“那个他说能调很好墨水的、做他妈的好味道汤的、烫的衣服能让人心满意足的、另外还有至少十年下崽期的女人，现在却因为他侄子调教得不好发疯了。”(Morrison，1997：149)最后，苏西竟变成了一个整日魂不守舍、不辨颜色、不知痛痒、不愿再生后代的女人，连自己的亲生儿女都害怕她会再次杀害其他儿女。可以说，随着“至爱”生命的结束，苏西的母性也泯灭了。但随着“至爱”的鬼魂化成人形再次出现，苏西的母性又一点一点地开始复原。尽管一开始苏西没有意识到眼前的人就是20年前自己亲手杀死的“至爱”，但她的下身开始鼓胀，开始不断地往外流水，似乎她要生孩子一样。(Morrison，1997：51)“至爱”的归来使她体内饱胀起母爱，她不想出外工作，只想专心待在家里，给她的“至爱”“唱催眠曲，做新衣服，给她吃蛋糕底部最甜的一部分，喝牛奶上部最香的一层”(Morrison，1997：240)。奴隶主的奴化使保罗·D失去了作为男人的一切情感，他的心锁在烟盒子里，“至爱”的出现彻底打开了他深埋于胸中、生了锈的烟盒子，将他那颗他备加保护、怕受伤害的心暴露在光天化日里。在“至爱”出现之前，保罗·D只想将自我深藏起来，不敢爱，不敢恨，生怕触及自己的内心深处，见到苏西后他只想和苏西两人相依相偎，相互怜悯，“生根发芽”，似乎要让他的懦弱也生根发芽。“至爱”却不断地要求他“触摸她的最深处”。她诱惑他，一步一步将他往外赶，先是将他从苏西的床上引到楼下的摇椅上，从楼下引到储存间，从储存间引到门厅，再从门厅引到室外。“她促动他”，最终让他睡在旷空中，让他呼唤她的名字，让他“那只生了锈的锡盒子片片剥落”，让他那颗情感之心毫无保护地暴露出来，与周围毫无保留地交流。“他感谢‘至爱’，是她陪他又回归到他本来所归属的地方，那片深深的海洋的某个地方。”(Morrison, 1997: 264)一旦将心敞开，保罗·D的心就成了过去痛苦记忆的猎物，他逐渐意识到了奴隶制的实质——无论是温情脉脉的加纳(Garner)，还是残忍的“学校教师”，其实没多大的区别，他们都把奴隶看作没有任何话语权的奴隶。“被打开的烟盒子”使他再次经历记忆中的一切，“重新给它们编程”，从而“让他与它们和平共处”(Matus, 1998: 116-117)。

“至爱”的出现使苏西恢复了母性，使保罗·D恢复了感情，还使丹佛儿走出了孤独。丹佛儿的失聪实际上是她试图抗拒世人对她母亲进行审判的潜意识行为。(Matus, 1998: 118)这使她得以逃避世人对她被杀死的姐姐的议论以及世人对她母亲的指责，也使她能更专注于防止她母亲再次杀害其他子女并更好地想象她父亲的归来。但是，她的这种潜意识中的防范动机也使她远离社会，与人类隔绝开来。而“至爱”的鬼魂却使她再次听见声音。在“至爱”的凝视的目光里，“丹佛儿的皮肤开始消融……变得柔软光亮”(Morrison, 1997: 118)，她身上再也没有与外界隔绝的一层厚重的铠甲。“至爱”对苏西母爱的无休止索取又使丹佛儿陷入新的恐慌。原来她是担心有什么事情会刺激苏西杀死自己的孩子，此时她又开始担心苏西会忍受不了“至爱”无休止的索取。为了拯救母亲，丹佛儿被迫走出家门，与周围的人接触，向他们请求帮助，其结果是她逐渐与其他人建立了联系，走出了孤独，找到了工作，并开始回报家庭。

从以上主要人物的心路历程来看，代表黑奴过去记忆的“至爱”的出现使肉体得以解放的黑人恢复了对过去的记忆，恢复了本应拥有的正常人性。这就象征性地说明，得了民族失忆症的黑人要获得精神解放，就必须首先正视自己的历史，与自己的痛苦历史和平相处。

三、为了未来的忘却

正如“至爱”本身具有善恶两面性一样，对历史的回顾也应兼顾其负面影响。许多黑人启示小说作家认为历史应受到审判，应当相信一个无形的上帝，他应当审判犯下罪行的人，奖赏那些受到迫害的人。但是，托妮·莫里森不同意他们的观点。她认为，如果变革有可能的话，那么变革也只有在人与人以及人与大自然融为一体的情况下才可能发生。如果要宣扬道德的话，道德也就是人性。(Middleton, 2000: 221)回顾历史不是要恢复仇恨，而是要忘记仇恨，恢复人性，恢复人与人——黑人与黑人、黑人与白人——以及人与自然之间的和平共处的状态。

代表黑人对过去记忆的"至爱"也代表仇恨，也有其黑暗的一面。124号的三个居民——苏西、保罗·D和丹佛儿——发现"至爱"尽管已不再是鬼魂，尽管能满足他们内心深处的需求，但她是邪恶的。"至爱"是"六千万乃至更多的"(正如《至爱》的扉页上所述)在贩运途中被折磨致死的黑奴的化身，她身上满是复仇的怒火。她拒绝苏西对杀死她的原由作任何解释，拒绝原谅苏西。她不断地向苏西索取她生前未得到的爱怜，使苏西变成了她的感情奴隶。苏西身心疲惫，几近衰竭而死；保罗·D也发现与"至爱"做爱只是一种"无头脑的冲动，只是为了让自己活着"(Morrison, 1997: 265)，并没有任何意义；丹佛儿也在"至爱"被母亲认出后被"至爱"抛弃。但是换个角度来看，作为奴隶制牺牲品的"至爱"并非邪恶的化身，她只是"六千万乃至更多的"被白人奴隶主残害致死的黑奴无法压抑的仇恨的化身。这些黑奴的灵魂"充胀着仇恨，极度渴望爱，但又无法施予爱"(Middleton, 2000: 220)。当丹佛儿指责她试图将苏西扼死时，"至爱"的辩白是不无道理的："是那个铁圈扼住了她。"(Morrison, 1997: 101)是的，她的复仇既是向扼死她的苏西复仇，更表现出"被奴役的美国黑人心中由白人种下的强烈仇恨"(Middleton, 2000: 219)。那个铁圈就是白人套在黑奴颈上的枷锁。那些被迫害致死的黑奴要复仇，要用这个铁圈将杀害他们的凶手扼死。

但是，回顾历史是为了更好地走出过去的阴影，而不是重燃复仇的怒火，是为了更好地找到与自己的团体的融合之处，而不是重塑带有复仇情绪的个人英雄主义。"以往典型的关于奴隶制的叙述是将个人找寻自我的叙述放在第一位——在这种叙述中，英雄的自我总是被固定在主题'我'之上，而且故事总是在争取到的自由的胜利之中结束——莫里森的叙述则将个人从中心位置上移开，使之让位于多种声音。"(Grewal, 1988: 103)莫里森要向人传达的信息不仅是要记住历史，还要为了民族和团体的未来忘却历史，要在记忆中忘却。

要在记忆中忘却并非易事，它需要团体的力量，需要爱心，不仅是黑人的爱心和宽容，还应有白人的爱心和理解。黑人的历史是死去的"六千万乃至更多的"黑奴的血泪史，也是无数幸存下来的黑奴的痛苦记忆，因此，"至爱"所代表的"是被弄断了脖子的人们，是被火烤灼了的鲜血"（Morrison，1997：181）。黑人回顾集体的记忆是必要的，但若是这种记忆老是萦绕于现在，则是对现在的侵犯，不利于一个种族的发展。因此，正如书中人物艾拉所意识到的，"她不在乎两个世界[①]之间的一点点交流，但这[②]之间却是一种侵犯"（Morrison，1997：257）。但是，要驱除代表一个种族记忆的魅影是不容易的，它必须依靠黑人团体的集体力量。"只有当整个社团不得不意识到'至爱'在他们心中所代表的东西的时候，'至爱'才可以被驱逐。"（Middleton，2000：222）只有黑人都直接面对代表着他们痛苦记忆的"至爱"，都意识到在痛苦回忆后应当抛开记忆面向未来，都意识到"至爱"的消失是必要的，他们才能真正将"至爱"从现实世界中驱逐出去。"她们停止了祈祷，向后退一步，回到初始状态。在初始状态没有话语，在初始中只有声音，她们都知道这种声音听起来是什么。"（Morrison，1997：259）在这种原初的、永恒的、强大的声音里，她们又回到了她们同宗同根的原初状态，又聚成了一个不可分的团体。"女人的声音在找寻一种恰当的联接，一个关键，一种交流密码，一种能突破话语的声音。"（Matus，1998：261）与当初其他女性背叛苏西和贝贝·撒克斯相反，还是这群女性，这一次她们却团结一致，拯救了苏西，也使她们自己获得了新生。她们共同的声音"使她们、苏西和丹佛儿抛开了囚禁她们多年的情感，让她们都回到了新的开始，被净化了，她们可以创造一种新生活了"（Middleton，2000：224）。她们的声音突破了奴隶主用来定义她们的动物性的语言，使她们摆脱了过去的阴影，获得了民族精神自由。

当然，要走出过去的阴影还要学会爱。正如保罗·D所理解的那样，奴隶生活与自由生活的根本区别在于你能否爱和能爱多少。在奴隶制下，"你保护你自己，你爱得很少"，而自由的生活则意味着"去找一个地方，在那里你可以爱一切你想爱的东西"（Morrison，1997：162）。在小说的后半部，逐渐学会了爱的保罗·D替代了苏西母亲的角色，补偿了苏西一直未感受到的母爱。当像苏西的母亲一样被奴隶主钉上橛子的保罗·D用一颗真诚的心去爱苏西时，他那被奴隶主用私刑处死的好朋友的声音就萦绕在他的心中："她是我思想的朋友、伙计，她把变成碎片儿的我又聚拢在一起。我原来只是碎片儿，她把那些碎片收拢起来，端端正正聚拢起来，交还给我。"（Morrison，1997：272-273）爱使苏西和保罗·D手拉手走出过去的阴影，走向新生。

---

① 指生与死、现在与历史，本文作者注。

② 指"至爱"对人类的骚扰，本文作者注。

另外，黑人要忘却过去也需要白人的参与，也需要白人走出思想误区。允许黑人或支持黑人解放的白人不应当以救世主自居，而应检讨内心世界，看看自己是否真正把黑人当成与他们平等的人。《至爱》将近结尾处的一个场景颇耐人寻味：以前一直善待黑奴并帮助过黑奴废除奴隶制的博德温突然出现在女黑人驱逐“至爱”的集会上；苏西的第一反应是扑过去向他复仇，而博德温的第一反应却是像中了魔法似地被定住了。此时，苏西没有发疯，博德温也没有犯傻。苏西在他身上发现了与残暴的奴隶主“学校教师”身上一样的特点：在内心深处对黑奴的轻视。尽管博德温一直善待黑奴，一直支持废除奴隶制，但是他的大量财富还是来源于黑奴的劳动，他的后门处架子上还跪着一个嘴里含着钞票的黑奴塑像，其底座上还刻着“为您服务”的字样。可以看出，像博德温这样的善良白人并不真正反对拥有奴隶。他之所以被“至爱”像施了魔法一样定住了，原因或许就是他在看到“至爱”的一刹那突然意识到了包括他在内的白人们在黑人种下的“原始森林”——他们给黑人灌输的奴性思想，他也或许意识到了他的善良背后依旧存在的对黑人的轻视，他也或许会为此而真正将黑人当作与自己平等的人。

二次解放了的黑人该怎样开始一种全新的生活？以博德温为代表的广大白人是否就能把黑人当作平等的人来对待？《至爱》给读者留下了想象的空间，这也有待于黑人和白人用未来的行动来证明。

总之，《至爱》是一本关于重拾碎片、重塑自我的小说，是关于忘却痛苦与罪孽、重新找回失落的东西并用爱将它们编织进新生活的小说，正如作者在小说中通过双关语 pass on 暗示的那样，黑人的苦难历史是应当被“pass on”[①]的，应当既被当作历史遗产一代一代“往下传”，又应为了现在和未来被“忘却”的。(Middleton，2000：226)只有直面历史，黑人才有可能考虑和创造未来，才有可能尊重自己和自己的祖先，才能爱自己和自己的祖先。

（原文载于《外国文学评论》2003 年第 4 期，有改动）

① pass on 具有“往下传”和“忘记”双重含义，本文作者注。

参考文献

Abrams, M. H. (ed.). (1979). *The Norton anthology of English literature*. New York: W. W. Norton & Company.

Allwright, D. (2005). From teaching points to learning opportunities and beyond. *TESOL Quarterly*, (1), 9-31.

Amin, N. (1999). Minority women teachers of ESL: Negotiating White English. In G. Braine (ed.), *Non-native educators in English language teaching* (pp. 93-104). Mahwah, NJ: Lawrence Erlbaum.

Amin, N. (1997). Race and the identity of the nonnative ESL teacher. *TESOL Quarterly*, 31 (3), 580-583.

Andersen, R. W. (1982). Determining the linguistic attributes of language attrition. In R. D. Lambert & B. F. Freed (eds.), *The loss of language skills* (pp. 83-118). Rowley, MA.: Newbury House.

Angelo, B. (1994). The pain of being black: An interview with Toni Morrison. In Danille Taylor-Guthrie (ed.), *Conversations with Toni Morrison* (pp. 255-261). Jackson: The University Press of Mississippi.

Attridge, D. (1995). *Poetic rhythm: An introduction*. Cambridge: Cambridge University Press.

Baechler, L. & Litz, A. W. (1990). *Personae: The shorter poems of Ezra Pound*. New York: New Directions.

Bahrick, H. P. (1984). Fifty years of second language attrition: Implications for programmatic research. *Modern Language Journal*, 68 (2), 105-118.

Baker, C. (2000). *William Faulkner's postcolonial south*. New York: Peter Lang Publishing, Inc.

Bardovi-Harlig, K. & Stringer, D. (2010) Variable in second language attrition: Advancing the state of the art. *Studies in second language acquisition*, 32(1), 1-45.

Belanger, Y. (2005) *Duke University iPod first year experience: Final evaluation report*. Center for Instructional Technology, Duke University, Retrieved from http://cit.duke.edu/pdf/ipod-initiative-04-05.pdf.

Bennett, A. K. (1994). *Narrative and audience: The posthumous life of writing*. London: Cambridge University Press.

Ben-Rafael, M. & Schmid, M. S. (2007). Language attrition and ideology: Two groups of immigrants in Israel. In B. Köpke, M. S. Schmid, M. Keijzer & S. Dostert (eds.), *Language attrition: Theoretical perspectives* (pp. 205-226). Amsterdam/Philadelphia: John Benjamins Publishing Company.

Berko-Gleason, J. (1982). Insights from child language acquisition for second language loss. In R. D. Lambert & B. F. Freed(eds.), *The loss of language skills* (pp. 13-23). Rowley, MA.: Newbury House.

Berman, M. (1998). *A multiple intelligences road to an ELT classroom*. Wales, UK: Crown House Publishing Ltd.

Bialystok, E. (2001). *Bilingualism in development: Language, literacy, and cognition*. Cambridge: Cambridge University Press.

blogger.com. (2006). *What is blogger?* Retrieved from http://www.blogger.com/tour-start.g.

Bogdan, R. & Biklen, S. K. (1992). *Qualitative research for education: An introduction to theory and method*. Boston: Allyn and Bacon.

Bongaerts, T. (1999). Ultimate attainment in L2 pronunciation: The case of very advanced L2 learners. In D. Birdsong (ed.), *Second language acquisition and the critical period hypothesis* (pp. 133-159). Mahwah, NJ.: Erlbaum.

Booz, E. B. (1988). *A brief introduction to modern English literature*. Shanghai: Shanghai Foreign Languages Education Press.

Bowra, C. M. (1950) *The romantic imagination*. London: Oxford University Press.

Bradley, A. C. (1929). *A miscellany*. London: Macmillan and Co. Ltd.

Braine, G. (ed). (1999). *Non-native educators in English language teaching*. Mahwah, NJ.: Lawrence Erlbaum.

Braine, G. (1996). In their own voices: Nonnative speaker professionals in TESOL. *Colloquium presented at The 30th Annual TESOL Convention*. Chicago, IL.

Brinton, D. M. (2004). Nonnative English-speaking student teachers: Insights from dialogue journals. In L. D. Kamhi-Stein (ed.), *Learning and teaching from experience: Perspectives on nonnative English-speaking professionals* (pp. 190-205). Ann Arbor, MI.: The University of Michigan Press.

Brooks, C. (1947). *The well wrought Urn*. New York: Harcourt Brace.

Brown, P. & Levinson, S. C. (1987). *Politeness: Some universals in language usage*. New York: The Press Syndicate of the University of Cambridge.

Brown, L. S. (1986). From alienation to connection: Feminist therapy with post-traumatic stress disorder. *Women and Therapy*, 5 (1), 13-26.

Brutt-Griffler, J. & Samimy, K. (1999). Revisiting the colonial in the postcolonial: Critical praxis for nonnative-English-speaking teachers in a TESOL program. *TESOL Quarterly*, 33(3), 413-431.

Burling, R. (1978). Language development of a Garo-and English-speaking child. In E. Hatch (ed.), *Second language acquisition* (pp. 54-75). Rowley, MA.: Newbury House.

Bush, D. (1937). *Mythology and the Romantic tradition in English poetry*. Cambridge, Mass.: Harvard University Press.

Byatt, A. S. (1990). *Possession: A romance*. London: Chatto and Windus.

Callaghan, N. (1993). More Welsh speakers than previously believed. Retrieved from http://www.ibiblio.org/pub/archives/welsh-l/welsh-l/1993/Mar/More-Welsh-Speakers.

Cheng, V. J. (1995). *Joyce, race and empire*. Cambridge: Cambridge University Press.

Cheung, Y. L. (2002). *The attitude of university students in Hong Kong towards native and non-native teachers of English*. Unpublished Master's Thesis. The Chinese University of Hong Kong, Hong

Kong.

Congressional Record. Washington: United States Government Printing Office, 1943.

Congressional Record. Washington: United States Government Printing Office, 1879.

Cohen, A. D. (1989). Attrition in the productive lexicon of two Portuguese third language speakers. *Studies in Second Language Acquisition*, 11(2), 135-150.

Cook, V. J. (1969). The analogy between first and second language learning. *International Review of Applied Linguistics*, 3, 207-216.

Cook, V. J. (1985). Language functions, social factors, and second language teaching. *International Review of Applied Linguistics*, 3, 177-196.

Cook, V. J. (1991). The poverty-of-the-stimulus argument and multi-competence. *Second Language Research*, 2, 103-117.

Cook, V. J. (1999). Going beyond the native speaker in language teaching. *TESOL Quarterly*, 33(2), 185-209.

Cook, V. J. (2000). *Second language learning and language teaching*. Beijing: Foreign Language Teaching and Research Press.

Cook, V. J. (2003). Introduction: The changing L1 in the L2 user's mind. In V. J. Cook (ed.), *Effects of the second language on the first* (pp. 193-253). Clevedon: Multilingual Matters Ltd.

Coppetiers, R. (1987). Competence differences between native and near-native speakers. *Language*, 63(3), 545-573.

Cuddon, J. A. (1995). *A dictionary of literary terms*. London: Oxford University Press.

Culler, J. (1973). *Structuralist poetics*. London: Routledge and Kegan Paul.

Curtis, L. P. Jr. (1968). *The Anglo-Saxons and Celts: A study of anti-Irish prejudice in Victorian England*. Bridgeport, Connecticut: The University of Bridgeport Press.

Dominick, L. (1994). *Representing the Holocaust: History, theory, trauma*. Ithaca: Cornell University Press.

Edwards, G. (ed.). (1977). *Second language retention in the Public*

Service of Canada. Ottawa: Public Service Commission of Canada.

Eliot, T. S. (1954). *Literary essays*. Norfolk, CT.: New Directions.

Eliot, T. S. (1932). *The sacred wood: Essays on poetry and criticism*. London: Methuen.

Ellis, R. (1994). *The study of second language acquisition*. Oxford: Oxford University Press.

Emigh, W. & Herring, S. (2005). Collaborative authoring on the web: A genre analysis cf online encyclopedias. *Proceedings of the Thirty-eighth Annual Hawaii International Conference on System Sciences* (*HICSS*-38). Los Alamitos: IEEE Press.

Evans, I. (1978). *A short history of English literature*. London: Nichols & Company Ltd.

Faulkner, W. (1987). *Light in August*. New York: Vintage Books.

Fenollosa, E. & Pound, E. (2008). *The Chinese written character as a medium for poetry: A critical edition*. New York: Fordham University Press.

Footnick, R. (2007). A hidden language: Recovery of a lost language is triggered by hypnosis. In B. Köpke, M. S. Schmid, M. Keijzer & S. Dostert (eds.), *Language attrition: Theoretical perspectives* (pp. 169-187). Amsterdam: Benjamins.

Ford, B. (ed.). (1963). *The modern age*. London: Penguin Book Corporation.

Freed, B. F. (1982). Language loss: Current thoughts and future directions. In R. D. Lambert & B. F. Freed (eds.), *The loss of language skills* (pp. 1-5). Rowley, MA.: Newburry House Publishers.

Freeman, D. (2002). The hidden side of the work: Teacher knowledge and learning to teach: A perspective from North American educational research on teacher education in English language teaching. *Language Teaching*, 35(1), 1-13.

Gardner, H. & Moran, S. (2006). The science of multiple intelligences theory: A response to Lynn Waterhouse. *Educational Psychologist*, 4, 227-232.

Gardner, H. (1983, 1993, 2004). *Frames of mind: The theory of multiple intelligences*. New York: Basic Books.

Gardner, H. (1999). *Intelligence reframed: Multiple intelligences for the 21st century*. New York: Basic Books.

Gass, S. M. & Selinker, L. (2008). *Second language acquisition: An introductory course* (3rd ed.). London: Routledge.

Ghosn, I. et al. (2004). Responding to job competition from native English speakers. *TESOL EFLIS*, 4(2).

Gilbert, A. (2006). Researcher sees huge growth in podcast audiences. Retrieved from http://news.com.com/Researcher+Tenfold+giowth+in+podcast+consumption/2100-1025-3-5777201.html? tag = nefd.top.

Gilbert, S. (1952). *James Joyce's Ulysses: A study*. London: Faber and Faber Ltd.; New York: Vintage.

Gilbert, S. *James Joyce's Ulysses: A Study*. London: Faber and Faber Ltd.; New York: Vintage, 1952.

Giordano, J. (1987). Identity crisis: Stereotypes stifle self-development. *Media and Values*, 13.

Godsall-Myers, J. E. (1981). *The attrition of language skills in German classroom bilinguals: A case study*. Unpublished Doctoral Dissertation. Bryn Mawr College.

Goshgarian, G. (ed.). (1995). *Exploring language*. New York: Harper Collins College Publishers.

Grewal, G. (1988). *Circles of sorrows, lines of struggle: The novels of Toni Morrison*. Atlanta: Louisiana State University Press.

Grice, H. (1975). Logic in conversation. In P. Cole & J. L. Morgan (eds.), *Syntax and semantics* (pp. 42-58). New York: Academic Press.

Grieve, T. F. (1997). *Ezra Pound's early poetry and poetics*. Columbia: The University of Missouri Press.

Hakansson, G. (1995). Syntax and morphology in language attrition: A study of five bilingual expatriate Swedes. *International Journal of Applied Linguistics*, 5, 153-171.

Hansen, J. G. (2004). Invisible minorities and the nonnative English-speaking professional. In L. D. Kamhi-Stein (ed.), *Learning and teaching from experience: Perspectives on nonnative English-speak-*

ing professionals (pp. 40-53). Ann Arbor, MI: The University of Michigan Press.

Hansen, L. & Reetz-Kurashige, A. (1999). Investigating second language attrition: An introduction. In L. Hansen (ed.), *Second language attrition in Japanese contexts* (pp. 3-20). Oxford: Oxford University Press.

Hawkins, R. (2001). *Second language syntax: A generative introduction*. Oxford: Blackwell.

Haycraft, J. & Creed, T. (1975). *Choosing your English*. London: BBC English By Radio And Television.

Hoctor, M. & McGuinn, G. (2008). Minister Cullen attends Bloomsday 2008 Celebrations. Retrieved from http://www.martincullen.ie/index.php?mact=News, cntnt01, detail, 0 & cntnt01articleid=131&cntnt01returnid=58.

Homberger, E. (1972). *Ezra Pound: The critical heritage*. London, & Boston: Routledge and Kegan Paul.

Inbar, O. (2001). *Native and non-native English teachers: Investigation of the construct and perceptions*. Unpublished Doctoral Dissertation. Tel Aviv University, Israel.

Isurin, L. (2000). Deserted island or a child's first language forgetting. *Bilingualism: Language and Cognition*, 3(2), 151-166.

Jakobson, R. (1941). *Child language, aphasia and phonological universals*. The Hague: Mouton.

Jameson, F. (1986). Third world literature in the era of multinational capitalism. *Social Text*, 15, 65-88.

Jordens, P., de Bot, K. & Trapman, H. (1989). Linguistic aspects of regression in German case marking. *Studies in Second Language Acquisition*, 11, 179-204.

Kamhi-Stein, L. D. (2000). Looking to the future of TESOL teacher education: Integrating Web-based bulletin board discussions into the methods course. *TESOL Quarterly*, 34(4), 423-456.

Kamhi-Stein, L. D. (ed.). (2004). *Learning and teaching from experience: Perspectives on nonnative English-speaking professionals*. Ann Arbor, MI.: The University of Michigan Press.

Kecskes, I. & Papp, T. (2000). *Foreign language and mother tongue*. Mahwah, NJ.: Lawrence Erlbaum.

Kelch, K. & Santana-Williamson, E. (2002). ESL students' attitudes toward native and nonnative-speaking instructors' accents. *The CATESOL Journal*, 14(1), 57-72.

Kezar, A. (2001). Theory of multiple intelligences: Implications for higher education. *Journal of Innovative Higher Education*, 2, 141-15.

Kitson, P. J. (2001). *Placing and displacing romanticism*. Farnham: Ashgate Publishing Company.

Koike, I. (1990). How the Japanese children lose English as a second language. Paper presented at the AILA World Congress of Applied Linguistics.

Kornhaber, M., Fierros, E. & Veenema, S. (2003). *Multiple intelligences: Best ideas from research and practice*. Boston: Allyn & Bacon.

Kouritzin, S. G. (1999). *Face(t)s of first language loss*. Mahwah, NJ: Lawrence Erlbaum.

Kroll, J. F. & Stewart, E. (1994). Category interference in translation and picture naming: Evidence for asymmetric connection between bilingual memory representations. *Journal of Memory and Language*, 2, 149-174.

Lake, S. & Ttofi, C. (1978). *To the point*. London: Macmillan.

Lambert, W. E. (1975). Culture and language factors in learning and education. In A. Wolfgang (ed.), *Education of immigrant children* (pp. 55-83). Toronto: Ontario Institute for Studies in Education.

Lasagabaster, D. & Sierra, J. M. (2002). University students' perceptions of native and non-native speaker teachers of English. *Language Awareness*, 11(2), 132-142.

Laufer, B. (2003). The influence of L2 on L1 collocational knowledge and on L1 lexical diversity in free written expression. In V. J. Cook (ed.), *Effects of the second language on the first* (pp. 19-31). Clevedon: Multilingual Matters Ltd.

Lee, E. & Lew, L. (2001). Diary studies: The voices of nonnative English speakers in a master of arts program in teaching English to speakers of other languages. *CATESOL Journal*, 13(1), 135-149.

Leech, G. (1969). *A linguistic guide to English poetry*. London: Longman.

Levinson, S. C. (2001). *Pragmatics*. Shanghai: Shanghai Foreign Languages Teaching Press.

Liang, K. Y. (2002). English as a second language (ESL) students' attitudes toward non-native English-speaking teachers' (NNESTS') accentedness. Unpublished Doctoral Dissertation. California State University, LosAngeles.

Liu, J. (2004). Confessions of a nonnative English-speaking professional. In L. D. Kamhi-Stein (ed.), *Learning and teaching from experience: Perspectives on nonnative English-speaking professionals* (pp. 25-39). Ann Arbor, MI: The University of Michigan Press.

Llurda, E. (ed.). (2005). *Non-native language teachers: Perception, challenges and contributions to the profession*. New York: Springer Science + Business Media, Inc.

Lombardi, J. (1986). Le abilitàmetalinguistiche nei soggetti bilingui. *Rassegna italiana di linguistica applicata*, 18, 103-114.

Lu, W.-C. J. (2005). Misbelief: Native English speakers as good teachers in Taiwan. *TESOL NNESTS Newsletter*, 7(1).

MacKay, I. & Flege, J. (2004). Effects of the age of second language learning on the duration of first and second language sentences: The role of suppression. *Applied Psycholinguistics*, 3, 373-396.

Mahboob, A. (2004). Native or nonnative: What do students enrolled in an intensive English program think? In L. D. Kamhi-Stein (ed.), *Learning and teaching from experience: Perspectives on nonnative English-speaking professionals* (pp. 1-19). Ann Arbor, MI: The University of Michigan Press.

Mahboob, A. et al. (2004). Children of a lesser English: Status of nonnative English speakers as college-level ESL teachers in the United States. In L. D. Kamhi-Stein (ed.), *Learning and teaching from experience: Perspectives on nonnative English-speaking professionals*. Ann Arbor, MI: The University of Michigan Press.

Maley, A. & Duff, A. *Beyond words*. London: Cambridge Unviersity

Press, 1977.

Matus, J. (1998). *Toni Morrison*. Manchester & New York: Manchester University Press.

Medgyes, P. (1994). *The non-native teacher*. London: Macmillan.

Middleton, D. L. (ed.). (2000). *Toni Morrison's fiction: Contemporary criticism*. New York & London: Garland Publishing, Inc.

Ming, Xie. (1999). Pound as translator. In I. B. Nadel (ed.), *The Cambridge Companion to Ezra Pound*. Cambridge: Cambridge University Press.

Morita, N. (2000). Discourse socialization through oral classroom activities in a TESL graduate program. *TESOL Quarterly*, 34(2), 279-310.

Morrison, T. (1997). *Beloved*. New York: Vintage.

Moussu, L. (2002). *Nonnative English speaking teachers: The opinion of their students*. Brigham Young University at Provo, UT.

Muir, K. (1969). *John Keats: A reassessment*. Liverpool: Liverpool University Press.

Nagasawa, S. (1999). Learning and losing Japanese as a second language: A multiple case study of American university students. In L. Hansen (ed.), *Second language attrition in Japanese contexts* (pp. 169-199). Oxford: Oxford University Press.

Napier, M. (1842). *China. Encyclopedia Britannica*. Edinburgh: A & C Black Ltd.

Neisser, U. (1984). Interpreting Harry Bahrick's discovery: What confers immunity against forgetting? *Journal of Experimental Psychology*, 113(3), 32-35.

Nemtchinova, E. (2005). Host teachers' evaluations of nonnative-English-speaking teacher trainee a perspective from the classroom. *TESOL Quarterly*, 39(2), 235-261.

Nicoladis, E. & Grabois, H. (2002). Learning English and losing Chinese: A case study of a child adopted from China. *International Journal of Bilingualism*, 6(4), 441-454.

Oh, J., Au, T. K. & Jun, S. A. (2009). The nature of childhood language memory: Korean adoptees learning Korean as adults. In J.

Chandlee, M. Franchini, S. Lord & G. M. Rheiner (eds.), *Proceedings of the 33rd Annual Boston University Conference on Language Development* (Vol. 2) (pp. 391-397). Somerville, MA: Cascadilla Press.

Oh, J. S., Jun, A., Knightly, L. & Au. T. K. (2003). Holding on to childhood language memory. *Cognition*, 86, 53-64.

Olshtain, E. (1986). The attrition of English as a second language with speakers of Hebrew. In B. Weltens, K. de Bot & T. van Els (eds.), *Language attrition in progress* (pp. 187-204). Dordrecht: Foris.

Palfreyman, D. (2005). Othering in an English language program. *TESOL Quarterly*, 39(2), 211-233.

Pallier, C., Dehaene, S., Poline, J. B., Lebihan, D., Argenti, A. M., Dupoux, E. & Mehler, J. (2003). Brain imaging of language plasticity in adopted adults: Can a second language replace the first? *Cerebral Cortex*, 13, 155-161.

Palmer, A. W. (1934). *Orientals in American life*. New York: Friendship Press.

Paradis, M. (2004). *Neurolinguistic theory of bilingualism*. Amsterdam: Cambridge University Press.

Paradis, M. (2007). L1 attrition features predicted by a neurolinguistic theory of bilingualism. In B. Köpke, M. S. Schmid, M. Keijzer & S. Dostert (eds.), *Language attrition: Theoretical perspectives* (pp. 121-133). Amsterdam: John Benjamins.

Paradis, M. (1997). The cognitive neuropsychology of bilingualism. In A. de Groot & J. Kroll (eds.), *Tutorials in bilingualism: Psycholinguistic perspectives* (pp. 331-354). Hillsdale, NJ: Lawrence Erlbaum.

Parrillo, V. N. (2003). *Strangers to these shores: Race and ethnic relations in the United States*. New York: Pearson Education, Inc.

Pavlenko, A. (2003). "I feel clumsy speaking Russian": L2 influence on L1 in narratives of Russina L2 users of English. In V. J. Cook (ed.), *Effects of the second language on the first* (pp. 32-61). Clevedon: Multilingual Matters Ltd.

Peck, J. & Coyle, M. (2002). *A brief history of English literature*.

London: Palgrave Macmillan.

Pessoa, S. & Sacchi, F. (2002). The impact of being a nonnative-English-speaking teacher in the ESL classroom: A pilot study. *TESOL NNESTS Newsletter*, 4(2), 10-11.

Phillipson, R. (1996). ELT: The native speaker's burden. In T. Hedge, & N. Whitney (eds), *Power, pedagogy and practice*. Oxford: Oxford University Press.

Pitres, A. (1983). Etude sur l' aphasie chez les polyglottes. *Revue de Medecine*, 1895, 15, 873-899. Translated by M. Paradis. In M. Paradis (ed.), *Readings in Aphasia in Bilinguals and Polyglots*. Montreal: Didier.

Pound, E. (1960). *Gaudier-Brzeska: A memoir (1916)*. Hessle: The Marvell Press.

Propp, V. (1970). *Morphology of the folktale*. Austin: The University of Texas Press.

Puchta, H. & Rinvolucri, N. (2006). *Multiple intelligences in EFL: Exercises for secondary and adult students*. Cambridge: Cambridge University Press.

Qian, Z. (2000). Pound and Chinese art in the "British Museum Era". In H. M. Dennis (ed.), *Ezra Pound and poetic influence*. Amsterdam: Rodopi.

Reves, T. & Medgyes, P. (1994). The non-native English speaking ESL/EFL teacher's self-image: An international survey. *System*, 22(3), 353-367.

Rexroth, K. (1961). *Essays*. New York: New Directions.

Ribot, T. (1881). *Les maladies de la memoire*. Paris: Alcan.

Rich, A. (1983). Compulsory heterosexuality and lesbian existence. In E. Abel & E. K. Abel (eds.), *The signs reader: Women gender and scholarship*. Chicago: The University of Chicago Press.

Richards, J. C., Platt, J. & Platt, H. (2003). *Longman dictionary of language teaching and applied linguistics*. Beijing: Foreign Language Teaching and Research Press.

Roe, N. (1997). *John Keats and the culture of dissent*. London: Oxford University Press.

Rushdie, S. (1981). *Midnight's children*. London: Vintage.

Rushdie, S. (1988). *The satanic verses*. New York: The Viking Press.

Saville-Troike, M., Pan, J. & Dutkova-Cope, L. (1995). Differential effects of L2 on children's L1 development/attrition. *Southwest Journal of Linguistics*, 4 (1-2), 125-149.

Seliger, H. & Vago, R. (1991). The study of first language attrition: An overview. In H. Seliger & R. Vago (eds.), *First language attrition* (pp. 3-15). New York: Cambridge University Press.

Seliger, H. W. (1991). Language attrition, reduced redundancy and creativity. In H. W. Seliger & R. M. Vago (eds.), *First language attrition* (pp. 227-240). New York: Cambridge University Press.

Selinker, L. (1972). Interlanguage. *International Review of Applied Linguistics*, 3, 209-231.

Sharwood-Smith, M. A. & van Buren, P. (1991). First language attrition and the parameter setting model. In H. W. Seliger & R. M. Vago (eds.), *First language attrition* (pp. 17-30). Cambridge, U.K.: Cambridge University Press.

Sharwood-Smith, M. A. (1989). Crosslinguistic influence in language loss. In K. Hyltenstam & L. K. Obler (eds.), *Bilingualism across the lifespan* (pp. 185-201). Cambridge: Cambridge University Press.

Sherzer, J. (1985). Puns and jokes. In Teun A. van Dijk (ed.), *Handbook of discourse analysis* (pp. 78-92). London: Academic Press.

Smythe, P. C., Jutras, G. C., Bramwell, J. R. & Gardner, R. C. (1973). Second language retention over varying intervals. *The Modern Language Journal*, 57(8), 400-405.

Sperber, D. & Hirschfeld, L. (2007). Culture and modularity. In P. Carruthers, S. Laurence & S. Stich (eds.), *The innate mind: Culture and cognition* (pp. 149-164). Oxford: Oxford University Press.

Stern, H. (1997). *Fundamental concepts of language teaching*. Shanghai: Shanghai Foreign Language Education Press.

Stillman, F. (2000). *The poet's manual and rhyming dictionary*. London: Thames & Hudson.

Sutherland, M. B. (2000). Problems of diversity in policy and practice:

Celtic Languages in the United Kingdom. *Comparative Education*, 36 (2), 199-209.

Tang, C. (1997). On the power and status of nonnative ESL teachers. *TESOL Quarterly*, 31(3), 577-580.

Tate, A. (1948) *On the limits of poetry: Selected essays: 1928-1948*. New York: Swallow Press and William Morrow and Co.

Tees, R. C. & Werker, J. F. (1984). Perceptual flexibility: Maintenance or recovery of the ability to discriminate nonnative speech sounds. *Canadian Journal of Psychology*, 38, 579-590.

Thomas, J. (1999). Voices from the periphery: Non-native teachers and issues of credibility. In G. Braine (ed.), *Non-native educators in English language teaching* (pp. 5-14). Mahwah, NJ.: Lawrence Erlbaum.

Thorne, S. L. (2003). Artifacts and cultures-of-use in intercultural communication. *Language Learning & Technology*, 7(2), 38-67.

Thorne, S. L. (2004). Cultural historical activity theory and the object of innovation. In K. van Esch & O. St. John(eds.), *New insights into foreign language learning and teaching* (pp. 51-70). Frankfurt: Peter Lang Verlag.

Thorne, S. L. (2005). Epistemology, politics, and ethics in sociocultural theory. *The Modern Language Journal*, 89(3), 393-409.

Thorne, S. L. et al. (2005). Interactivity system analysis, AIM, and pedagogical innovation. *CALICO Conference*, East Lansing, MI.

Turnbull, G. (2006). The state of blog. Retrieved from http://writetheweb.com/Members/gilest/old/107/view.

van der Elst, D. (1999). *Culture as given, culture as choice*. Illinois: Waveland Press Inc.

van Peer, W. (1986). *Stylistics and psychology; Investigations of foregrounding*. London: Croom Helm.

Verschueren, J. (1999). *Understanding pragmatics*. Beijing: Foreign Languages Teaching and Research Press.

Ward, A. W. & Waller, A. R. (1914). *Cambridge history of English literature*. London: Cambridge University Press.

Wasserman, E. R. (1953). *The finer tone: Keats' major poems*. Baltimore: Johns Hopkins University Press.

Watson, K. (1999). Language, power, development and geopolitical changes: Conflicting pressures facing plurilingual societies. *Compare*, 29(1), 5-22.

Weinreich, U. (1953). *Languages in contact: Finding and problems*. New York: Linguistic Circle of New York.

Welsh Language Board (2006). *Welsh language use survey* (pp. 6-7). Cardiff: Market Chambers.

Weltens, B. T. et al. (1989). The long-term retention of French by Dutch students. *Studies in Second Language Acquisition*, 1, 205-216.

Wikipedia. (2008). Demography of the United Kingdom. Retrieved from http://www.wiki.cn/wiki/Demography_of_the_United_Kingdom.

Wikipedia. (2008). Irish language in Northern Ireland. Retrieved from http://en.wikipedia.org/wiki/Irish_language_in_Northern_Ireland.

Willis, S. (1985). Black women writers: Taking a critical perspective. In G. Greene et al. (eds.), *Making a difference: Feminist literary criticism* (pp. 211-237). New York: Methuen.

Wilson, P. (1997). *A preface to Ezra Pound*. London: Longman Publishing Group.

Winterson, J. (1985). *Oranges are not the only fruits*. London: Pandora Press.

Winterson, J. (1992). *Written on the body*. London: Vintage.

Yelland, G. W. et al. (1993). The metalinguistic benefits of limited contact with a second language. *Applied Psycholinguistics*, 2, 423-444.

艾略特:《艾略特诗选》,赵萝蕤译,济南:山东大学出版社,1998 年。

拜伦:《唐璜》,查良铮译,北京:人民文学出版社,1995 年。

陈才忆:《英语诗歌的韵律与类型》,成都:四川人民出版社,2008 年。

陈厚诚、王宁:《西方当代文学批评在中国》,天津:百花文艺出版社,2000 年。

陈嘉:《英国文学史》,北京:商务印书馆,1986 年。

刁绍华:《外国文学大词典》,长春:吉林教育出版社,1990 年。

丁文楼:《推动我国少数民族双语教育健康发展》,《中国民族报》2005 年 10 月 28 日。

高等学校外语专业教学指导委员会英语组:《高等学校英语专业英语教学大纲》,北京:外语教学与研究出版社,2000 年。

桂诗春:《外语教学的认知基础》,《外语教学与研究》2005 年第 4 期,第 243～249 页。

桂诗春:《心理语言学》,上海:上海外语教育出版社,1997 年。

胡壮麟:《理论文体学》,北京:外语教学与研究出版社,2000 年。

胡壮麟:《语言学教程》,北京:北京大学出版社,1988 年。

黄远振:《论多元智能理论与英语教学的整合》,《课程·教材·教法》2003 年第 11 期,第 39～42 页。

加德纳:《智力的重构——21 世纪的多元智力》,霍力岩等译,北京:中国轻工业出版社,2004 年。

江枫译:《美国现代诗钞》,西宁:青海人民出版社,1986 年。

蓝峰:《"维护说"析——庞德诗歌理论及其与孔子思想的关系》,《文艺研究》1984 年第 4 期,第 115～122 页。

李鹏程:《当代文化哲学沉思》,北京:人民出版社,1994 年。

李志颖、闫寒冰:《多元智能理论与英语教学整合初探》,《外语电化教学》2002 年第 5 期,第 48～52、61 页。

刘森林:《大学英语教学的多元智能化目标》,《外语电化教学》2007 年第 4 期,第 69～73 页。

刘世生:《语言与文学的接面关系研究》,《外语研究》2005 年第 1 期,第 1～4 页。

罗忠民:《MI 理论及其在外语教学中的意义》,《外语教学》2004 年第 1 期,第 75～79 页。

倪传斌:《外语磨蚀的本质属性》,《外国语》2007 年第 1 期,第 42～51 页。

聂珍钊:《英语诗歌形式导论》,北京:中国社会科学出版社,2007 年。

裴正薇:《多元智能发展观与综合英语教学》,《外语界》2008 年第 6 期,第57～63 页。

裴正薇:《多元智能型综合英语教学模式实证研究》,《南京农业大学学报》(社会科学版)2008 年第 3 期,第 118～123 页。

裴正薇:《论多元智能型英语教学策略》,《东北大学学报》(社会科学版)2008 年第 3 期,第 263～268 页。

秦秀白:《英语语体和文体要略》,上海:上海外语教育出版社,2002 年。

沈彩芬、程东元:《多元智能理论与外语教学》,《解放军外国语学院学报》2004 年第 4 期,第 39～43 页。

沈致隆:《多元智能理论的产生、发展和前景初探》,《江苏教育研究》2009 年第 9 期,第 17～26 页。

束定芳:《委婉语新探》,《外国语》1989 年第 3 期,第 28～34 页。
宋寅展、苏全成:《二十世纪西方文学》,武汉:华中师范大学出版社,1994 年,
谭琼琳:《重访庞德的〈七湖诗章〉——中国山水画、西方绘画诗与“第四维——静止”审美原则》,《外国文学评论》2010 年第 2 期,第 18～29 页。
王红蕾:《基于多元智能的大学英语个性化教学探析》,《当代教育科学》2009 年第 3 期,第 29～31 页。
王守元:《文体学辞典》,济南:山东教育出版社,1996 年。
王统照:《拜伦的思想及其诗歌的评论》,贾植芳主编:《中外文学关系史资料汇编(1898～1937)》,桂林:广西师范大学出版社,2004 年。
王湘云:《中国大学生英语磨蚀实证研究》,济南:山东大学出版社,2011 年。
王湘云:《论英诗外在形式的表意功能》,《山东外语教学》1999 年第 4 期,第 51～54 页。
王湘云:《论语言磨蚀机制与模式》,《山东大学学报》2011 年第 2 期,第 133～138 页。
王湘云:《英语中的语言污染探源》,《山东大学学报》1999 年第 4 期,第 21～27 页。
王湘云:《英语作为外语磨蚀模式与原因研究》(博士学位论文),济南:山东大学,2010 年。
王湘云:《语言磨蚀原因与应对策略》,《东北师大学报》2011 年第 3 期,第 121～124 页。
王湘云等:《论〈威尼斯商人〉的语言“陌生化”现象》,《山东外语教学》2000 年第 4 期,第 42～45 页。
王佐良:《英语文体学论文集》,北京:外语教学与研究出版社,1980 年。
杨岂深:《英国文学选读》,上海:上海译文出版社,1997 年。
旸晟:《欧美作家辞典》,西安:陕西人民出版社,1988 年。
余虹:《中国文论与西方诗学》,北京:三联书店,1999 年。
詹姆斯·乔伊斯:《尤利西斯》,金隄译,天津:百花文艺出版社,1987 年。
詹姆斯·乔伊斯:《尤利西斯》,萧乾、文洁若译,北京:文化艺术出版社,2002 年。
张红玲:《跨文化外语教学》,上海:上海外语教育出版社,2007 年。
张剑:《艾略特与英国浪漫主义传统》,北京:外语教学与研究出版社,1997 年。
张隆溪:《二十世纪西方文论述评》,北京:三联书店,1987 年。
赵毅衡:《远游的诗神——中国古典诗歌对美国新诗运动的影响》,成都:四

川人民出版社,1985 年。
周彦:《庞德误译浅析》,《中国翻译》1994 年第 4 期,第 38～40 页。
周勇:《少数人权利的法理》,北京:社会科学文献出版社,2002 年。